“爱与欣赏”教育的行动研究

孙辉　赵玉亮　聂隽　编著

河海大学出版社
HOHAI UNIVERSITY PRESS
·南京·

图书在版编目（CIP）数据

“爱与欣赏”教育的行动研究 / 孙辉，赵玉亮，聂隽编著. -- 南京 : 河海大学出版社，2021.12
ISBN 978-7-5630-7399-3

Ⅰ. ①爱… Ⅱ. ①孙… ②赵… ③聂… Ⅲ. ①教育理论一研究 Ⅳ. ①G40

中国版本图书馆CIP数据核字(2021)第270044号

书　　名 / **“爱与欣赏”教育的行动研究**
AI YU XINSHANG JIAOYU DE XINGDONG YANJIU
书　　号 / ISBN 978-7-5630-7399-3
责任编辑 / 毛积孝
特约编辑 / 杨雪天
特约校对 / 李　萍
装帧设计 / 秦　强
出版发行 / 河海大学出版社
地　　址 / 南京市西康路1号（邮编：210098）
电　　话 / （025）83737852（总编室）
/ （025）83722833（营销部）
经　　销 / 全国新华书店
印　　刷 / 北京众意鑫成科技有限公司
开　　本 / 710毫米×1000毫米　1/16
印　　张 / 18
字　　数 / 351千字
版　　次 / 2021年12月第1版
印　　次 / 2021年12月第1次印刷
定　　价 / 79.80元

用心做教育（代序）

2016年6月的最后一天，组织上找我和阎希森、赵玉亮三位同志谈话，筹备淄博柳泉中学的开学事宜。会后，我们三个一起到学校的建设工地，那是我第一次走进柳泉中学，只是与我的期望相差很大，校门没有建好、校园里的道路没有修好、操场塑胶还没有铺设、课桌椅没有一套……此时还有不到两个月就要开学了。

刚开始的几天，我们只能在淄博五中我原来的办公室里办公。后来，通过局里的协调，从其他学校抽调了部分工作人员来帮我们，又把某个部门淘汰下来的办公桌椅借给我们，于是我们凑起来有十几个人，算是可以正式开展工作了。

接下来的那个暑假，我们一天也没有休息，过得很艰难，从零开始、事无巨细，这期间市里、局里开了好几次推进会，才使得好多问题得以解决。从市领导到局领导再到其他相关部门的领导和工作人员，都对开学给予了极大的关注和支持，这才使得工作能够推进，特别是市局分管领导和几个科室同志们的大力协助，让整个艰难的过程，充满了温暖和回忆……

最难的是招生和教师招聘工作。那时，学校附近还没有成熟的小区，加上我们是第一年招生，家长根本不了解学校，也就不会轻易把孩子送进来。好在基于学校的发展，我们拥有招收科技特长生的政策，也给了部分家长选择我们的理由。没有场地，就借了齐悦实验小学的场地，那时候他们也是刚开始办学不久，只有四间教室可以做考场，我们就只好组织两轮考试，上午和下午的考生试题不同；没有人员，就抽借了五中的干部和老师帮忙；没有资金，监考的、服务的人员都是友情赞助，就连刚开始买办公用品的钱都是筹备组的人员自己垫支的。

教师的招聘也是一波三折。按照计划，这一批教师主要是从市属初中里遴选，因为对高中教师有一定限制，这就导致几个参与筹建的高中教师失去了报名的机会，人家自然也就不情愿继续帮忙了。报名情况不可控，报考的专业人数也不均衡，即使是筹建组的成员也不能保证一定考上。关键是已经七八月份了，各校的教师招聘均已结束，这时我们的招聘也势必会给兄弟学校带来被动。在这一过程中，我们三位筹备组负责人还得参加校长的招聘，感觉一切都在不确定之中。教师招聘考试那天，我们更是紧张得要命，有一位怀孕的女教师已经过了预产期，怕她在考场上一紧张出现了意外，救护车、医务人员就在考场外待命。

其实，真正确定下学生人数，是到了正式开学的那一天，因为现在的家长选择还是比较多的。我们的学生构成是原来淄博三中的两个年级和我们新招的初一学生，教师来源则涵盖了所有的市属学校。面对这样的生源和教师队伍，怎样能把学生团结起来，怎样能把教师凝聚起来，这是我当时思考的第一位的问题。

我想到了教育的真谛是什么，想到了“没有爱就没有教育”。“爱”是教育的起点，也是教育的归宿，一个教师如果以“爱的情感”对待每一个学生，他的教育就有了温度，所以从古至今，人们崇尚“爱”的教育是有道理的。而“爱”这个字，放到教师对待教育、对待学生上，什么时候都不过时，是再恰当不过的了。

还有一个很现实的问题是，我们的老师来自十几个学校，每个学校都有各自的校园文化和教育理念，有不同的管理制度，而每位老师都有自己的教学习惯，来到一个单位，相互的包容、理解和融合非常关键。我思考：一个什么样的关键词或者一种什么样的情感，再或者一个什么样的视角能够达到这样的效果呢？

我看了一些教育专家的文章，了解了他们的教育思想；我回忆我所接触的几位校长们的教育理念，从中获取启发；我回顾自己从教二十多年的经历，去总结和体会其中的经验与教训，我想到了“欣赏”这个词。在古汉语中，“欣”的意思是快乐、喜悦，“赏”的意思是赞赏、赞扬，由此引申出“欣赏”。在现代汉语中，“欣赏”的意思是享受美好的事物；认为好，喜欢。我体会到，“欣赏”看上去好像是看问题的角度或者视角，但是这个角度或视角不是冷冰冰的，而是包含情感因素的，这恰恰是我们新建学校所必须崇尚和创设的一种境界和环境。

于是，我提出对待学生要有“爱心”，要用“欣赏”的眼光去看待每一个孩子、接纳每一个孩子、服务每一个孩子，特别是要“包容”甚至“宽容”他们的缺点、不足甚至是问题。正如德国哲学家雅斯贝尔斯所说的：“教育就是一棵树摇动另一棵树，一朵云推动另一朵云，一个灵魂召唤另一个灵魂。”如果这种“摇动”或者“推动”是“机械”的、不带任何感情色彩的，怎么能够“影响”或者“召唤”一个个活生生的“灵魂”呢？当然，在教师之间，我们也提出要相互“欣赏”、相互“包容”。这样做有温度的教育、建有温度的学校就有了基础，“用爱与欣赏温暖每一个学生”才不至于变成一句空话。

实践中，我们把“爱与欣赏”作为教育理念，要求老师们在教育教学活动中自觉去践行这种理念。渐渐地，老师们接受了，家长们认可了，学校也走上了发展的快车道。

2018 年我入选“齐鲁名校长”培养工程后，课题研究让我对“爱与欣赏”有了更深入的思考。我们在确定这个研究课题时，几经反复都不理想，还是我的导师马华威教授给了我建议，让我把《基于“爱与欣赏”教育的行动研究》作为研究课题，这样可以在这一理念的引领下，重新梳理和思考我们的教育教学以及管理的方方面面，这样建构起来的整个学校系统就有了“神”和“魂”。这一点拨让我茅塞顿开，之前学校做了许多工作，但是我们自己也觉得比较零碎，缺乏系统的设计，随意性比较强。如今，落实立德树人的根本任务，围绕我们的育人目标，我们的各项工作都在“爱与欣赏”的统领下进行，这样所有的工作就都有了顶层设计和标准。于是，学校的各个部门对教育教学的各个环节、各项活动都重新进行了审视和规划，学校工作的整体架构便呈现出来了。我们要求大家在回顾工作的过程中，要不断地反思和改进，让学校的各项工作更有计划、更符合实际，也更加的系统和完整。

2021 年注定是不平凡的，从国家层面来讲，是建党一百周年，也是“十四五”的开局之年；对学校而言，则是建校的第五个年头，也需要深入地总结、完善与提高。办高质量的教育，建高品质的学校，我们依然任重而道远。

基于“爱与欣赏”教育的行动研究，对我们学校来说永远在路上，所以取得的成果也只能是阶段性的。尽管如此，看到工作的点滴成绩对我们来说就是追求更高目标的最大动力，更何况，专家、同仁的意见和建议，又会给我们的工作增添新的力量！用心做教育是我们永远的追求！

衷心感谢参与此项目的孙前华、马明新 袁磊、房文慧、马晓峰、崔焰昌、许超、黄杰、任连国、陈亮 朱永超、王志亮、任继志、张伟涛、夏天、王晓晨、杨蕾、孙艳杰、张旭霞、焦玲玲、黄丽、任丽、范颜民、王鸿泽、张玉梅、王霞、刘小雯、王学宵、刘萍、袁雪、黄潇涛、董云振、胡明熙、刘燕、边龙燕、高婧娟、刘璐、王志鹏、王娜、李景霞、孟江涛、杨立冬、于晶、宋霞、董云振、谷加月、李欣蔚、李晓萌、王子昕、盛佳、丁怡、商丽丽、金晓、傅艳华、孙永滋、刘建博、宋爱美、刘楠、孙永滋、王君、庞少鹏、郭云霞、汪晓芬、张进、张丽娟、杨梅、卞瑾老师，感谢为淄博柳泉中学付出的所有人。

孙辉

2021 年 4 月

目　录

第一章　导论

“爱”与“欣赏”是教育管理的成功之本。教育中的“爱”在《新时期教师职业道德修养》一书中这样阐述：“教育爱是指教师在教育过程中所表现出来的一种高尚的道德境界、敬业精神和富有人道性的教育艺术，它不仅指教师对学生的尊重关心和爱护，而且还包括教师用爱的情感和言行来感化学生，陶冶学生，启迪学生，引导学生，教育学生，以及各种具有教育性的爱的方式。”

第一节　“爱与欣赏”教育理念提出的背景

巴特尔说过：“教师的爱是滴滴甘露，即使枯萎的心灵也能苏醒；教师的爱是融融春风，即使冰冻了的感情也会消融。”当代学校教育中，面对的教育对象是信息时代的“原住民”，他们自小便开始在纷繁复杂的信息世界遨游，他们更有思想、更有个性、更有主见，对教师的要求也更高。因此，学校教育中渗透“爱与欣赏”的教育思想，用爱包容学生、感化学生、温暖学生，用欣赏的眼光发现学生的闪光点，培养学生的自信，给予学生创新的空间，是时代发展的需要、育人的需要，更是创新型人才培养的需要。

一、“爱与欣赏”教育理念是时代发展的需要

21 世纪以来，新课程改革全面推进，“一切为了每一位学生的发展”是新课程改革的核心理念。它包含以下三层含义：第一，关注每一位学生，实质是关爱、欣赏每一位学生；第二，关注学生的情绪和情感体验，也就是教师能够让学生在学习生活中体验到快乐与成功，帮助学生建立自信心；第三，关注学生的良好道德品质和健全人格的养成，教师以自身高尚的人格影响学生，帮助学生建立爱心、同情心、责任感。

当今世界正处在大发展、大变革、大调整之中，新一轮科技和工业革命正

在孕育，新的增长动能不断积聚。中国特色社会主义进入了新时代，开启了全面建设社会主义现代化国家的新征程。时代越发展，知识和人才的重要性就愈发突出，教育和教师的地位及作用就愈发突显。百年大计，教育为本；教育大计，教师为本。2014年9月，习近平总书记在北京师范大学师生座谈会上提出："全国广大教师要做有理想信念、有道德情操、有扎实学识、有仁爱之心的好老师。"习近平总书记指出了"爱"在教育中的重要作用。

2018年，在我国改革开放的四十周年之际，中共中央、国务院印发《关于全面深化新时代教师队伍建设改革的意见》（以下简称《意见》）。《意见》指出，到2035年，教师综合素质、专业化水平和创新能力大幅提升。教师要争做"四有"好教师，全心全意做学生锤炼品格、学习知识、创新思维、奉献祖国的引路人。

由此看出"爱与欣赏"教育理念的产生是时代的召唤，是中国教育发展的必然趋势。

二、"爱与欣赏"教育理念是中学阶段育人的需要

《国家教育事业发展"十三五"规划》（以下简称《规划》）把立德树人作为教育的根本任务。《规划》指出教育要培养德智体美全面发展的社会主义建设者和接班人。中学阶段，学生正处于身心发展的关键时期，也是人生教育的关键时期。随着信息化时代的飞速发展，互联网在给我们带来方便快捷生活的同时，也带来了一些负面影响。学生沉迷网络游戏和各种社交软件，心理问题频繁出现，给"育人"工作带来了新的挑战。

"育人"从沟通开始，有效的师生沟通是建立在"爱"与"欣赏"的基础上的，爱是教育的灵魂，没有爱就没有教育。习近平总书记说："好老师应该把自己的温暖和情感倾注到每一个学生身上，用欣赏增强学生的信心，用信任树立学生的自尊，让每一个学生都健康成长，让每一个学生都享受成功的喜悦。"通过"爱"与"欣赏"挖掘学生的闪光点，增强学生的自信心，建立和谐融洽的师生关系，有助于学生良好品质和健全人格的形成。

三、"爱与欣赏"教育理念是培养学生创新思维的需要

在时代发展日新月异的今天，创新成为一个国家发展的生命力。而创新离不开人才，作为新时代的教师，要有欣赏的眼光，要善于发现学生的闪光点，培养学生的自信心。"爱与欣赏"的教育理念能够有效避免以成绩论成败的"一刀切"现象，避免教师先入为主地开展教育。在"爱与欣赏"的教育理念下，

教师能够关注到每一位学生，尊重和发展学生的个性特长，培养学生勇敢地接纳新生事物，承认学生间的个体差异，因人而异、因时而异地关注学生成长，充分挖掘每一位学生的潜能，尊重每一位学生的思维方式，激励学生挑战自我，激发学生的创新思维，从而为培养创新型人才打好基础。

四、“爱与欣赏”教育理念是教师自身发展的需要

当代学生身处信息化时代背景下，接受新事物快，所以学生的思维发展很容易与社会同步，主要体现在思维活跃、盲目追求新事物上。由于要求教师要按照规范的道德标准进行教育，因此，教育者与受教育者之间出现了思维结构失衡的情况，即“代沟”。面对社会的大背景，教师产生了畏难情绪，认为“现在学生难教”。

面对这样的问题，教师不能故步自封，而要做到与时俱进。教师能够爱学生、欣赏学生，自己就要培养爱与欣赏的能力。教师首先要积极学习心理学、教育学、信息技术，用理论知识丰富自己，在学生面前树立起“博学”的形象。教师应成为学生的“偶像”，通过广博的学识影响学生，增强职业自信心，具备自我欣赏的能力。其次，教师要学会沟通的技巧，以赢得领导、同事、学生的爱戴，通过“被爱”让自己爱的能力不断提升。正如习近平总书记提出的：“教育是一门“仁而爱人”的事业，做好老师，要有仁爱之心，没有爱心的人不可能成为好老师。”教师对学生的“爱”不应该是居高临下的，而应该是发自肺腑的“朋友之爱”。这种爱是建立在平等的师生关系之上，是无微不至、不由自主的，这种爱是建立在双方自主性和完整性基础上的。教师具有了“爱与欣赏”的理念，教师的专业素养得到不断提升，职业自豪感也会油然而生。

第二节“爱与欣赏”教育研究综述

一、“爱”与“欣赏”教育思想起源

我国最早提出“爱”的教育思想的人是孔子，孔子的“仁爱”思想是一个由至亲推及他人的道德推衍过程。他首先强调的是对至亲的“爱”，也就是一个人要有爱人之心，首先要孝敬父母、尊敬师长。孔子认为，要把“亲亲之爱”推广，由爱父母推及爱朋友和爱全体社会成员，即“泛爱众，而亲仁”。“仁”

被孔子作为最高的道德标准。为此，孔子从“忠”和“恕”两个方面推行“为仁”之道。孔子认为的“忠”即“以己所欲譬诸他人”，也就是成全他人，是一种无私奉献的精神。所谓“恕”，就是孔子所说的“己所不欲，勿施于人”，也就是推己及人，与现代心理学中的“黄金规则”相似。它反映的是尊重他人、理解他人。通观孔子的“仁爱”思想，可以看出，这种思想是孔子处理人际关系时的一种行为规范或道德情操，它体现的是人与人之间的互助精神，对今天的教育具有借鉴意义和启迪作用。

战国时期的孟子继承了孔子关于“仁”就是爱人的思想，进一步发展了孔子的人性论，从人性中寻找仁爱的根源。他认为人的本性是善的，善使人广施“仁爱”。孟子丰富了孔子的“仁爱”思想，不仅提出了包容、分享的“忠恕”思想，更注重了人与自然的关系构建。他强调人是自然界的一部分，要遵循自然界发展的规律。从这一点上说，孟子“仁爱”的教育思想更加宽泛。

北宋思想家、教育家张载对“仁”的观点进一步完善，为儒家仁政实践提供了完整、系统的理论依据。张载在教育过程中，强调“以礼教学者”，与孔子的“己欲立而立人，己欲达而达人”的思想是相吻合的。他的进步之处在于理论更加深入。张载的理论根据是人“与天地万物为一体”，是从人类的角度讨论这个问题的，这与费尔巴哈的观点相接近。

关于“欣赏”的教育思想在我国的古典文集中也不乏陈述，我国最早的教育专著《礼记·学记》中就曾记载“教也者，长善而救其失者也”。这里说的“长善”就是“使善增长”，即教师要让学生的优点不断增长。《左传·襄公十四年》也曾记载“善则赏之，过则匡之，患则救之，失则革之”，其中的“赏”为表扬、奖赏之意。

西方第一个真正提出“爱与欣赏”教育思想的学者是昆体良[1]。在《昆体良教育论著选》中，记录了他的观点：“最要紧的是要建立（学生）和教师之间的亲密友谊，使他的教学工作不是出于完成任务，而是出于对学生的热爱。”昆体良认为教师不仅要有学识，更应该热爱学生，耐心地教育学生，注意研究学生，因材施教，在教学过程中，教师要“善于精细地观察学生能力的差异，弄清每个学生的天性的特殊倾向”。

[1] 昆体良（Marcus Fabius Quintilianus，约35—约100）古罗马时期的著名律师、教育家和皇室委任的第一位修辞学教授，也是公元1世纪罗马最有成就的教育家，代表作《雄辩术原理》。

裴斯泰洛齐[1]是西方教育史上第一个真正实践“教育爱”的教育家，他的“教育爱”思想是当今学校教育始终追求的一条基本原则。裴斯泰洛齐提出教育的主要原则是爱，即“教育爱”。裴斯泰洛齐的“教育爱”思想就是要求在长期艰苦的教育实践和工作中，教育者对受教育者所给予自觉、持久、公平、真诚和无私的爱。裴斯泰洛齐可谓是用自己的一生在践行自己“教育爱”的思想。裴斯泰洛齐教育思想中最突出的一点就是强调情感教育，爱的教育。他强调教育者首先必须具有一颗慈爱之心，以慈爱赢得学生们的爱和信赖。因此，教师要精心照顾好学生，注意学生的需要，对学生的进步和成长报以慈爱的微笑。教师要用亲切的话语、情感、面部表情及眼神打动学生。当爱和信赖在学生心中扎下根以后，教师要尽力激励它、增强它，使之不断升华。他认为，家庭“教育爱”是学校“教育爱”的源泉，学校“教育爱”是家庭“教育爱”的延伸和升华。

以上教育家只是初步阐述了“爱与欣赏”教育的一些思想，却没有系统地形成“爱与欣赏”教育思想的理论体系。

二、近现代教育中的“爱与欣赏”教育思想

英国教育家罗素提倡爱的教育，强调对儿童的本能训练，反对压抑儿童的个性。他认为爱和知识是正确行为的两种主要因素，爱乃是良性品性的精髓。正确的爱应该是恰当地对待正在成长的孩子的自然结果，而不是贯穿在各个阶段所刻意追求的东西。罗素认为“儿童应该被看作是目的，而不是手段”，倡导尊重儿童的个性发展，培养儿童的学习兴趣。这一观点与美国近代教育家杜威“儿童中心论”的观点不谋而合。杜威认为儿童是起点，是中心，而且是目的。教师应考虑儿童的个性特征，使每个学生都能发展自己的特长，尊重儿童在教育活动中的主体地位。杜威也提出完全的“儿童中心”实质上是一种放任，教师应当在关键时刻对学生有引导作用。美籍德国哲学家、心理学家弗洛姆在他的哲学、心理学著作中也多次提到“爱的教育”思想。弗洛姆认为资本主义社会经济的进步与精神文明的倒退似乎成正比，而造成这种二律背反的根源恰恰在于资本主义经济制度，是使私有制的经济制度膨胀了人们的私欲，导致人

---

[1] 裴斯泰洛齐（Johann Heinrich Pestalozzi，1746—1827）是19世纪瑞士著名的民主主义教育家，代表作《林哈德与葛笃德》《葛笃德怎样教育她的子女》等。

格的扭曲。资本主义教育的目的和方向由“培养人的品质”转向“训练适应社会的能力”，造成资本主义社会的教育成为工具性、压迫性的异化教育。弗洛姆认为要使教育真正走向对健全的人的培养，就要主张“爱的教育”。他将爱看作一种产生爱的能力，认为爱是一种主动的活动而不是被动的情感，因而爱不是被动的“索取”和“接受”，而应是主动的“给予”。弗洛姆将尊重作为构成爱的一个重要的要素，他认为没有尊重就没有真正的责任，也就没有真正的爱。根据尊重这个词的词根 respicere（看），弗洛姆解释了“尊重”的含义：“尊重意味着能够按照其本来面目看待某人，能够意识到他的独特个性。尊重意味着关心另一个人，使之按照其本性成长和发展。”弗洛姆“爱的教育”的目标是培养健全人格的人，从这一点上看，仍然是以“人的发展为中心”。美国教育家、斯坦福大学教授内尔·诺丁斯受到杜威实用主义教育理念的影响，于1980年提出的“关怀教育”理论，被公认为世界伦理学主要流派之一，以“学会关心”作为教学理念更是对国际教育思潮产生了重要的影响。这里的“学会关心”理念是“爱”的教育思想的理论支撑。诺丁斯认为应该重视学生的真实需要，这样才能调动学生的主动性、积极性，而灌输、控制学生，从长远角度看是不对的。罗素、杜威、弗洛姆、诺丁斯都主张要尊重人的发展，这就是“爱与欣赏”教育思想的体现。

20世纪20年代，杜威和罗素都曾来华演讲。杜威的教育思想对中国的影响更大，我国教育家胡适、陶行知都深受其教育思想的影响。其中，陶行知先生的“生活即教育”“社会即学校”“教学做合一”即为杜威“做中学”思想的进一步深化。

陶行知是我国现代教育家。“爱满天下”是陶行知最重要的教育思想之一。陶行知认为教师对学生的爱是源于社会赋予的责任，是教师对学生的殷切期望。他曾说：“有了爱便不得不去找路线、寻方法、造工具，使这爱可以流露出去完成他的使命。流露的时候，遇着阻力便不得不奋斗——与土豪劣绅奋斗，与外力压迫奋斗，与传统教育奋斗，与农人封建思想奋斗，与自己带来之伪知识奋斗。这奋斗之历史，也就是这颗爱心之历史。”

可见，陶行知的教育是从爱里产生的。他从“爱满天下”出发，不以门第论贵贱，对学生一视同仁。从爱学生，到欣赏学生的才能，陶行知把眼光放在了穷苦家庭中有特殊才能的孩子上，认为只要有特殊才能，都应该加以特殊培养。他主张创办多样化的学校，发展多层次的教育，培养多规格的人才。陶行知的教育思想为“爱与欣赏”的教育思想奠定了理论与实践的基础，今天我们所提倡的“个性化”教学，就是陶行知教育思想的延伸。

夏丏尊把办学校比作挖池塘，他在《爱的教育》一书的序言中指出，“教育上的水是什么？就是情，就是爱。教育没有了情爱，就成了无水的池，任你四方形也罢，圆形也罢，总逃不了一个空虚。”他认为教育要有情和爱，并执着地实践。他在浙江一师担任“舍监”时，对学生既坚持原则，又像慈母一样爱护学生，他的学生，著名画家丰子恺，就曾撰文追忆夏先生的“妈妈教育”。夏丏尊在教学中提出了“受教材不等于受教育”的教学思想，鼓励学生写作要有新的思想内容，充分表达自己的主张，这正是尊重学生、欣赏学生的体现。

陶行知与夏丏尊都是“爱与欣赏”教育的实践者，但是两位先生对“爱与欣赏”教育的理论体系仍然没有进行系统的梳理。

三、国内现阶段有关“爱与欣赏”教育的实践研究

现阶段的教育工作者对爱与欣赏的教育研究越来越重视。中国知网检索时间为2016—2020年，“主题＝赏识教育”，共检索出相关文献2679篇，其中2019年648篇，2020年472篇。研究对象主要集中在中学阶段，其中初等教育1020篇，中等教育875篇。“主题＝爱 教育”，共检索出相关文献3560篇，其中初等教育1008篇，中等教育792篇，学前教育400篇，说明现阶段的“爱与欣赏”教育研究更多的是关注幼儿、初等和中等教育。从文献内容看，教育教学管理方面的研究最多，其次为与学科教学相关的研究。通过文献检索可以发现，对于“爱的教育”研究、“欣赏”或“赏识”教育研究已经初具规模。对于“爱与欣赏”教育的实践研究，通过知网搜索自2008年至今共有相关文献18篇，其中与欣赏教育相关的有9篇，与教育实践相关的仅有3篇，说明现阶段以“爱与欣赏”教育理念开展教育实践的学校和研究者并不多。

霍懋征与于漪老师是当代“爱与欣赏”教育理念忠诚的实践者。霍懋征是我国当代有影响力的教育家之一，她将“以爱育人，没有爱就没有教育”作为自己教育工作的座右铭，提出了“没有教不好的学生”的教育理念。“没有教不好的学生”意味着对学生的接纳、包容、认可，而这都是以爱为前提的。她教育学生有八字方针“激励、赏识、参与、期待”，体现了用欣赏的眼光看待学生，认可学生，给学生自我成长的机会。

“一辈子做教师，一辈子学做教师”是于漪老师的名言。她说：“班主任（教师）心中要有一团火，这团火是爱祖国、爱学生的激情。”于漪老师每堂课都要写教后记，一方面记录学生的闪光点，另一方面反思自己的不足。她督促自己不断发现学生的闪光点，正是于漪老师对“欣赏”教育理念的实践行动，而这样的实践来源于对学生的爱。

现阶段国内和“爱与欣赏”教育密切相关的理论主要是“赏识教育”。当代“赏识教育”的首创者——周弘，继承和发扬了陶行知先生的“只要有特殊才能，都应该加以特殊培养”的理念，从自己女儿的教育开始实践，总结出一套赏识教育理论。他认为赏识教育是一种教孩子学说话学走路的教育，奥秘在于承认个体差异，允许失败。赏识教育就是要满足孩子内心深处的需求，马斯洛的需要层次理论将生理需求定位成低层次需求，高层次的需求是尊重的需求和自我实现的需求。因此，赏识教育要满足的孩子内心深处的需求，实际是对尊重需求和自我实现需求的满足。中国陶行知研究会赏识教育研究所副所长杨瑞清老师又将赏识教育的理念概括为四个字：学会赏识。他指出，赏识教育是促进学生快乐成长的教育理念，面对教师、家长付出“爱”，学生却感受不到“爱”的现状，他为教师和家长指出了“爱学生之路”，即“走近生命、发现潜能、唤起自信、善待差异、引导自选”。

梳理相关研究发现，一是宏观理论研究居多，系统实证研究较少。从文献资料来看，对“爱的教育”“欣赏教育”的研究已初具规模，研究主题涉及了“爱的教育”的内涵、理论基础、国外研究对中国教育影响等诸多方面，但研究仍以理论层面的探讨为主，许多研究成果着重于从理论、政策上分析“爱与欣赏”教育在现实中存在的问题、原因和对策，相比之下，实证应用研究比较缺乏。二是在“爱与欣赏”教育研究中，“爱与欣赏”的时代价值研究、“爱与欣赏”教育的特征理论与课堂教学实践结合研究等显得比较薄弱。三是“爱与欣赏”实施效果评估的研究亟待加强。

第三节 “爱与欣赏”教育行动研究的内容与意义

我校“爱与欣赏”教育行动研究的研究对象是基于“爱与欣赏”教育的教师教育、教学行为，服务部门的服务行为，与学生学习、人际关系、道德品质等方面的行为变化。通过研究教师展现出来的对学生的“爱与欣赏”的教育、教学行为，以及学生接收到教师的“爱与欣赏”后的行为变化，对教师行为进行效果评估。主要研究以下三部分内容：

第一部分：支撑“爱与欣赏”教育目标的课程体系研究。内容包括：课程理念、课程目标、课程实施、课程评价、课程管理等。

第二部分：“爱与欣赏”教育实施路径研究。内容包括：教学育人、学科育人、活动育人、管理育人等。

第三部分：“爱与欣赏”教育实施效果评估。内容包括：推进育人效果、推广管理经验等。

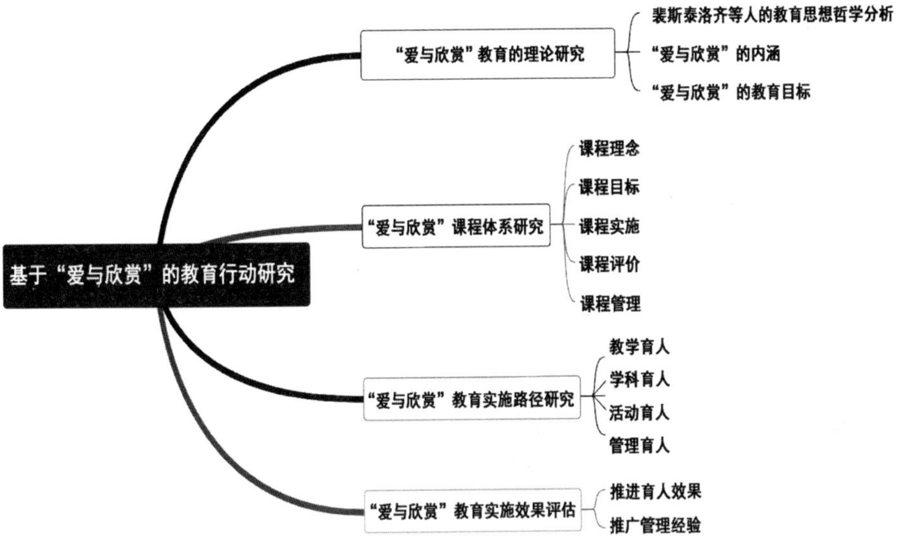

学校通过树立以“爱与欣赏”为核心的制度观、德育观、教学观、课程观、服务观，开展基于“爱与欣赏”的校园制度管理策略研究、教学实施策略研究、德育体系建设研究、服务体系建设研究等的全方位教育行动研究，通过课题研究改进管理，创建教师幸福、学生快乐、家长满意的和谐校园。本研究的重点有以下两方面：

第一，构建“爱与欣赏”教育课程体系。

“爱与欣赏”的教育理念要依托日常教育教学工作的开展，这离不开课程体系的建设。如何根据学校文化教育发展实际和校园文化建设情况，围绕“爱与欣赏”这一核心主题，充分挖掘和利用校园各类教育资源，形成“爱与欣赏”教育育人体系，让学生处处感受爱、人人受赏识，是课题组要重点解决的问题。

第二，“爱与欣赏”教育评价体系建立。

基于“爱与欣赏”教育的行动研究是一种过程性研究，需要在研究过程中不断反思、改进，因此建立系统精准的评价体系显得尤为重要。

“爱与欣赏”教育实施路径研究是本研究的难点。“爱与欣赏”这一教育理念，要在全校各部门、各层级贯彻落实，需要制订系统的实施路径：包括从管理层面到教师层面再到学生层面的不同层级的实施路径，每个层面制度体系、价值体系的建立等，这是一个比较庞大的工程，需要各部门之间的密切协调，通力合作，因此是研究的难点。

本研究将从以下四个方面开展：

第一，问卷调查教师、学生对“爱与欣赏”教育理念的理解，结合调查数据分析、梳理文献，论证课题的可行性，明确研究的内容、采用的研究方法和研究步骤。组织课题组成员学习课题研究的内容和具体的研究步骤，开展课题研究。

第二，通过分析数据，结合对研究学校的调查研究，论证课题在学校实施的可行性，明确研究的内容、采用的研究方法和研究步骤。

第三，根据论证结果，制订课题的研究方案；对课题组成员进行分工，明确各自的主要研究任务；组织课题组成员学习课题研究的内容和具体的研究步骤。

第四，课题组成员根据各自的研究任务开展研究工作，每两周召开一次课题组成员交流会，交流课题研究情况，分析课题开展过程中遇到的困难，汇总研究数据。课题组长督促课题组成员撰写相关论文，并在组内交流，集中学习相关科研文章或著作，请相关领域专家进行指导，提高理论水平。

第二章　“爱与欣赏”教育研究的内涵解读

第一节　关于“爱与欣赏”教育的内涵

一、关于“爱”的教育解读

本书中的“爱”不仅仅是教师对学生表现出的真诚的关心、爱护、包容、悦纳的教育情感，以及对学生的信任与理解，它还有更深层次的含义，即培养爱、传递爱、理解爱。培养爱是低层次的爱，指身心健康的养成和健康人格的塑造。传递爱是指奉献精神，关爱他人、回馈社会等能力。理解爱是“爱”的最高层次，是一种“博爱”精神，拥有平等、友爱、尊重、包容的爱的精髓，这种精神引领着人的行为意识，是一种人生态度。

（一）“爱”的教育是用教师之爱培养学生之爱

教育是培养人的实践行动，亦是如何培养人的问题。学校“爱”的教育是解决如何培养人的问题，倡导教师要以爱的情感、爱的行为教育学生，要用爱的智慧、爱的能力引导学生。学校“爱”的教育目标是培养具有爱心的人，这里的爱心包含对待父母的孝敬之心、对待师长的尊敬之心、对待他人的友爱之心、对待弱小的怜爱之心、对待社会的公益之心、对待祖国的爱国之心。

（二）“爱”的教育是用爱心传递爱心

“爱”的教育不仅仅是教师将爱传递给学生，更是培养学生传递“爱”的能力。学校需要通过组织各种活动在培养学生爱心的同时，提升学生“爱”的传递能力。我校通过组织学生参加福利院和养老院献爱心、市图书馆志愿者、学雷锋社区志愿者、交通安全宣传员、环保志愿者、99 公益募捐等活动，展现我校学子“奉献爱心，服务他人，服务社会”的精神风貌，让爱在学生心中扎根的同时，也向他人播撒爱的种子。

（三）“爱”的教育是帮助学生更深刻地理解爱

今天无论是学校教育还是家庭教育，“理解爱”都成为困扰教师、家长和学生的问题。古人云：“爱之深，责之切。”今天我们说：“这么说、这么做都是为他好。”可是，当我们语重心长地说教后，却发现学生们无动于衷。这是因为学生不理解教师、家长对他们的爱。而只有让学生理解了教师、家长的“爱”，他们才会懂得教师、家长的良苦用心，才会接纳我们的建议，改变不良的行为。

帮助学生理解爱还需要教会学生懂得合作分享、平等关爱和爱国爱家。现在的学生自小就习惯了被大人们的爱包围着，很多学生形成了以自我为中心的性格。随着年龄的增长，他们需要学会关爱他人、帮助他人、感恩家人，这种成长是一个人必须经历的过程，所以作为学校教育工作者，需要为他们创造出这样的机会，比如课堂中的小组合作、知识分享，学习与生活中的互帮互助，运动会中的团队协作，文艺汇演中的集思广益，每周升旗仪式上的庄严宣誓，等等，都能够帮助学生理解爱的含义。

二、关于“欣赏”的教育解读

“欣赏”在《现代汉语词典》中有两层含义：①享受美好的事物，领略其中的情趣；②认为好，喜欢。本书中的“欣赏”是指教师以尊重学生的人格为前提，在承认和尊重个体差异的基础上给予学生的肯定、赞赏、赏识，发现学生的闪光点和自身发展的优势，并充分激励与引导，以实现对学生的“正强化”教育，从而促进学生身心健康、学业提升。“欣赏”的教育应该包括以下两点。

（一）用发展的眼光看待学生，从细微处赏识学生

人是一个不断发展中的生命，教师从事教育工作，要尊重自然发展规律，用发展的眼光看待学生。有些学生可能在某些方面属于“慢热型”，比同龄孩子的发育要迟缓一些。比如有些学生接受知识的能力慢一些，有些学生情商比同龄孩子低一些，有些学生的身高比同龄孩子矮一些，等等。教师不能够因为学生某一方面的发展比其他学生慢一点，就对他全盘否定，不能以静态的眼光看待学生。学生处在成长过程中，可塑性很强，作为教师要相信“孩子终究会长成一棵参天大树”，教师要学会用发展的眼光看待学生的个性。教师要从细微处着眼，了解关心学生的个体差异，善于捕捉和发现每位学生身上的优点，培养其自信心，充分发展其个性特长。

（二）实事求是地、公平地赞赏学生

教育要培养诚实守信的学生，就要实事求是、公平地对待学生。每位学生都渴望得到教师的表扬，因此，教师在赞赏学生时要做到有理有据，尊重客观事实，实事求是地赞赏他们身上的优点。教师的赞赏要注意把握尺度，不能够过于夸张，亦不能过于敷衍，要让学生感受到教师的真诚，要让其他同学体会到教师公平公正、一视同仁的态度。

第二节　用“爱与欣赏”温暖每一个孩子

美国的巴斯克里教授在《爱与被爱》一书中写道：“爱包含着一种责任，就是关心所有的人，人负起这个责任，就能体会到爱的奇妙乐趣而在爱的阳光下成长。”教师承担着教书育人的责任，教师的爱既包含着对教育对象——学生的爱，也包含着对教育事业的爱。当教师把整个心灵都献给学生的时候，学生不仅会在爱的阳光下健康成长，心中也会滋长爱的种子。

一、用“爱与欣赏”赢得学生的爱与尊重

尊重是教育者“爱”的前提，教师要发自内心地尊重和信任学生，用欣赏的目光关注学生。在教育教学中具体做到以下三点：

一是提高对“爱与欣赏”的认识。教师在思想上必须认识到受教育者也享有“人格尊严”，不允许他人歧视和侮辱。联合国《儿童权利公约》中规定：“学校执行纪律的方式应符合儿童的人格尊严；教育应本着谅解、和平和宽容的精神培育儿童。”作为独立人格的个体，学生有自己的能力、观点、想法，教师应该尊重学生，耐心、虚心地倾听学生的观点、想法，欣赏学生的创新性观点和独到见解。

二是规范教育教学行为，充分理解、尊重、包容学生，用欣赏的眼光看待学生。著名教育家陶行知的“四块糖的故事”告诉我们，每个孩子都有他的长处，家长和老师要有一双善于发现的眼睛，挖掘孩子身上的闪光点，通过言语的激励，使其个性特长得到充分发展。有时教师一个赞许的目光、一句欣赏的话语，都会成为激发学生成长的强大动力。“爱与欣赏”能够帮助孩子重新找回自信、走向成功。

三是严慈相济，以爱心换爱心，以尊重赢得尊重。“爱与欣赏”的教育要

有原则、有理性。教师要做到爱有分寸，爱而不纵，言而有度。特别是面对学习成绩好的同学时，更要把控好“爱与欣赏”的“度”，避免过分的“爱”，让学生产生骄傲自满、爱慕虚荣的不良心态。教师用公平的爱对待每一位学生，让学生的人格释放出耀眼的光芒和无穷的魅力，这样才会感动学生，赢得学生的尊敬和爱戴。

二、在实践中培养学生的爱心，发掘学生的特长

爱心需要通过感受、体验、共鸣、反应这些环节逐渐产生。这些需要学生在观察和实践中获得。学校通过组织学生积极参加有意义的活动，比如在课堂上的小组合作学习、劳动实践课，学生自己组织的运动会和文艺汇演等都可以体验到帮助他人、为集体服务的快乐，感受到自己对集体的重要性，培养奉献精神、乐于助人的精神；在社区，打扫楼道卫生、参加公益宣传等力所能及的活动；在家庭里，做适当的家务等。通过这些有意义的活动，使学生看到生活的意义，理解生命的意义——奉献他人，服务社会。在实践过程中，教师和家长能够及时发掘学生的潜能，认可、欣赏学生，从而帮助学生树立自信心。

每一位教师都希望自己的学生有一个美丽人生，而播撒了爱的种子的生命才会开出美丽的花。当教师将爱播撒在学生的心田，用欣赏激发种子萌芽时，也会收获学生的爱与尊重。

第三节　让每一位教师体验“爱与欣赏”

教师的成长是一所学校发展的关键。如何通过学校管理促进教师的成长？其中的智慧在于用“爱与欣赏”管理人心。学校管理团队要通过有效的途径和方法最大限度地满足教师发展的心理需求，让教师在工作中获得成功和幸福感，从而增强责任感与事业心，增强团队的凝聚力、战斗力。

一、用“爱与欣赏”激发共同愿景，促进学校和谐发展

一个人的发展要有目标，一所学校的发展更要有愿景，因为它是全体教职工奋斗的希望，如同灯塔一般，为每位员工指明航行的方向。作为学校的管理团队，要根据学校的实际情况，通过调查问卷、访谈等形式积极征求大家的意见，

制订出切实可行的学校发展规划。我校每五年制订一次发展规划，规划基于教职工的意见和建议对学校现状进行详细分析，针对问题制订发展规划和保障措施。通过让每一位教师积极参与规划制订，教师们了解了学校的发展目标，再结合自己的实际情况，可以树立自己的发展目标，在日常工作和学习中明确努力的方向。当学校的发展目标与教师的发展目标一致时，就会形成和谐发展的校园环境，大家心往一处想、劲往一处使，教师专业积淀日益深厚，学校办学成绩蒸蒸日上。

二、用“爱与欣赏”激发教师对教育的爱

学生渴望得到教师的赏识，同样作为教师也希望得到来自学校领导的关爱与赏识。因此，教育管理不仅要关心、善待教师，更要赏识教师，用欣赏的目光赞赏教师的敬业、奉献、勤奋、好学。学校每学年评选最美班主任、教坛新秀、骨干教师等，大力表彰热爱学生、业务水平高的教师。学校建有专门的困难教师补助基金，当教师在生活中遇到困难时，学校总能够第一时间给予帮助，解其燃眉之急。为了鼓励教师业务创新、不断学习，学校建立了名师工作室、名班主任工作室、教科研攻关小组，为青年教师发展提供了广阔的学习平台。“恳谈会”上，教师为学校发展提建议，诉说自我发展的迷茫，学校领导虚心听取意见，帮助教师理清思路、寻找前进的方向。作为学校的校长，应当记得学校每一位教职工的生日。每位教师在生日当天，都会收到来自校长的亲切问候和温馨祝福。学校重视教职工身体健康，定期组织教职工体检，倡导积极健康的生活方式，开展教职工健身月活动，帮助教师减轻从教压力，创造有利于教职工学习、生活、工作的良好环境……在“爱与欣赏”氛围下的交流，让教师感受到被尊重、被关爱，从而获得满满的职业幸福感。在这样的学校中，教师能够体验到成功的快乐，激发主人翁意识，产生与学校荣辱与共的爱校之情。

三、秉承“爱与欣赏”管理理念，创新学校管理，建设高素质的教师队伍

要办好学校，就要破除现有不合适的行政机制，建立现代学校管理机制。学校在全市率先取消行政级别，实施校长职级制，充分发挥校长的办学自主权。改革中层机构，成立行政、人事、教育、教学、安全、后勤六个服务中心，实施责任管理，有效提升学校管理效率。不断加大对青年干部的培养力度，选聘业务能力出众、工作实绩突出的同志担任中层干部，组建高效管理团队。

学校积极搭建教师成长平台，加强教研组建设，每学期评选优秀教研组、备课组，增强教研组、备课组的凝聚力。举办新入职教师培训、信息化培训、教科研培训、班主任培训、心理健康讲座等，引导教师加强信息技术与学科融合的研究，转变教育教学观念，提升综合素养。开展师徒结对的“青蓝工程”，为教师外出学习创造机会，开拓教师视野，促进教师专业队伍成长。学校每学期为教师购买图书，每学年举办读书节，利用教师成长平台晒教师的读书笔记、读书心得，品书香味道、悟教育人生。

在“爱与欣赏”管理理念的指引下，教师积极学习、主动钻研，一支高素质的教师队伍正逐渐形成。

第三章 “爱与欣赏”教育的行动研究

第一节 基于“爱与欣赏”教育的课堂教学实践——做“学生学习行为的设计者”

贯彻“爱与欣赏”的教育理念，其主阵地仍然是“课堂”。“亲其师，信其道”，情感交流是学生参与课堂的首要动力。教师的“爱与欣赏”，同学间的“爱与欣赏”，一颗通融的心，一个欣赏的眼神，一句温暖的话语，往往胜过许多枯燥的知识传授。

如果说 19 世纪和 20 世纪的教师都是“教的专家”，传统学校模式下的课堂教学，是以教师为中心，以知识的传授为主导，那么 21 世纪的教师的角色将会被重塑，教师必须成为“学习行为的设计师”，怀揣“爱与欣赏”的理念，把学习的过程还给学生，让每个学生成为学习的主人。21 世纪的学校，也不再是以教师为中心，而是以学生为中心，以探究为中心，学校成为“学习的共同体”。

在这样的背景下，如何进行课堂改革，如何创建“学习共同体”，如何引导学生成为自觉的终身学习者，如何利用课堂搭建一个思维框架，把学习过程还给学生，如何让信息技术支持教学，如何将“爱与欣赏”的教学理念融入课堂……这些都将成为我们学校的每一个教师面临的迫切任务。

一、合作学习

自 2019 年开始，我校逐步开展课堂教学改革，大力推行“合作学习”和“信息化赋能”，力求让教师成为“学生行为的设计者”，让学生成为学习的主人。

合作学习也称为“协作学习”，是“新教学”特别提倡的一种学习方式，是帮助学生进入深度学习的有效途径。学生们相互组成学习小组，为达到共同的学习目标进行互助合作。我校“爱与欣赏”的理念渗透在“合作学习”的各个环节，在情感、态度、价值观层面上支撑了学生的学习。

通过近两年的实践与研究，我校的合作学习主要分为以下七个环节：目标引领——任务驱动——自主探究——合作交流——成果展示——归纳提升——当堂达标。

下面详细阐述教师如何对这七个环节进行课堂设计，引领学生成为学习的主人。

教师的课堂设计是从思考学习目标开始的，因为学习目标是一堂课的灵魂，是连接素养最顶层的设计。“目标引领”环节不仅需要教师设计出适合本节课的教学内容、适合该阶段的学生的学习目标，而且要用最简洁准确的语言进行表述。

学习目标确定以后，就需要用任务来驱动学生的学习活动，一堂课可以有一个或几个活动，活动的设计很有学问，必须指向学习目标，必须循序渐进，必须围绕课堂的核心问题等；活动的指令要求非常具体而明确，步骤明晰，可操作性强。比如，我们通常用这样的语言描述任务：“阅读课本某段内容，独立思考并解答以下问题”“自己尝试解答……，然后小组交流”“小组派一位代表展示本组的讨论结果”。这样的任务设计，学生可以避免无序的探究活动，尤其是对于理科的学习，可以避免不假思索直接讨论，导致低效甚至无效的小组活动。

随着社会的发展，每个人保持终身学习的能力已成趋势，要时刻让自己处于一种学习、创造、探索的状态，学生更是如此。所以我们的课堂教学，一定要让学生充分地进行自主探究。在探究的过程中，教师要密切关注学生的思维，准确捕捉那些可贵的思想碰撞所产生的火花，及时进行引导，这会大大激发学生的学习兴趣和学习热情，展现“爱与欣赏”的实施效果。

研究表明，合作学习比竞争学习和个体学习更能提升学生的学习效果。同时，合作学习也是一种社交体验，学生在合作中建立起彼此的信任感，在不同观点中形成的辩证观，有利于学生成长为心理健康、大度包容、视野开阔的社会公民。这也是我校“爱与欣赏”教育理念追求的培养目标。因此，课堂教学中合作交流环节非常重要，它可以让学生充分表达自己，碰撞思想，进而产生很多奇思妙想。但教师一定要注意把控课堂节奏，关注每一位学生，尽量避免小组讨论成为某几个学生的“一言堂”。

现在的学生表现欲很强烈，尤其是初中的学生，成果展示往往是学生最喜欢的一个环节。站到讲台上讲解自己的主张，对学生的自信心、表达力、沟通力都是很好的锻炼。

由于初中的学生自学能力有限，所以其探究不一定那么到位，因此，归纳提升环节是本堂课的关键，教师把知识的精华进行归纳点拨，这对于提升学生的认识能够起到画龙点睛的作用。

一堂课的效果如何，关键要看学生的掌握程度，所以最后的当堂达标是学生检验自己是否达到学习目标的重要手段。

合作学习看似把课堂交给学生，但并未削弱教师的作用，反而对教师提出了更高的要求，从学习目标的制定，到活动任务的设计；从对自主探究和合作交流的把控，到对成果展示的精彩瞬间的捕捉；从归纳提升的总结，到课堂达标的反馈，无不渗透了教师对学生学科素养和全面素养的培养，是“爱与欣赏”的教育教学理念在课堂教学中的全面体现。

二、信息化赋能

2020年1月，世界经济论坛发布了一份题为《未来学校：为第四次工业革命定义新的教育模式》的报告，旨在为第四次工业革命确定更优质的教育模式，而实现高质量学习是教育模式创新的第一步。我校是信息化学校，信息化程度非常高，学生人手一个平板电脑，教室的智慧黑板也非常先进，利用好这些先进的教学设备，就是利用信息技术给课堂教学赋能，大大提高了课堂效率。信息化赋能教学，也是“爱与欣赏”教育教学理念的展现。教给学生先进的学习手段和方法，让他们学得更快、更好，便是真正的“爱与欣赏”。

1. 全面推进学科信息化教学建设

语文学科的“基于超星阅读”的“大语文”体系：整本书阅读与个性化阅读写作相结合，提升了学生语文学科核心素养。借助超星阅读进行个性化阅读，开展分级阅读闯关训练，极大调动了学生的阅读积极性。在上半学期，2016级学生有效阅读量为220本书，有效阅读字数为9778.69万字。2017级学生，平均每人阅读量为3.54万字。

数学学科的“几何画板”与数据相结合，提升数学学科核心素养的目标贯通教学：借助“几何画板”进行动态展示，教师可以直接使用做好的图形，也可以即时在黑板上绘制，能够动态展示几何问题，有利于学生进行形象的图形构建，方便几何问题的解决和数学学科思维的构建。通过智慧教学云平台推送学习资料、训练习题，运用数据分析，精准了解学生的薄弱知识点，并进行个性化跟踪训练。

英语学科利用《睿丁英语》和《一起作业》软件，开展听、说、读、写训练，提升学生英语阅读与表达能力。借助平板电脑上的《睿丁英语》和《一起作业》软件，开展“口语＋听力”的练习，拓展阅读量，提高口语水平。以2016级学生为例，听读单词数达 1 万以上的学生共 136 名，占听读总人数的 15%；阅读速度每分钟 30 个单词的学生共 205 人，其中阅读最快的每分钟可听读 56 个单词。“爱与欣赏”更多地体现在学生的活动中。为了让学生的学习成果得到充分展示，我校每年都会开展英语情景剧大赛，学生自己创作剧本、设计服装，不仅口语水平得到了锻炼，在艺术表演、组织能力等方面都得到了锻炼。在全市英语综合能力大赛中，我校学生多人获得一等奖。

体育学科借助智慧教学云平台开展一对一学科指导和练习监测。体育老师将示范动作录制成微课，推送到平板电脑上，学生可以对照示范，进行练习。学生将练习的视频拍成微视频再反馈给老师，老师看视频进行点评和指导，有效促进了学生的体育锻炼。“爱与欣赏”的理念还延伸到了学生的课外活动中。

理综学科借助仿真实验，开展真实情景教学。教师借助仿真实验软件，指导学生用平板电脑独立开展实验，或以小组为单位，借助平板电脑上的虚拟实验室开展联合仿真实验，教师引导学生观察现象、总结规律、发现问题、解决问题。

文综学科借助智慧云平台开展大单元主题式教学。教师通过智慧教学云平台的学习设计模板，将微课、预习指导、研究问题、拓展资料、预习检测等资料分发给学生，学生自主学习，在完成基础知识学习的基础上，开展相关主题的问题探究。学生可以借助教师的拓展资料，也可以自己搜集资料，在课堂上与其他同学一起讨论，提出研究的问题，借助思维导图理清思路，以建立知识体系，达到自己的学习目标。

音美学科借助“数字化教学”开展“艺术创意教学”。我校有数字美术教室、数字书法教室。美术书法教师借助专用教室授课，引导学生设计艺术作品。我校音乐教师借助学生平板电脑开展学生编曲创作，建立电子乐队。“爱与欣赏”在美育艺术教育中启发学生的心智和灵感。

开设多学科融合的创客教育。面向全体学生举办“科技体验月”活动，学生在创意搭建空间与“智能管家”进行交流，在虚拟现实空间感受身临其境的视听体验，在人工智能空间体验无人机的驾驶感，在 3D 创作空间设计自己的作品。学校还组织学生参加暑期科技夏令营，激发学生的想象力，寓教于乐。开展各类社团活动，启发学生的创新意识，培养学生的动手能力。学校积极支持、鼓励学生进行微电影拍摄、物联网设计、3D 创作等。“爱与欣赏”教育理念的成果展现为学生的创新能力和创作作品。

2. 依托数据分析提升教学质量

学校加强网络教研，建设教学数字资源库，实现教学资源共享。教师利用 For Class 教学云平台进行授课，课后查看课堂数据分析，可以获取课堂上学生对每个知识点的掌握情况，从而有针对性地进行备课和辅导。学校的 For

Class 教学云平台实时记录每一位教师的使用数据，学校每周对使用情况进行反馈，分析使用频率、使用项目，对使用情况进行监督。通过班级和个人成绩的分析雷达图，班主任能够及时了解班级学科中的弱科情况，以及每一位学生的弱科情况，并有针对性地进行班级教育管理。教学云平台的使用，为我校教师进行网络教研、数据分析教学、线上线下辅导提供了方便，促进了学校教育教学的发展。

三、课例示范

课例一：我见青山多妩媚

——《答谢中书书》与《与朱元思书》整合课（张玉梅）

【教材分析】

第三单元都是歌咏山水的优美小古文，在阅读获得美的同时，文本中的写景手法以及遣词造句都是我们学习的范例，通过这两篇文章的整合课，让学生看到写景文章的相同点和不同点，从而掌握写景的小技巧。

【学情分析】

学生的作文，特别是写景的作文，写作没有章法，结构、段落、炼字、情感都是学生需要提升的点，通过对这两篇文章的整合学习，让学生学会写景的技巧。

【学习目标】

通过“看篇”“看层”“看句”，学习篇章的布局、层次的展开和词句的锤炼。

【教学重点】

学习篇章的布局、层次的展开和词句的锤炼。

【教学难点】

通过“看句”，学习词句的锤炼。

【教学过程】

环节一　看篇——读清结构

（一）山川之美，古来共谈。高峰入云，清流见底。两岸石壁，五色交辉。青林翠竹，四时俱备。晓雾将歇，猿鸟乱鸣；夕日欲颓，沉鳞竞跃。实是欲界之仙都。自康乐以来，未复有能与其奇者。

（二）风烟俱净，天山共色。从流飘荡，任意东西。自富阳至桐庐一百许里，奇山异水，天下独绝。水皆缥碧，千丈见底。游鱼细石，直视无碍。急湍甚箭，猛浪若奔。夹岸高山，皆生寒树，负势竞上，互相轩邈，争高直指，千百成峰。泉水激石，泠泠作响；好鸟相鸣，嘤嘤成韵。蝉则千转不穷，猿则百叫无绝。

鸢飞戾天者，望峰息心；经纶世务者，窥谷忘反。横柯上蔽，在昼犹昏；疏条交映，有时见日。

【小组合作】

请同学们根据文章层次分男女生朗读。流程如下：

小组内讨论好层次的划分。

↓

小组内男女生分层次试读一遍。

↓

全班男女生分层次朗读，男生先开始，并总结出两篇文章的结构特点。

↓

（一）山川之美，古来共谈。（总起，叙述）// 高峰入云，清流见底。两岸石壁，五色交辉。青林翠竹，四时俱备。晓雾将歇，猿鸟乱鸣；夕日欲颓，沉鳞竞跃。（分写，描绘）// 实是欲界之仙都。自康乐以来，未复有能与其奇者。（议论，抒情）//

（二）风烟俱净，天山共色。从流飘荡，任意东西。自富阳至桐庐一百许里，奇山异水，天下独绝。（总起，叙述）// 水皆缥碧，千丈见底。游鱼细石，直视无碍。急湍甚箭，猛浪若奔。夹岸高山，皆生寒树，负势竞上，互相轩邈，争高直指，千百成峰。泉水激石，泠泠作响；好鸟相鸣，嘤嘤成韵。蝉则千转不穷，猿则百叫无绝。（分写，描绘）// 鸢飞戾天者，望峰息心；经纶世务者，窥谷忘反。横柯上蔽，在昼犹昏；疏条交映，有时见日。（议论，抒情）//

教师点拨之结构规律：

总分分总巧布局

关键词句在前头

绘景抒情有先后

清清爽爽好结构

环节二　看层——辨析写法

高峰入云，清流见底

两岸石壁，五色交辉

青林翠竹，四时俱备

晓雾将歇，猿鸟乱鸣

负势竞上，互相轩邈

争高直指，千百成峰

泉水激石，泠泠作响

好鸟相鸣，嘤嘤成韵

蝉则千转不穷，猿则百叫无绝

【小组合作】

山是静的，在作者笔下却如此生机勃勃，怎么做到的？

1. 这两段文字都写了山中的声音（　）和（　）。

2. 结合第1题，这两段文字都用（　）衬托出山的宁静。

3. 这两段文字都用（　）（　）（　）等动词写出山的高峻挺拔。

4. 从而我们得出此段静止的山被写活的方法（　）（　）。

回答问题原则：

1. 回答问题时，开头语言——我们是第几小组，我是几号。

2. 每组的4号对应问题1，3号对应问题2，2号对应问题3，1号对应问题4，每答对一题得1分。

教师点拨之写法规律：

写声衬静　动静互映　情在景中

环节三　看句——品析句式

山川之美，古来共谈。高峰入云，清流见底。两岸石壁，五色交辉。青林翠竹，四时俱备。晓雾将歇，猿鸟乱鸣；夕日欲颓，沉鳞竞跃。实是欲界之仙都。自康乐以来，未复有能与其奇者。

思考：下列句子在句式上有何区别？

高峰入云　清流见底

晓雾将歇　猿鸟乱鸣

夕日欲颓　沉鳞竞跃

泉水激石　好鸟相鸣

横柯上蔽　疏条交映

青林翠竹　游鱼细石

教师点拨之言语规律：

整散结合　语言灵活　主谓并列　不可或缺

全体总结：

篇——总分分总抓特点——言之有序

层——动静相映情趣生——言之有法

句——整散有致韵味浓——言之有形

意——融情于景情意丰——言之有情

环节四　小试牛刀——模山范水

模仿《答谢中书书》，写一封《与陶弘景书》，让其了解我们淄博的山川之美。

【小组合作】

要求：

1. 根据课堂所讲的写作技法，修改自己的作品。
2. 小组评选自己组内最佳作品。
3. 上台展示组内最佳作品。
4. 按照结构、手法、语言、书写、情感五个方面评分，每项占2分，共10分。

展示环节：

1. 根据上面要求出示小组内作品。
2. 教师展示下文。

与陶弘景书

淄博之美，可书可歌。日出东方，曙光初现。晨霞辉映，千丝万缕。春则碧波万顷，夏则绿荫满山，秋则金叶飘飘，冬则白雪皑皑。四季风光皆如画，人民生活赛桃源。

【设计意图】

知识上通过“看篇”“看层”“看句”，学习篇章的布局、层次的展开和词句的锤炼。

形式上通过小组合作，实现课堂人人参与、智慧共享、互相帮扶、互相启发的教学理念。

【教学反思】

在课堂的内容设计上思路比较清晰，目标比较明确，注意贯彻“爱与欣赏”的教学理念，学生“生成”得比较好。但因为一节课实现三个写作目标，目标多，学生完成就有困难。所以，课堂的设计教学目标要小、细，这样易于学生操作。

课堂的形式设计基本是以板块加小组合作的形式，小组合作任务比较明确，任务小且具体，组内每位同学都有自己的事情可做，全员参与和小组互助完美体现，组员间能相互支持、取长补短。个别环节的加分办法很好地调动了大家的积极性，课堂比较活跃，生成效果比较好。但课堂最后没有对小组作整体评价，使得小组的设置有点架空，以后课堂改正。

课例二：动态几何中的等腰三角形分类讨论问题（王霞）

【教材分析】

图形中的点、线的运动，构成了数学中的一个新问题——动态问题。它通常分为三种类型：动点问题、动线问题、动形问题。随着新教材几何图形变换地位的突显，在几何直线型试题中，这种动态思想渗透越来越多。在动态探究过程中，要求学生知识面宽，分析能力强，思维多向发散，解题方法灵活。在解这类题时，要充分发挥空间想象能力，不要被“动”迷惑，把动态问题变为静态问题来解，抓住变化中的“不变量”，在运动中寻求一般与特殊的位置关系；在“动”中求“静”，化“动”为“静”，抓住它在运动中的某一瞬间，对基本图形进行充分分析，画出符合条件的各种草图，分散难点、降低难度，将复杂问题简单化。通过探索、归纳、猜想，正确分析变量与不变量之间的内在联系，建立变量与不变量之间的数量关系。再充分利用直观图形，并建立方程、函数模型或不等式模型，结合分类讨论等数学思想进行解答。在教学过程中要注意对学生的数学素养和创新意识的培养，这类题型虽说对大部分学生来说有一定的难度，但并不是无规律可寻，只要把握变量与不变量的关系，沿着以“动”思“静”，以“静”探“动”的主线进行分析，并不断加强练习，就会功到自然成。动点问题有等腰三角形分类、直角三角形分类、三角形相似分类、四边形存在性等问题，本节重点探究动态问题中的第一种类型——等腰三角形分类讨论问题。

【学情分析】

学生对解动态几何题感到比较困难，原因是动点运动引起图形的变化，找不准图形中的变量与不变量及它们之间的关系。解决这类问题时，需要学生搞清图形的变化过程，正确分析变量与不变量之间的内在联系，同时，还要求学生具备较扎实的数学功底，掌握基本的数学方法，有较强的洞察力、丰富的想象力及综合分析问题的能力，对学生的要求比较高。根据学生已有的知识水平，教学上采用以引导发现、讨论法为主，演示、验证法相结合的教学方法，让学生从自己的实践中获取知识，加深对知识的理解，培养总结、归纳的能力。

九年级学生的抽象思维已逐渐趋于成熟，形象直观思维能力较强，具有一定的独立思考、实践操作、合作交流、归纳概括等能力，对多结论问题能够进行简单的分类讨论。本节课对于因动点产生的等腰三角形分三种情况进行讨论，所涉及的知识面广，很多学生能够进行分类，但很多同学在解这类题目的过程中常常解答不周全，会漏解或不会求解，求不出最后结果，这就需要教师进行必要的引导，帮助分析，寻找解决问题的途径。

本节课从画图探究入手，激发学生的学习兴趣，引导学生怎么“找点”、怎么“求解”，由简单到复杂，环环相扣，层层递进，培养学生的探索、分析能力，符合学生的认知特点。利用学生的好奇心设疑、解疑，引导学生积极参与，进行分类讨论、猜想归纳，分别从代数、几何以及代几综合的多角度进行分析，提高学生的分析问题和解决问题的能力。

【教学目标】

1. 把握动点运动的过程，找出运动中的特殊位置临界点，画出静态图。

2. 进一步培养学生探究性学习、数形结合的能力，运用分类讨论及函数建模等数学思想，提高学生对数学知识的综合应用能力。

3. 经过观察、猜想、推理的探究过程，能够合理分类，把动态问题转化为静态问题，感受动态问题中“化动为静，以静制动”的解题策略。

【教学重难点】

1. 教学重点：探索并掌握动态问题中“化动为静，以静制动”的解题策略。

2. 教学难点：运用化动为静、分类讨论、数形结合、方程和函数建模思想解决动点问题。

【教学过程】

1. 情景引入，明确目标

教师：图形中的点、线的运动，构成了数学中的一个新问题——动态问题。它通常分为三种类型：动点问题、动线问题、动形问题。请欣赏动画，很漂亮的曲线，爱心送给同学们！动点问题有等腰三角形分类、直角三角形分类、三角形相似分类、四边形存在性等问题，本节重点探究动态问题中的第一种类型——等腰三角形分类讨论问题。（见图1）

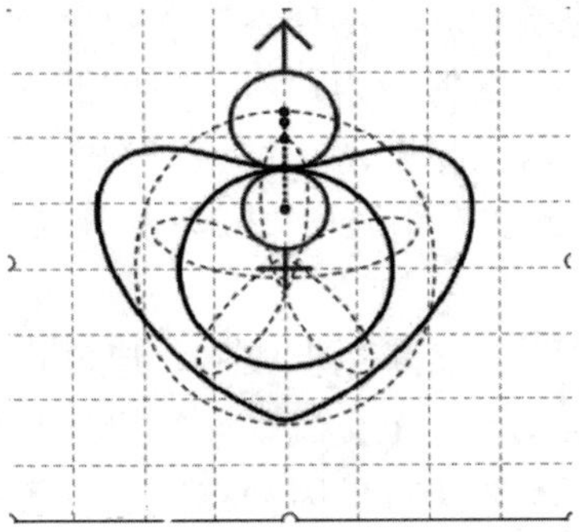

图1

学生：认真欣赏动画，了解动态问题的相关概念。

【设计意图】

直接引入，开门见山，紧扣课题，明确学习目标。动画演示，直观感受动态问题，激发兴趣，“大爱心”拉近师生间的距离，并引发情感共鸣。

2. 画出图形，初步探究

教师：如图，求作以线段AB为边的等腰三角形ABP，使点P在直线l上。（见图2）

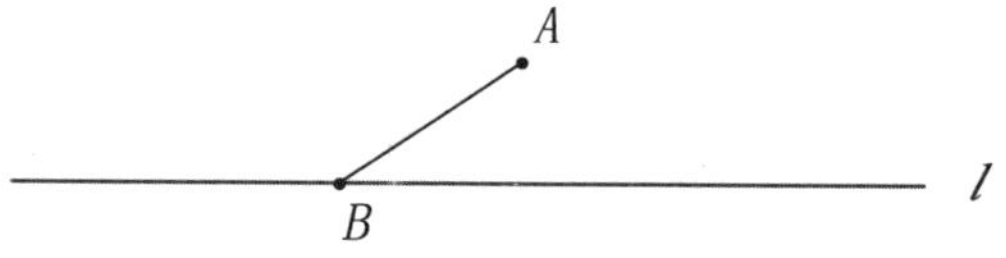

图 2

学生：动手操作，画出图形。

教师：请同学说一下作图思路。

学生：分别以 A，B 为圆心，AB 长为半径画圆，作 AB 的垂直平分线，分别与 l 有交点。（见图 3）

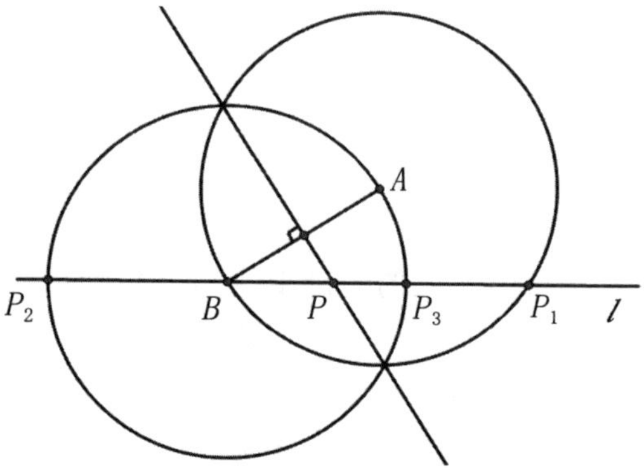

图 3

教师：在作图过程中，同学们以什么为标准进行分类讨论？

学生：以已知线段为边作等腰三角形时，通常要分三种情况进行讨论，以已知线段为腰或为底，且以已知线段为腰时，以该腰不同顶点为顶角顶点有两种情况。

教师：总结并板书：（1）以 AB 为腰$\begin{cases}BA=BP\\AB=AP\end{cases}$；（2）以 AB 为底：$PB=PA$。

教师：还可以怎么分类？

学生：观察思考，总结归纳，实际上就是三角形三条边两两相等。还可以分别以三个顶点作为顶角顶点进行分类讨论，不重不漏。

教师：分几种情况进行分类讨论？

学生：分三种情况进行分类讨论。

【设计意图】

学生动手操作，画图探究，体会分类讨论的思想，加深对等腰三角形概念、性质的理解，引导学生总结以已知线段为边作等腰三角形时，通常要分三种情况进行讨论，以已知线段为腰或为底，且以已知线段为腰时，以该腰不同顶点为顶角顶点有两种情况。为后面的分类讨论提供了依据和标准。

教师：换一个角度思考，就是在直线 l 上存在动点 P 使 $\triangle ABP$ 为等腰三角形，动画演示，能求出动点 P 的运动时间吗？（见图 4）

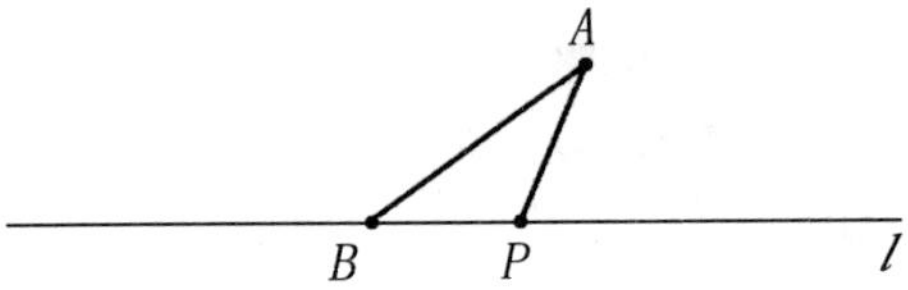

图 4

学生：不能，还缺少条件。

教师：需要添加哪些条件？

学生：线段长度、速度、角度……

【设计意图】

在学生动手操作、画图探究的基础上，换个角度思考，就是在直线 l 上存在一个动点 P 使 $\triangle ABP$ 为等腰三角形，通过动画演示，让点 P 动起来，引导学生仔细观察，当点 P 运动到某个时刻，会使 $\triangle ABP$ 为等腰三角形，想求点 P 的运动时间或具体位置，还需要添加条件，从而引出了以等腰直角三角形为背景的单动点问题，并且让学生体会“化动为静，以静制动”的思想方法策略，为后面的学习做铺垫。

4. 师生互动，探究新知

教师：现在就添加一些条件，同学们看这个问题。

如图，已知 $AB = BC = 4\text{cm}$，$\angle ABC = 90°$，动点 P 从点 A 开始沿 AC 边以 1cm/s 的速度运动，设运动时间为 t（s），当 t 为何值时，$\triangle APB$ 为等腰三角形？（见图 5）

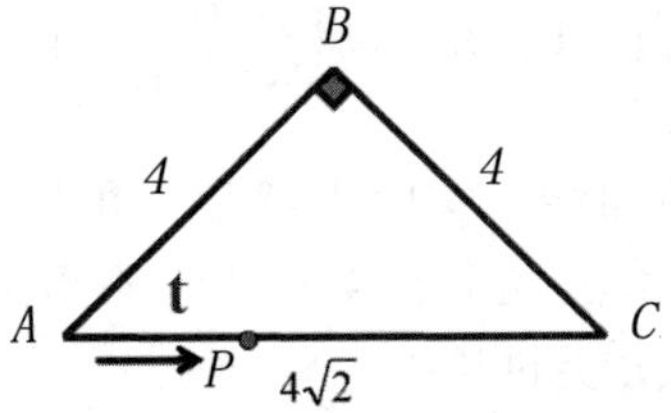

图 5

教师：引导学生根据题中已知条件，求出相关线段的长度，并用 t 表示线段长度，即路程＝速度 × 时间，求：当 t 为何值时，$\triangle APB$ 为等腰三角形？

学生：独立完成，个人展示。学生上台展示讲解。

教师：引导学生按运动时间对点 P 的位置进行分析，出示三种情况静态图形，引导学生用不同解法建立关于 t 的等量关系式。（见图 6）

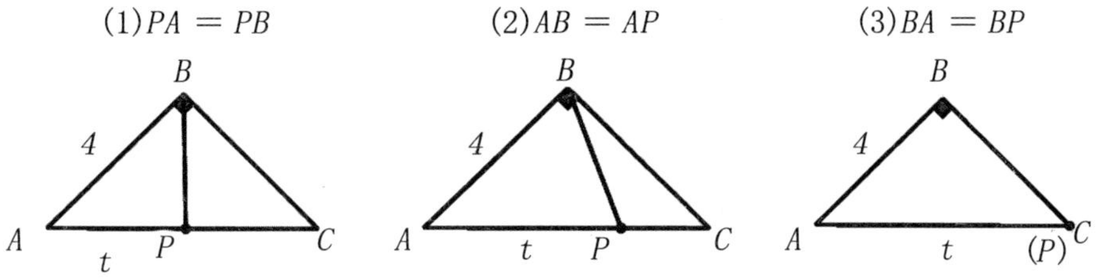

图 6

教师：总结一下，解决这个问题用了什么策略？

学生：总结归纳，概括提升，用了化动为静，分类讨论，利用勾股定理、相似、三角函数等知识建立等量关系。

教师：板书以下内容。

等腰三角形分类讨论问题

分类讨论

化动为静　勾股定理、相似、三角函数

设计一个学生熟悉的几何图形，动点 P 在等腰直角三角形的边上运动，让学生猜想、探索结论，激发学生学习数学的兴趣，同时发现在动点问题中蕴藏着一些相互联系的变量与不变的量，使学生对解决动点问题有个感性的认识。从等腰直角三角形中的单动点引入，从简单到复杂，从特殊到一般，为从单动点问题迁移到双动点问题做好铺垫。总结探究动点关键“化动为静，分类讨论，画出符合条件的各种草图”，注意一定要分开画。

5. 合作探究，再探新知

教师：现在一个动点基础上再添加一个动点，看这个问题。

如图，已知$AB=BC=4\text{cm}$，$\angle ABC=90°$，动点P从点A沿着线段AC方向，动点Q从点B沿着线段BA方向，同时出发，都以1cm/s的速度运动，当点Q运动到点A时，P，Q两点同时停止。设运动时间为t（s），当t为何值时，$\triangle APQ$为等腰三角形？（见图7）

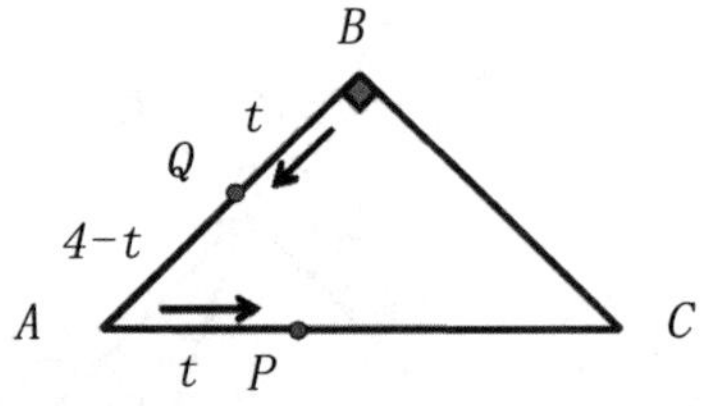

图7

教师：同学们独立思考完成，只列关于t的等量关系式，不需要计算。

学生：独立完成，小组合作；小组代表上台展示讲解。（见图8）

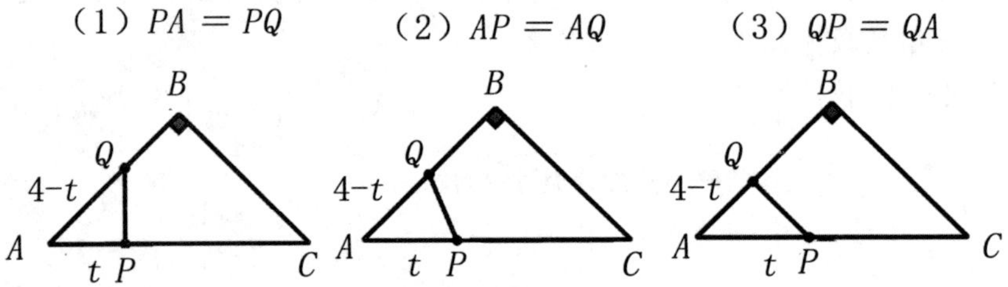

图8

教师：引导学生用不同解法建立关于t的等量关系式，并引导学生体会利用三角函数和三角形相似建立关于t的等量关系式比勾股定理更简洁直接。

学生：对不同解法进行补充展示。

教师：总结一下，解决这个问题又用了什么策略？

学生：总结归纳，概括提升，用了化动为静、分类讨论、数形结合等思想，利用勾股定理、相似、三角函数等知识建立等量关系。

教师：板书以下内容。

等腰三角形分类讨论问题

数形结合

分类讨论

化动为静　勾股定理、相似、三角函数

6. 拾级而上，深度探究

教师：现给这个三角形作一条中位线 EF，则中位线 EF 长为多少？求点 E 到 AC 的距离。

如图，等腰三角形 ABC 中，$AB=BC=4\text{cm}$，$\angle ABC=90°$，E 是 AB 的中点，过点 E 作 $EF\parallel AC$ 交 BC 于点 F。

（1）求点 E 到 AC 的距离。

学生：独立思考，迅速解答。（见图 9）

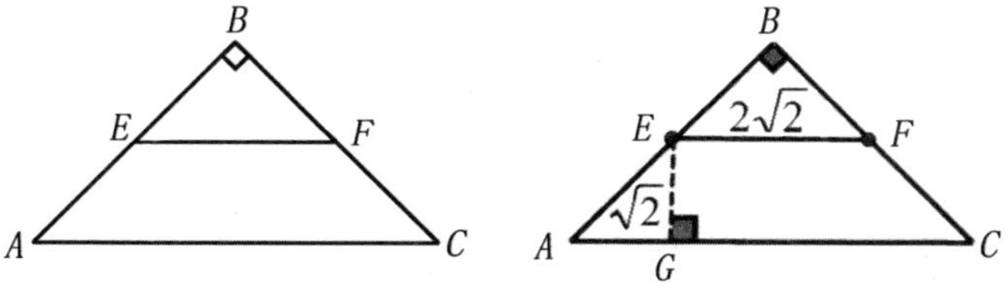

图 9

（2）点 P 是线段 EF 上一个动点，过点 P 作 $PM\perp EF$ 交 AC 于点 M，过点 M 作 $MN\parallel AB$ 交 BC 于点 N，连结 NP。动点 P 从点 E 出发沿着线段 EF 方向，以 1cm/s 的速度运动，当点 P 运动到点 F 时停止。设运动时间为 t（s），当 t 为何值时，$\triangle PMN$ 为等腰三角形？（见图 10）

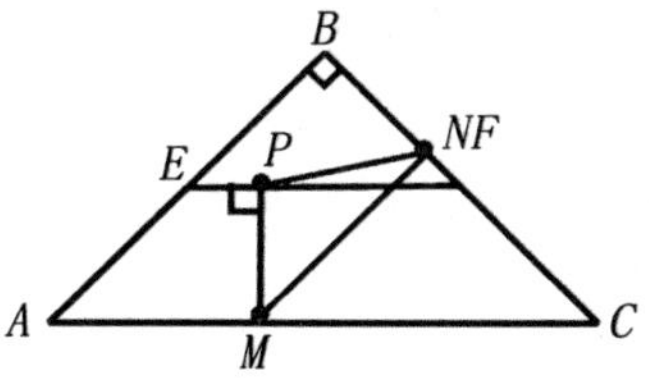

图 10

学生：独立思考，小组讨论，师生探究。

几何画板演示，引导学生观察运动过程中动点M，N与动点P的关系，在运动过程中，哪些量是不变的？

师生：共同总结动点M，N随着动点P的运动而运动，实际这个问题相当于一个动点问题。在运动过程中，PM的值和$\triangle NMC$为等腰直角三角形保持不变。抓住动态问题中的不变性是解决问题的关键。几何画板演示，共同探究分析，画出不同位置的静态图形，分三种情况分类讨论，求出t的值。

教师：解决这个问题的关键是什么？

学生：抓住动态问题中的不变性是解决问题的关键。

教师：板书以下内容。

等腰三角形分类讨论问题

变中取定

数形结合

分类讨论

化动为静

勾股定理、相似、三角函数

【设计意图】

以上双动点问题和三动点问题仍以等腰直角三角形为背景进行设计，采用学生自主探究、合作交流的学习方式展开活动，意在培养学生独立思考，自主发现和提出问题、分析和解决问题的能力，不仅充分体现了学生的主体地位，也使学生在教师制定的规则的引导下，进行完全归纳和理性思考，在小组合作交流的过程中培养学生的数学抽象思维和发散思维，提高学生数形结合、方程思想、分类讨论的学习意识，有效落实本课重点，突破难点。

7. 课堂小结，归纳提升

教师：通过本节课的学习，谈谈你都有哪些收获。

学生：从知识、思想方法、经验等方面进行总结。

教师：师生共同总结，回顾板书内容，出示本节课知识框图，一个动点问题、两个动点问题、三个动点问题，最后都需要回溯本源，回到等腰三角形的分类讨论问题。（见图 11）

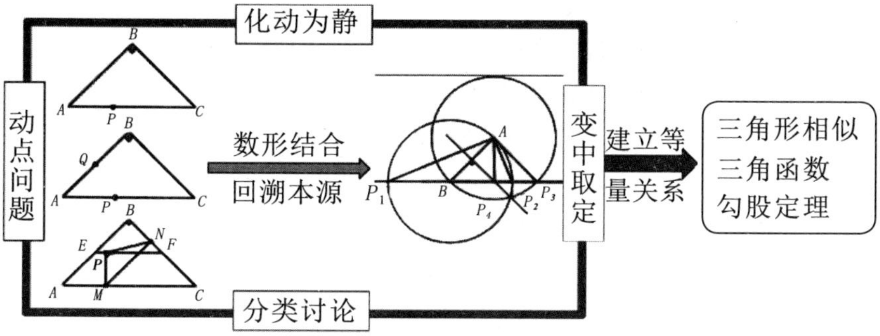

图 11

【设计意图】

让学生归纳这节课的学习内容，使学生对知识加深理解，形成体系，为今后解决动点问题打下扎实的基础。唯有总结反思，才能控制思维操作，才能促进理解，提高认识水平，促进数学观点的形成与发展，更好的进行知识建构。

8. 拓展延伸，体验中考

（1）如图，直线 MN 与 x 轴，y 轴分别相交于 A，C 两点，分别过 A，C 两点作 x 轴，y 轴的垂线相交于 B 点，且 OA，$OC(OA>OC)$ 的长分别是一元二次方程的两个实数根。

①求 C 点的坐标；

②求直线 MN 的解析式；

③在直线 MN 上存在点 P，使以点 P，B，C 三点为顶点的三角形是等腰三角形，请直接写出 P 点的坐标。（见图 12）

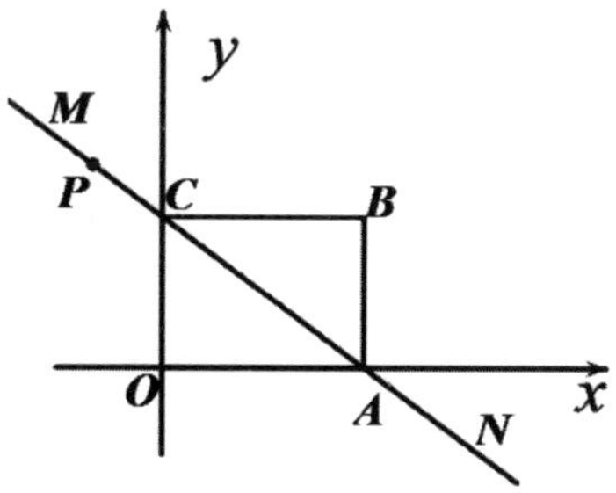

图 12

9. 意犹未尽，课下探究

A 层：如图，在平面直角坐标系中，矩形 $OABC$ 的顶点 A，C 的坐标分别为（10，0），（0，4），D 是 OA 的中点，点 P 在 BC 上运动。当△ ODP 是腰长为 5 的等腰三角形时，点 P 的坐标为 ＿＿＿＿＿＿。（见图 13）

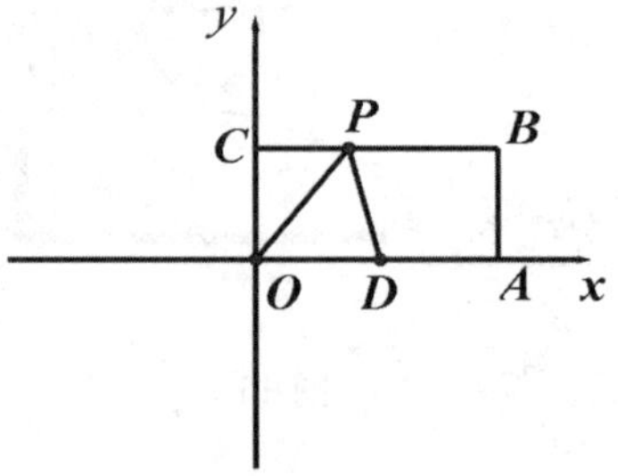

图 13

B 层：如图，已知平行四边形 $ABCD$ 中，$\angle A = 30°$，$AB = 7$cm，$BC = 4$cm，动点 P 从点 A 出发沿射线 AB 以 1cm/s 的速度运动，设运动时间为 t（s），当 t 为何值时，△ PBC 为等腰三角形？（见图 14）

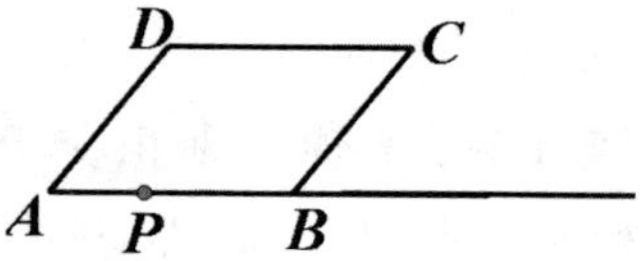

图 14

C 层：如图，在梯形 $ABCD$ 中，$AD \parallel BC$，$AD = 3$，$DC = 4$，$AB = 4\sqrt{2}$，$\angle B = 45°$。动点 M 从 B 点出发沿线段 BC 以每秒 2 个单位长度的速度向终点 C 运动；动点 N 同时从 C 点出发沿线段 CD 以每秒 1 个单位长度的速度向终点 D 运动。设运动时间为 t（s）。

（1）求 BC 的长；

（2）当 $MN \parallel AB$ 时，求 t 的值；

（3）试探究：当 t 为何值时，△ MNC 为等腰三角形？（见图 15）

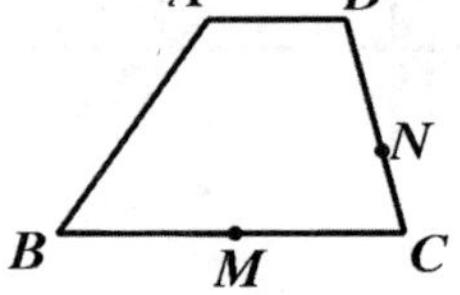

图 15

教师：本节主要以等腰直角三角形为背景探究了动点问题，课下请同学们探究一下以函数、矩形、平行四边形、梯形为背景的动点问题。

教师：本节课通过化动为静、分类讨论、数形结合、变中取定，利用勾股定理、相似、三角函数等知识建立等量关系解决问题。上下求索路，解题如人生，希望同学们在以后的学习生活中，一步一个脚印，一步一个台阶，勇攀高峰！完善板书。

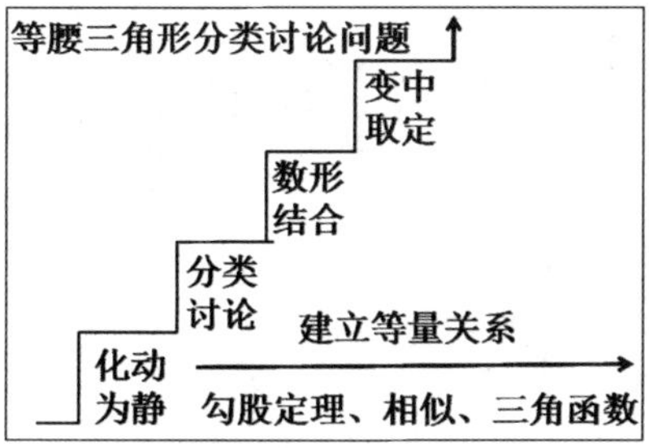

【设计意图】通过变式训练，对知识进行转化，提升能力，设计本练习是对课内知识的延伸与拓展，掌握共性与变异的规律，做到举一反三，触类旁通。

【知识构建】（见图 16）

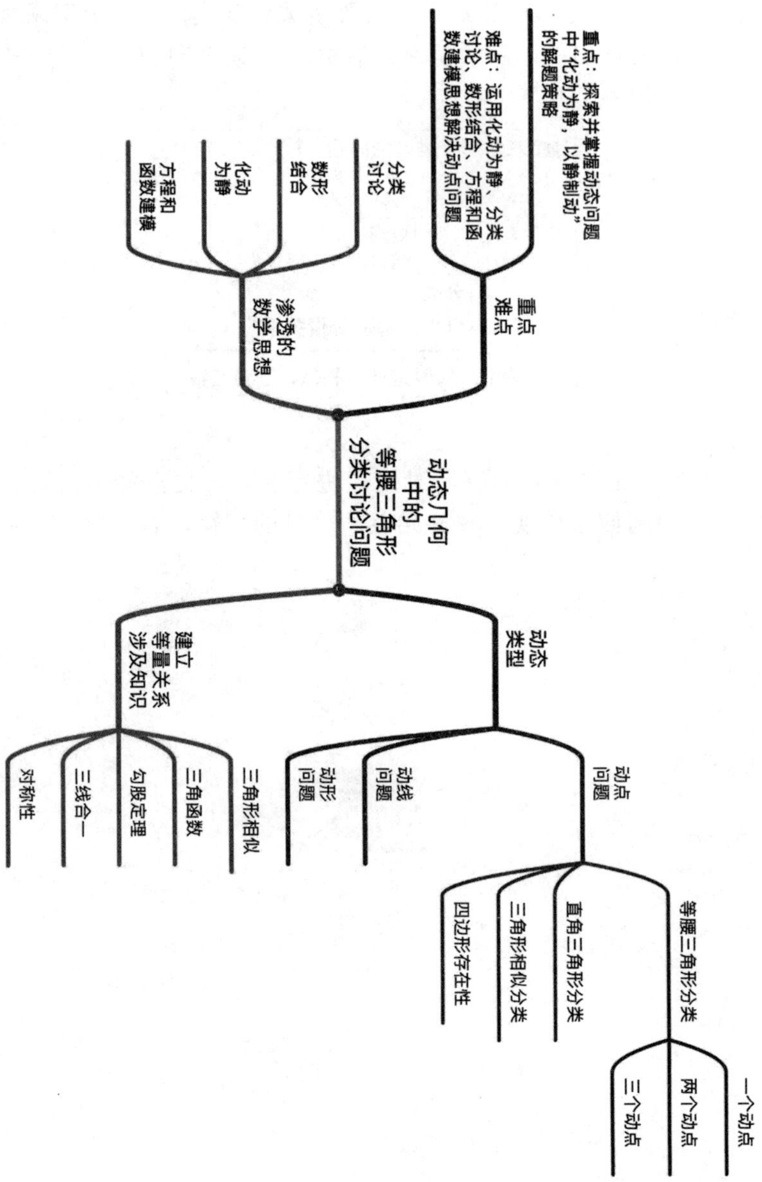
动态几何中的等腰三角形分类讨论问题
重点难点
重点：探索并掌握动态问题中"化动为静，以静制动"的解题策略
难点：运用化动为静、分类讨论、数形结合、方程和函数建模思想解决动点问题
渗透的数学思想
分类讨论
数形结合
化动为静
方程和函数建模
动态类型
动点问题
等腰三角形分类
一个动点
两个动点
三个动点
直角三角形分类
三角形相似分类
四边形存在性
动线问题
动形问题
建立等量关系涉及知识
三角形相似
三角函数
勾股定理
三线合一
对称性

图 16

【板书设计】

雕塑式板书逐步展现解题过程中涉及的知识、思想方法、经验、反思等。

【教学反思】

动点问题一直是近几年中考的热点题型，同时也是中考的难点题型。教师基于动点问题在中考中的地位，着眼于近几年中考方向，根据学生对动点问题的学习及掌握的情况，精心准备了“动点问题”的一节专题课，教学重点为遇到动点问题时如何“以静制动”，教学难点为让运动着的点在特殊位置或特殊时刻静止下来，达到“以不变应万变”的效果。基于自然生长的结构化教学，以退为进，追本溯源，通过动手操作画等腰三角形和复习回顾等腰三角形的概念和性质，使学生对于等腰三角形分类讨论问题由本而发，使思维自然发散。

这一节课的问题设计环环相扣，从一个动点问题，到两个动点问题，再到三个动点问题，都以等腰直角三角形为背景，思路清晰，层层递进，结构严谨，充分调动学生积极性，师生互动配合默契，使学生成为一节课的中心。本节课紧紧围绕教学目标，由知识准备到等腰三角形动点问题，进而引申到函数、矩形、平行四边形、梯形中动点问题。借助几何画板和动画演示，一下子就引起了学生的兴趣，又能激发学生的求知欲，调动学生的积极性。同时，始终注重数学方法的总结和数学思想的渗透，注重学生的自我操作能力的培养，注重及时的总结梳理，整理知识结构，力求得到通性通法，一通百通。最后拓展到三个动点问题，由于难度较大，故只有少部分学生会做，但是通过详细地讲解，大部分学生都能听懂。此题不仅让学生开阔了眼界，也让本节课达到了高潮，更让学生深入地了解了解决动点问题的法宝就是“以静制动”。动点题以其鲜明的特性频频亮相于中考试题，就是由于此类题型的动态魅力，而要解决此类题型的关键就是要找准突破口，恰到好处地“以静制动”。通过这节课的讲解，我也受益匪浅，感受颇多：在如何备专题课，准确把握一节课的重点及突破难点方面有了很大提高，在巧妙驾驭课堂方面有了很大进步。总之，今后我还是要在实践中获得灵感，在交流中撞出智慧，在反思中调整思路，在坚持中取得进步。

但也有不足的地方，本节课容量有点大，最后题目处理仓促，小结部分没有给学生充足的时间去总结梳理，在以后的教学中，我将力求精心精准精致备课，留给学生足够的自主思考与实践的时间，用适量的反思加深理性认识。

【小组合作】

学生先独立思考，通过化动为静，分类讨论，画出符合条件的各种静态图形，在符合条件的静态图形中利用勾股定理、相似、三角函数等知识建立等量关系。有的同学画出的静态图形情况不全，有的同学建立等量关系用到的方法不多，在这种情况下，让学生小组合作，智慧共享，相互补充，为考虑不全的同学补充了情况，为解决方法较少的同学开拓了思路、提升了思维，并且通过比较，体会不同方法的不同适用情境，得到通性通法，一通百通。小组代表进行展示，其他小组同学进行补充，使全班同学都达到知识掌握、思维提升。在小组合作交流的过程中培养学生的数学抽象思维和发散思维，提高学生数形结合、方程思想、分类讨论、合作交流的学习意识，有效落实本课重点，突破难点。通过合作，让每个同学参与其中，真正达到让课堂活起来，让学生动起来！

课例三：《单手肩上投篮》教学设计（范颜民）

【指导思想】

本课在构思上以“健康第一”为指导思想，以新课程标准为依据，认真贯彻实施素质教育，深化体育课堂教学改革，以学生的发展为中心，促进学生的身体、心理和社会适应能力整体健康水平的提高。在教学中，围绕如何培养学生的学习与活动的兴趣，激发学生学习的主动性、积极性，加强对学生的学法指导，充分体现学生的主体地位，创设灵活宽松的教学形式。

【教材分析】

原地单手肩上投篮是篮球运动中最基本的投篮技术，是行进间投篮和跳起投篮的基础，动作简单易学，便于结合其他动作，能在不同的位置和距离应用。

【学情分析】

八年级阶段的学生，身体正处于青春期发育的高峰期，在学习方式上，学生对体育健康课已不再满足于一般性的学习，而是要根据自己的条件，有选择地去探究、创造，系统地学习符合自身特点的专项运动技术，提高运动能力，形成特长，为终身体育奠定基础。

【教材重、难点】

1. 重点：双手持球手臂的形态，出手时手臂和肘关节的动作。

2. 难点：上下肢协调配合用力及手对球的控制掌握能力。

【教学目标】

1. 认知目标：学生知道原地单手肩上投篮的动作要领。

2. 技能目标：85% 左右的学生掌握原地单手肩上投篮动作技术；35% 左右的学生在投篮时上下肢协调配合用力；通过小游戏提高学生手臂力量。

3. 情感目标：学生练习积极，并乐意接受老师和同学指导，培养学生间的互帮互助、自我展示、相互评价的能力。

【安全预设】

1. 教师语言提示与练习中学生的自我监督。

2. 篮球原地单手肩上投篮教案。

教学内容	1. 原地单手肩上投篮 2. 游戏——传球接力
教学目标	1. 认知目标：学生知道原地单手肩上投篮的动作要领 2. 技能目标：85% 左右的学生掌握原地单手肩上投篮动作技术；35% 左右的学生在投篮时上下肢协调配合用力；通过小游戏提高学生手臂力量 3. 情感目标：学生练习积极，并乐意接受老师和同学指导，培养学生间的互帮互助、自我展示、相互评价的能力
教学重点	双手持球手臂的形态，出手时手臂和肘关节的动作
教学难点	上下肢协调配合用力及手对球的控制掌握能力

（续表）

教学过程	教学内容	教师活动	学生活动	活动时间
开始部分	1. 课堂常规： ①体育委员整队报数 ②师生问好 ③安排见习生 ④宣布本课的内容 2. 热身活动： 绕篮球场慢跑两圈 3. 游戏——传球接力 游戏方法：把学生分成人数相等的4组，排头从胯下向后传球给下一位同学，一直传到排尾，排尾再从头顶向前传球给前一位同学，排尾在传完球后跑到排头前面，球传到从排尾跑上来的同学，再从胯下往后传。以此类推，一直到排头再次成为排头	1. 教师提前到场，准备好场地器材 2. 宣布本课内容，安排见习生 3. 组织学生进行热身活动，观察学生练习 4. 教师讲解游戏的方法及规则并组织学生进行游戏示范 5. 组织学生进行比赛 6. 在比赛过程中强调比赛纪律 7. 教师总结在游戏中同学们的表现	1. 体育委员整队，检查汇报人数 队形须快、静、齐 2. 学生按队形跑整齐 3. 学生认真听讲游戏方法、规则 4. 学生积极参与，进行比赛 5. 严格遵守比赛规则 6. 学生认真听教师讲解	

（续表）

教学过程	教学内容	教师活动	学生活动	活动时间
准备部分	准备活动 1. 头部运动 4×8 拍 2. 肩部拉伸 4×8 拍 3. 手腕、踝关节运动 4×8 拍	1. 教师调整队伍，成体操队形散开，准备进行热身活动 2. 先示范准备活动，再带领同学做准备活动 3. 热身结束，教师调整队伍成集合队形	1. 成体操队形散开，做到快、静、齐 2. 看教师的动作示范，认真地做准备活动 3. 学生积极配合，动作迅速	
基本部分	篮球——原地单手肩上投篮 1. 动作方法：（如图一，以右手为例）两脚前后或左右开立，膝关节微屈，五指自然分开，指根以上持球，肘关节朝前，屈肘翻腕置球于右肩前。投篮时，蹬地展体，右臂向前上方抬肘伸臂，压腕拨球  图一 2. 动作要点：持球正确，上下肢协调用力，伸臂、抬肘、屈腕、拨指柔和有力	1. 组织学生分组观看单手肩上投篮的微课视频 2. 组织学生进行模仿练习 ①徒手原地模仿练习 ②持球原地投篮模仿练习：两人一组一球，相距 4 至 5 米模仿练习 ③每人一球，篮下近距离投篮练习	1. 认真观看微课中的动作示范，根据示范动作思考怎样能做好该动作 2. 学生按照要求跟随教师进行集体模仿练习并根据视频内容进行分组讨论	

（续表）

教学过程	教学内容	教师活动	学生活动	活动时间
基本部分	3. 易犯错误： ①肘关节外张 纠正：做徒手动作练习 ②手指手腕无下压拨球动作 纠正：原地拿球做手腕下压拨球动作 游戏——投篮比赛 1. 游戏方法：以半个篮球场为场地，距中线10米处放一个标志物。学生分成人数相等的两组，每组一个球，一半学生站在中线处，一半学生站在罚球线处。站在中线处的同学运球至标志物传球给站在罚球线的同伴，该同学用原地单手肩上投篮动作把球投入篮筐（三次投篮机会，投中一次即结束）。投完篮后再运球到中线把球传给下一位同学，以此类推，直到最后一位同学。用时最少的队获胜 2. 规则： ①运球过程球在哪里掉了，捡回来回到掉球的位置再出发 ②传球位置必须在标志物处 ③投中一次篮，减去5秒时间 ④犯规一次，加上5秒时间	3. 教师组织队伍，纠正错误动作 4. 教师语言提示易犯错误，监督练习 5. 教师循环指导，纠正错误 6. 教师讲解游戏的方法及规则并组织学生进行游戏示范 7. 组织学生进行比赛 8. 教师与见习的同学参与裁判工作，比赛过程中强调比赛纪律	3. 学生留意听老师的提示，改正错误动作 组织队形：学生围绕老师站立 4. 学生自由练习3分钟（强调：纠正错误动作） 5. 学生认真听讲游戏方法、规则 6. 学生积极参与，进行比赛 7. 严格遵守比赛规则	

（续表）

<table>
<tr><th>教学过程</th><th>教学内容</th><th>教师活动</th><th>学生活动</th><th>活动时间</th></tr>
<tr><td>结束部分</td><td>1. 整队放松练习
2. 课堂小结
3. 收回器材
4. 师生再见</td><td>1. 带领学生做放松练习
2. 总结本堂课，肯定学生在学习过程中的努力
3. 组织学生归还器材</td><td>1. 充分做好放松练习
2. 学生列队听讲，讨论交流
3. 协作老师收回器材</td><td></td></tr>
<tr><td rowspan="2">课后反思</td><td colspan="2" rowspan="2">1. 加强思想教育，提高学习效率
2. 提高学生投篮的兴趣爱好
3. 增强教师的人格魅力
4. 在教学中根据学生的实际，变化练习的组织方式、使学生在游戏活动中学习和运用运动技能，发展灵敏、协调的体能
5. 学生分组进行篮球的运球、抛球、投篮等练习，并采用比赛的方式，让学生体验到比赛带来的紧张、兴奋等心理感受，并表现出与同伴合作完成体育活动任务的意识和行为，培养社会适应能力。"爱与欣赏"教育，在体育教学中展现为增强学生的自我意识，在竞争、合作、交流中获得积极、向上的心理感受</td><td>场地</td><td>篮球场</td></tr>
<tr><td>器材</td><td>篮球若干</td></tr>
</table>

课例四：让“PPT”动起来（焦玲玲）

【教材分析】

本节课是泰山出版社《信息技术》初二年级上册第一单元微项目4的内容。课程重点在于利用动画突出演讲主题，培养学生的信息加工能力。

本节课在整个初中信息技术课程架构中有基本技术支持的作用，学生熟练掌握后，能够为以后各个模块的交流展示提供有力帮助，并且为学生日常的学习和生活提供信息加工展示的技术帮助。

【学情分析】

学生在前几节课已经进行了PPT操作的学习，大部分学生已经掌握了简单的PPT制作技术，学生对于动画这个知识点非常感兴趣，所以课堂上的任务设置就非常重要，重点在于引导学生如何分析任务、解决问题。课堂的基础任务，学生会利用小组合作相互检查，难点内容也需要依靠小组帮助集体探讨。

【学习目标】

1. 了解不同动画的特点，并熟练设置动画效果。
2. 掌握音效的设置，能让音效为PPT添彩。
3. 能够通过设置动画效果，突出重点有效的信息。

【教学重点】

1. 动画窗格的使用。
2. 理解、明确题目中的要求。

【教学难点】

能根据任务要求，选择合适的技术手段呈现动画效果。

【教学过程】

1. 课堂导入

教师：同学们，近几天在生态环保方面出现一个新风尚，大家知道叫什么吗？

学生：垃圾分类。

教师：哦，大家都知道啊，那么你们会正确进行垃圾分类吗？

学生：会。

教师：咦？回答这个问题时，大家的声音就小了很多哦。我们一起来学习一下吧！垃圾分类包括可回收垃圾、有害垃圾、湿垃圾和干垃圾。可回收垃圾是指可以回收利用的垃圾，有害垃圾是指对环境有危害的垃圾，湿垃圾一般是指厨房剩余的垃圾，干垃圾一般是指比较硬的、需要粉碎的垃圾。

这节课，老师就和同学们一起，把垃圾正确地分类。不过在分类的时候，老师给大家提了几个问题，一起来看看吧。

2. 新知学习

呈现：任务一，打开桌面“垃圾分类.ppt”，在第2页中选择合适的垃圾，复制到第3页，选择不同的动画效果，让垃圾依次出现在“可回收垃圾桶”页面内。原名、原位置保存。

关键词：选择、复制、不同的动画效果、保存。

活动：小组帮助，广播展示，学生点评，教师点评。

教师：刚才我们分类的是可回收垃圾，有一些需要特殊处理的对环境有危害的垃圾，叫作有害垃圾，我们对有害垃圾添加“强调”，起到一个警示的作用，好不好？一起来看任务二。

呈现：任务二，继续使用“垃圾分类.ppt”，在第2页中选择合适的垃圾，复制到第4页，使用动画单个强调，一起出现在“有害垃圾桶”页面上。原名、原位置保存。

关键词：选择、复制、单个强调、保存。

活动：小组帮助，广播展示，学生点评，教师点评。

小组帮助，完成任务

教师：我想问问同学们，你们有帮家长扔过垃圾吗？如果是厨房里出来的菜叶，或者果核，你在把它们丢进垃圾桶时，会不会发出声音？我们可不可以给湿垃圾添加合适的音效，以表示我们丢进了垃圾桶？一起来看任务三。

呈现：任务三，继续使用“垃圾分类.ppt”，在第2页中选择合适的垃圾，复制到第 5 页，添加不同的动画效果，并设置音效，依次出现在“湿垃圾桶”页面上。原名、原位置保存。

关键词：选择、复制、不同音效、保存。

活动：小组帮助，广播展示，学生点评，教师点评。

教师：同学们在丢垃圾时，是直接放在垃圾桶边上，还是扔到垃圾桶里面？我们下面就让干垃圾进入垃圾桶，一起来看任务四。

呈现：任务四，继续使用“垃圾分类.ppt”，在第 2 页中选择合适的垃圾，复制到第 6 页，添加不同的动画路径，依次投放进“干垃圾桶”。原名、原位置保存。

关键词：选择、复制、不同的动画路径、保存。

活动：小组帮助，广播展示，学生点评，教师点评。

注意：路径的正确，可使用自定义路径。

教师：刚才同学们设计得很好，老师这里又出现了两个新问题，你们能帮我解决吗？

3. 拓展提升

呈现：以小组为单位，交流讨论，整体设计“垃圾分类.ppt”。每个小组选出一名代表，介绍本组探究。

要求：

如何设置分类不正确的垃圾弹离垃圾桶。

如何设置分类正确的垃圾进入垃圾桶后，垃圾隐藏。

活动一：小组讨论，寻找解决办法。

活动二：小组帮助，广播展示，学生点评，教师点评。

小组合作，探究问题

4. 课堂小结

教师：同学们，这节课很快就要结束了，我们一起来总结一下你们在这节课中用到的知识点吧。

活动：教师广播思维导图，通过拼图形式总结知识点。

5. 课堂梳理

活动：小组合作，整理课堂任务。

6. 结语

教师：通过这节课，我希望同学们不仅能学到PPT动画的相关操作技巧，还要学会正确分类垃圾，让垃圾分类成为一种习惯，一起为环境保护贡献自己的力量。

【设计意图】

本节课是PPT专题的重点章节，也是PPT的亮点。动画设计基础知识点难度不大，但需要让学生能够理解各种设置，从而能根据需求设计合适的动画。本节课通过几个连续任务的设置，让学生从基础开始练习，逐渐掌握难点，最终完成一个整体的动画设计。在每个任务完成过程中，小组合作能够帮助大部分学生掌握当堂知识。最后一个任务，小组合作，集体探究，能够出现多种解决方案，从而完成任务。

第二节　基于“爱与欣赏”教育的课程体系

淄博柳泉中学的课程建设，虽然还是延续国家课程、地方课程和校本课程的传统体系，但是每一种课程的建设，都融入了具有柳泉中学特色的素质培养。

国家课程正经历着新课改，新课改的目的就是要在21世纪构建起符合素质教育要求的基础教育课程体系。随着新课改的推进，人们已经感受到了一些变化：各地用的课本是不完全一样的；老师上课不只是“紧扣教科书”了；学生的“问题”多了起来；“中考”改为“初中毕业生学业考试”了；高中录取不是只看分数了。

淄博柳泉中学在国家课程中融入了更多的自身特有的因素，让“爱与欣赏”的理念贯穿其中：语文学科的爱的教育、读书节、国学讲座、作文大赛等为柳泉学子打开了更广阔的天地，校刊《柳风泉韵》的创立更是为学生提供了展示才华的平台；数学学科的学科思维拓展让学生对数学有了更深层次的理解，并与山东理工大学数学与统计学院保持着良好的交流；英语学科从语言入手，激发了学生的阅读与表演兴趣，通过举办词汇达人、英语情景剧大赛等活动让学生爱上了英语；理综学科教师为了研究实验，在学校配有完备的实验器材和先进的探究实验室的基础上，自制适合学生的教具，获得市一等奖，送教活动使得学科的交流更加紧密；文综学科的思维导图大赛让学生锻炼并提升了自己的学科素养。其他学科也是从自身角度结合学生发展的要求，拓展学科思维，不断深化学科探究以及跨学科间的融合。

除了义务教育阶段的国家课程外，根据教育部《基础教育课程改革纲要（试行）》和《山东省义务教育地方课程和学校课程实施纲要（试行）》的精神，淄博柳泉中学的课程建设从建校伊始就对新课改进行了不断地探索和调整。

地方课程和学校课程是一种新的课程领域，是基于学生的直接体验，密切联系学生自身生活和社会生活，体现对知识的综合运用的课程，它的基本学习方式是探究学习。一方面，参考我省的地方课程的三个领域——民族文化、社会探究、自然探究，学校根据淄博市本地课程发展经历，从传统文化、综合实践、环境保护三大方向结合学校特色逐渐摸索，并在《山东省义务教育地方课程学习指导书目录》的指导下拓展学校课程的资源库。另一方面，学校自建校以来，在学校课程方面的探索，从范围拓展到纵深研究，从学生自主选课到学生教师双向选择，践行“爱与欣赏”的教育理念。建立以校为本的校本课程研发制度，通过校本课程建设体现学校办学特色，做到以师生为主体，以人的发展为核心，以培养创新精神与实践能力为目标，积极发展学生个性，全面落实素质教育，树立学生自主学习的信心；最大可能地提高学校和社区课程资源的利用率，使其为学生发展服务；增强教师的课程意识，提高课程研发的能力；针对本校学生的兴趣和需要、教师的特长和爱好、学校的办学特色和优势、社会的需求与发展等进行校本课程研发，形成学校特色。

地方课程的融合发展，依托传统文化、综合实践和环境保护的拓展，使得淄博柳泉中学的课程体系越来越健全。

一、传统文化的魅力展示

淄博柳泉中学自建校以来就非常重视中华优秀传统文化的教育。为探索优质教育途径，提升育人水平，推进我校教育特色化发展，创建柳泉品牌教育，借校名寓意，学校推出了一系列极富地方色彩的传统文化校本课程，全力打造“书香校园”“魅力校园”“健康校园”。学校还设置了传统文化课程，有专职教师每周按课程表授课，最大可能地提高学校和社区课程资源的利用率，使其为学生发展服务。

学校以语文、历史、思品教师为主，培养了一批具备专任或兼任中华优秀传统文化的师资队伍，他们已经在具有地方色彩的传统文化校本课程上进行了一系列的探索。

刘桂蕾老师开设的“课本剧编演”课，以齐鲁文化、聊斋文化、国学趣味知识为载体，传承民族文化中仁、善、美、智等传统美德，潜移默化中提升学生的人格、品格修养，多角度辅助并提高了学生们学习语文的兴趣。她组织学生编演的课本剧《促织》在学校大舞台上展演，引起全校轰动，一举摘得第十届“淄博文学艺术奖”。刘老师编写的《柳泉校园话“柳泉”》校本教材共分“聊斋故事小讲堂”“聊斋戏剧创与演”“聊斋俚曲传与唱”三大板块，二十一个章节，规模和精细度博得了校领导和老师们的赞扬。

庞少鹏老师开设的“春秋战国故事会”，通过历史故事演讲比赛、历史故事表演赛、历史人物辩论会等形式，调动了学生阅读史籍的积极性，从而达到了拓宽学生知识面的目的，更重要的是，通过这些形式，激发了学生丰富的联想力，使原本平面的、干瘪的、抽象的历史知识，变得立体、充盈、具体起来，把知识传播、智能培养、思想教育和文化娱乐融为了一体。

除此之外，王晓晨老师开设的“聊斋故事小课堂”，让柳泉中学的学子走进了蒲松龄笔下的鬼狐世界，走进了婴宁、宁采臣、聂小倩、黑山老妖、小翠、连城、青风、辛十四娘、崂山道士、席方平等角色的精彩世界里。赵爱红老师的“博山琉璃的文化传承及现状”让学生走进了琉璃——“五色石”的奇妙世界。琉璃历史的来源、分类、特点、用途以及制作步骤、佛家意义、鉴赏识别、诗歌中的琉璃等课题，让同学们学得津津有味。赵老师打算带学生去博山参观“人立”琉璃艺术展馆，去西冶工坊体验琉璃的制作工艺。李效清老师的“柳泉国学沙龙”以齐鲁文化、聊斋文化、国学趣味知识为载体，以传承民族文化中仁、善、美、智等传统美德在潜移默化中提升学生的人格、品格修养为目标，开课不久，学生就已经陶醉在经典的海洋中，欲罢不能。“中国史”研究生栾兆靖老师开设的“淄博历史名人故事”，通过对名人故事的搜集整理，提高了学生自己动手整理、分析提取材料的能力，锻炼了同学们的表达能力。在活动中，家乡名人的优秀品质，激发了同学们热爱家乡、热爱祖国、建设祖国的热情。孟江涛老师的“淄博各区县的历史沿革”课，精心搜集了淄博各区县历史沿革的相关资料，与学生搜集的材料相互比照，既培养了学生搜集整理资料的能力，也在了解家乡历史的过程中，培养了他们热爱家乡的情怀。由此，传统文化教育可以更好地促进学生的身心健康发展。

二、综合实践活动的机制体现

（一）在注重学科知识、体艺学习的同时，引导学生充分利用居家环境和家庭资源，进行劳逸结合的居家劳动实践，特别是在疫情期间，对学生提高防疫效能、形成与战“疫”状态相匹配的生活方式、学习方式，对实现“居家成长”以至终身发展具有特别的意义。学校“每周一劳”实践课的展开，让学生树立了积极劳动的观念、养成了良好的日常劳动习惯；同时在学习雷锋活动月中，传承并弘扬雷锋精神，学会吃苦耐劳、替父母分担家务等。

（二）利用主题综合实践，让学生在成长中关注周围学习、生活中的环境，并结合实际遇到的问题，掌握更多生活中的技能，体验生活中的付出、辛劳与收获。

例如，学校卫生室结合平时安全用药的重要性，指导学生学会区分处方药和非处方药；学会区分中药和西药；构建家庭小药箱；学习人工呼吸和胸外心脏按压；判断出血点，掌握止血方法；等等。“欢乐小菜园”实践课，学生小组首先认领土地，在小组选种、播种、管理中，了解浇水、松土、除草和病虫害的防治对于作物种植的重要性。当学生们看到精心浇灌的蔬菜从幼苗到硕果累累的过程后，采摘下辛勤的劳动成果就是他们最大的成就。让学生们深刻体会“劳动会给明天带来喜悦，团结会给明天带来胜利”的道理。胡明熙老师的“爱劳动，爱生活”课程包括简单的生活技能和社会体验，如简易烘焙、家务劳作、职业体验等。同学们参与其中，热情十足，既学到了生活技能，又品尝了无添加食物的味道，还体验到了劳动带来的成就感和幸福感。

（三）培养环境保护的意识。学校建立之初就致力于打造绿色校园、活力校园、书香校园，让每一位学生都能得到全面发展。在将学校建设成为师生生活的家园、学习的乐土、精神的圣殿、成才的摇篮的进程中，学校将各种理论、价值观和可持续的实践整合到所有的学习和教育概念之中，不断深化资源节约型、环境友好型建设理念教育，倡导环境文化和生态文明，培养师生员工与家属有利于环境保护的生产方式、生活方式、消费方式，建立人与环境良性互动的关系，促进学校的绿色发展、可持续发展。

校团委和学生会成立了“爱校·护校志愿者”团队，利用每周五放学后的时间开展爱校、护校环保活动。同时，学校结合“行走的地理——古村落研究”课程，让学生了解周围的环境，感受环境带给人类的影响，并投身到环境保护行列中。

三、校本课程体系建设

通过校本课程建设，补充国家和地方课程，探索优质教育途径，提升育人水平，推进我校教育特色化发展，创建柳泉品牌教育。

学校校本课程的总体培养目标是，培养有家国情怀、世界眼光、责任担当、创新能力的时代少年。秉着以学生发展为本的原则，充分考虑到学生的需要、兴趣与经验，为学生的全面发展提供课程保障。满足学生的不同需求，更好地促进学生个性的充分发展。坚持民主参与原则，体现了人本思想，以教师和学生为主体，创造机会，鼓励师生积极主动、创造性地参与课程建设。同时积极倡导社会各界和家长的参与，有目的、有计划、有重点地进行课程资源和课程特色培育，形成学校特色。兼顾多样性原则，校本课程不强调严格的知识体系，强调的是学习要与学生的生活和社会发展紧密联系，提倡教学活动的多样性、教学时间和空间的开放性、学习方式的自主性、评价标准的差异性，社会、家庭、学校尽可能为学生的研究性学习等开放的学习提供多方位的支持，搭建自主学习的平台，创建自由探究的环境。

家国情怀、世界眼光、责任担当、创新能力、个性特长五大校本课程体系，五十余门课程的展示，让学生自主选择的空间更大，对自己兴趣爱好的拓展有了更好的平台，同时激励老师们更加用心推介课程的魅力所在，赢得学生的青睐，使得校本课程激发学生的潜能，在丰富同学们校园生活的同时，学出风采，学出大智慧。

五大校本体系具体内容及典型课例如下：

（一）淄博柳泉中学校本课程——家国情怀（体系）

培养目标	课程类型	课程名称	课程简介	研发团队
家国情怀	传统文化	看我七十二变——“住”进历史	“看我七十二变——‘住’进历史”主要是讲述中国建筑历史发展演变与重要建筑实物及历史上的建筑活动的专业理论课，叙述中国建筑起源、发展、演变的过程；概括古代建筑的一般形式特征、设计手法和风格特点；从社会、历史、文化、自然等方面对古代建筑活动与现象进行分析。在理论学习的基础上，通过绘画，制作模型等形式来锻炼学生的动手能力，以此增强学生学习历史的兴趣	课程设计和创作指导：庞少鹏 住房演变的历史理论讲解与创作指导：刘金旺 管理学生与创作指导：金晓
		古村落探究	行走地理——古村落研学社团，通过实地考察地形、地貌、土壤、植被、气候、河流水文特征等自然环境，以及古村落的布局、形态、建筑风格、民风民俗等人文地理环境，了解自然环境与人类活动之间的密切联系，在实践中学习地理，在行走中感受乡情。古村落研学社团致力于在地理研学中为淄博的古村落保护、生态文明宣传尽一份力	教材编写、课程开发：聂隽、朱永超、王学宵、李文静 上课：李明珍、孙勉 微信公众号、资料整理：孟江涛、李景霞、黄潇涛
		齐文化探究	通过齐地语言文化、饮食文化、风景文化、名人士绅、经典传说等板块设置，让学生对齐地淄博蕴含的文化传统有深入的了解，能够用眼睛去看，用心去感悟，用手中的笔描绘家乡、赞美家乡	资源搜集、教案编写：张玉梅、傅艳华、许超

（续表）

培养目标	课程类型	课程名称	课程简介	研发团队
家国情怀	传统文化	中国古典建筑与烫样制作	中国古典建筑历经数千年的发展与沉淀，蕴含了浩瀚无涯的精神文化，设计与工艺技术达到了无与伦比的高度。本课程将带领大家走进一个又一个神秘的中国古建筑，让我们开启探索之旅吧	资源搜集、教案编写：王鸿泽
		《论语》等经典古代文学作品赏析	本课程以老师讲解、播放视频、学生参与等形式向大家介绍儒家经典《论语》和清代蒙学教材《弟子规》，引导学生了解儒家政治、审美、道德伦理等方面的价值思想	资源搜集、教案编写：杨蕾、汪燕、陈战
		唐风宋韵	本课程通过对《唐之韵》《宋之韵》等视频的分析，并结合相关诗词的学习，引导学生在学习中更关注古代文人的喜乐哀愁、沉浮荣辱、家国情怀，以及他们对时代深沉的温情与眷恋等	资源搜集：李倩 课程设计：赵爱红 朗诵示范：马明新
		围棋	学习围棋规则和技巧战术，体会“纹枰对弈”的快乐。以围棋活动为载体，传承民族文化中善思、知礼、竞争、胜不骄、败不馁等传统美德，在潜移默化中提升学生的人格、品格修养，丰富学生的课余生活	教案整理：李效清 资源搜集：王君贤 课件整理：孙永强

（续表）

培养目标	课程类型	课程名称	课程简介	研发团队
家国情怀	心怀天下	欢乐大自然	带领同学们走进实验田和实验室，认识各种瓜果蔬菜及其种植过程，体验劳作带来的快乐和收获的喜悦。关注厨余垃圾的变废为宝、土壤改良	资源搜集、教学设计、课程纲要撰写、课件制作、授课及课程评价的实施：周梅、王瑞芳
		解读《今日说法》之青少年系列	观看《今日说法》节目中与青少年相关的系列视频，通过对案例的分析解读，帮助学生认识到早恋、盗窃、沉迷网络等不良行为的危害，探讨防范策略，使学生心有敬畏、行有所止	课件制作、授课及课程评价的实施：孙慧晴、刘蒙 资源搜集、授课及教学设计：丁怡、宋敏
		阳光心理社团	社团宗旨：阳光心灵，你我同行；完善自我，帮助同学 活动时间：每周校本课程 活动内容：1. 担任本班心理委员，关注同学心理健康，定期上交《心理晴雨表》，协助老师开展心理工作 2. 参加丰富多彩的心理培训和个人成长活动，学习助人知识，挖掘自身潜力，完善自我心理健康	资源搜集、课程纲要撰写：袁雪 教学设计：孙凯云 课件制作：谷加月 授课和课后评价：袁雪、孙凯云、谷加月

课例一：《中国古代建筑》教学设计（王鸿泽）

【学情分析】

中国古建筑是中华民族的文化瑰宝，是人类文明的宝贵财富，是基础教育的重要内容。本节课通过了解宫殿建筑与园林建筑，提高学生对中华民族传统文化的认识，为传承中华民族优秀文化、培养爱国情怀打下基础。

【学习目标】

通过本课学习，使学生对中国古代建筑艺术的重要成就及其特点，有所了解，有所认识，达到开阔眼界，增长知识，陶冶情操的目的，培养学生欣赏中国古代建筑艺术的能力，提高艺术欣赏水平，树立正确的审美观。

【教学重点】

1. 通过对中国结构建筑体系的介绍以及对北京故宫总体布局、主要建筑的屋顶形式和色彩运用等方面的分析，了解中国古代建筑的主要特色。

2. 通过对中国古代园林的典型实例的欣赏，了解中国古代园林艺术的主要特征。

【教学难点】

对建筑艺术的欣赏内容的局限，多寻找一些实例来充实内容。

【教学过程】

（一）导入新课：同学们去过北京吗？北京不仅是我们中国的首都，而且是一个历史文化古城。北京有相当多的名胜古迹，比如故宫、长城、天坛、圆明园等等。（可由学生举例）这些都是我国古代建筑艺术的代表。

在世界上曾经有过许多优秀的建筑体系，但其中有的早已中断，或流传不广，如古埃及、古印度的建筑。只有中国古代建筑同欧洲建筑和伊斯兰建筑一直延续至今，被称为“世界三大建筑体系”。尤其是中国古代建筑和欧洲古代建筑延续的时间最长，流传的范围最广，成就更为辉煌。

（二）讲授新课：中国古代建筑类型很多，主要包括：故宫（宫殿）、天坛（坛庙）、少林寺（寺观）、佛塔、江南民居（民居）和苏州拙政园（园林）等，（出示类别，学生举例，并指出成就最为突出的两种）尤其以宫殿和园林建筑的成就最为突出。

1.（板书）带着问题观看录像《故宫纪录片》：（1）故宫的建筑是用什么材料建造的？（2）故宫在布局上采用什么形式？（3）故宫外部色彩主要是哪两种？（出示图片，故宫简介）故宫是我国明清时期的皇宫，是保存最完整、最宏伟、最有代表性的古代宫殿建筑，现存的大部分为清朝所建，但在总体布局上仍保持着原来的面貌。故宫是一个庞大的建筑群，南北长 961 米，东西宽 753 米，拥有 9900 多间房子，分中、东、西三路和几十个院落，旨在表现封建等级观念和皇权至上的威严气势。其中中路也是旧北京城贯穿南北的中轴线。故宫的主要建筑都分布在这条中轴线上，如皇帝举行大典的地方，即被称为“前朝三大殿”的太和殿、中和殿和保和殿，还有皇帝、皇后、太后等生活的地方，即被称为“后朝三大殿”的乾清宫、交泰殿、坤宁宫，其后为御花园。从而形成了以南北纵向排列的中路的建筑群。这些建筑体量雄伟、外形壮丽、主次分明，建筑形象统一而又有变化。如前朝三大殿，体量不同，且分别采用不同的屋顶形式：太和殿是重檐庑殿顶，中和殿为四面坡单檐攒尖顶，保和殿是重檐歇山顶。这不仅是受封建等级观念的影响，如重檐庑殿顶只能用于最高等级的宫殿建筑上，而且是为了使这三座紧密相连的宫殿在建筑形象上有明显的区别，使它们在相互对比中显得更鲜明。北京故宫主要建筑的丰富多彩的屋顶形式是中国古代建筑外观上极为显著的特征之一。游完了故宫以后，我们再回到刚才的三个问题。（出示问题，学生回答）

2. 欣赏故宫图片，着重分析中国古代建筑的特点。

（1）具有独树一帜的木结构体系。（见中国建筑木构架）中国古代建筑以木构架结构为主要的结构方式。先在石头的基础上建立柱子，然后在柱子上架上梁，再在梁上架数层瓜柱和梁，最上层立脊瓜柱，构成了一组木构架。这种木结构体系最大的特点就是承重和围护结构分工明确，使建筑物上的重量都由柱子承受，而墙壁只起到围护和分割空间的作用。因此门窗的配置不受限制，具有“墙倒屋不塌”之妙。除此之外，这种结构还有其他优点，如便于适应不同的气候条件（可随意安排房屋的高度、屋面的材料、窗户的变化）；减少地震灾害的破坏（各连接点有一定的收缩余地）；材料提供方便；等等。

（2）庭院式的组群布局。（见示意图分析特点）以间为单位构成单座建筑，再以单座建筑组成庭院，进而以庭院为单位，组成各种形式的组群。主要表现为两种方式：一种是三合院（在纵轴线上安置主要建筑，再在院子两侧安排次要建筑相对峙，形成H形或T形）和四合院（在三合院的基础上，在主要建筑对面建造次要建筑，构成矩形的形状，通常用走廊围墙将四座建筑连接起来，成为封闭性较强的整体）；一种是廊院（在纵轴线上造主要建筑，并在对面造次要建筑，然后用走廊连起来）。（见故宫全景）（让学生来回答故宫是属于哪种形式，并讲出原因）

（3）色彩的运用是古建筑的一个显著特点。色彩是中国古代建筑的主要装饰手段，这是由木结构体系决定的，本来是为了防止木头腐烂，逐渐发展到建筑彩画，形成了我们通常讲的“雕梁画柱”。（见故宫和玺彩画）黄色琉璃瓦顶、朱红色的柱子，门窗、屋檐下处于阴影部分的彩画用青绿色略加点金，在白色台基的衬托下，各部分轮廓分明，使建筑物显得更加富丽堂皇。在建筑上使用如此强烈的色彩而又能达到如此完美的艺术效果，这在世界上也不多见。这种以龙凤为主题，以青绿色为主要底色，并使用大量的沥粉在彩画上画突起的线条，上覆大量明亮的色彩和贴金，立体感非常强，达到富丽堂皇的效果的绘画形式，称为“和玺彩画”。不过，在封建社会当中，色彩的使用受到封建等级制度的影响。问什么颜色最尊贵？皇帝用什么色？次之是什么色？回忆一下，故宫的两种颜色（红黄）。山明水秀的江南非帝王所在地，受封建等级制度的影响较小，为了与自然环境协调，江南建筑多用白墙、灰瓦和黑、墨绿等颜色的梁架、柱、装修，形成秀丽淡雅的格调。

3. 观看《故宫纪录片（片段）》，观看的同时教师总结中国古代建筑的三个特点，巩固所学知识。

4. 俗话说：“上有天堂，下有苏杭。”与中国古代建筑一样，显示出鲜明的民族特色和高度的艺术成就的，是中国古代园林艺术。中国古代园林不仅具有悠久的历史和高度的成就，而且独树一帜，自成体系。中国园林最早见于史籍的是公元前 11 世纪西周的灵囿（“囿”是中国古代供帝王贵族进行狩猎、游乐的一种园林形式），至今已有三千余年的历史。随着社会的进步，中国园林逐渐形成独特的民族形式。它的主要特点是崇尚自然而又巧妙地改造自然，把人工美与自然美巧妙地结合起来，创造了独树一帜的自然山水式园林。中国古代园林把自然和人造的山水、花木以及建筑等融为一体。主要有三种类型：一种是面积较大，气派宏伟的皇家园林（圆明园、颐和园）；一种是规模较小的私家园林（苏州的拙政园、网师园）；还有一种是城郊风景区和山林名胜（西湖、北雁的观音洞）。(出示园林名，学生指出类型，并说出哪两种艺术成就最高）其中前两种艺术成就最高，集中体现了中国古代园林艺术的特点和精华。欣赏图片并分析特点。（由教师简介图片，引导学生在图片中找出特点）

（1）拙政园是苏州古典园林建筑中最大的一个园林。主要以水景为主，富于自然情趣。在布局上显得非常活泼，模仿自然的“自然式”的布局。紧贴在水面的浮廊倚墙起伏而行，犹如游龙戏水，浮在水面。园景模仿自然，以人工的力量创造自然的景色，达到“虽由人作，宛自天开”，体现了中国古人尊重自然并与自然相亲近的观念。所以，在园林的布局上强调自由曲折。这在面积较小的江南私家园林中表现得尤其突出。特点：虽由人作，宛自天开。

（2）颐和园是同学们比较熟悉的，原名“清漪园”。1764 年建成。1860 年清漪园被英法联军焚毁。1888 年重建后改名为颐和园。1900 年又遭八国联军破坏，珍宝被劫掠一空。现存的虽不是原来的全貌，但仍然是中国古代保存下来的最完整的大规模皇家园林。图中的万寿山和耸立在万寿山前山的佛香阁，以及山前的昆明湖是颐和园的主要景区。颐和园巧妙地运用了“借景”，所谓“借景”，是中国古代园林突破空间局限、丰富园景的一种传统手法。它把园林以外或近或远的风景巧妙地引“借”到园林中来，成为园景的一部分。建造者借用了万寿山右面的玉泉山和后面远处层层叠叠的西山，似乎它们都是颐和园的一部分。与园内的景物结合得浑然一体，使游人的观赏范围大大扩大，颐和园的规模和气魄显得更加宏大壮丽。例如江苏无锡的寄畅园就是“借”了附近锡山的景。其实我们拍照也是借景。颐和园的另一特点是巧妙地利用山水、树木、花卉、建筑等，将全园划分成若干各具特色的景区。如宫殿区、前山前湖区、后山后湖区和西湖区四大景区。这四个景区风格迥异，组成相得益彰的整体。其中前山前湖区是它的重点景区和精华所在。正是这种重点景区构成了每个园林的主要特色。特点：合理划分，善于借景。

（3）网师园是苏州的一个有名的园林。因为当时园林所在的巷名为“王思巷”，“网师园”取其谐音，并托渔隐之意。其中，亭中横匾“月到风来”，取自唐代韩愈的诗句“晚年秋将至，长月送风来”。游人在这里秋夜赏月，对景品味横匾题词，引发出一种诗情画意的感受。正是由于文人参与园林的建设，中国古代的园林充满了文人气息和诗情画意。“诗情画意”是中国园林的精髓，也是造园艺术所追求的最高境界。为达到这一目的，造园艺术家常常利用古人诗文与造景的结合。苏州拙政园“与谁同坐轩”取苏轼词“与谁同坐。明月清风我”之句为名。苏轼词的原意是标榜清高不群，这里只借以写景，使意境更为丰富。苏州网师园“殿春簃”：其得名是由这一景区庭院内种植芍药而来，因为芍药开在春末，苏轼有诗云“多谢花工怜寂寞，尚留芍药殿春风”，“殿春”即春末，“簃”是与阁相连的小屋。所以，将庭院内留住春天的一角天地，美其名曰“殿春簃”，是很富于诗情画意的。特点：寓情于景，触景生情。

小结：中国园林艺术是由建筑、山水、花木、文学等组合而成的一种综合艺术。

【课堂总结】

今天，我们了解了中国古代建筑，这些建筑所产生的影响不管在中国，还是在全世界范围内都非常大，同时这些建筑作为最优秀的建筑代表之一，可以看得出我们中国几千年的辉煌。以音乐《中国魂》结束本课。

【板书】

（一）宫殿建筑（故宫）

1. 独特的木结构体系；2. 庭院式组群布局；3. 完美的色彩运用。

（二）园林建筑

1. 虽为人作，宛如天开（拙政园）

2. 合理划分，善于借景（颐和园）

3. 寓情于景，触景生情（网师园、拙政园、殿春簃）

课例二：心理剧表演《释放你的“暗室小孩”》（袁雪）

【学习目标】

1. 了解暗室小孩的含义。

2. 探索4个暗室小孩“睡不醒”“暴躁狂”“自大狂”“小不点”的优缺点。

3. 通过4个暗室小孩的表演，有效释放愤怒、无奈、疲惫、委屈等消极情绪，增强耐心、自信、行动力等积极的一面。

【教学重点】

调动学生积极性，理解并表演自己的 “暗室小孩”。

【教学难点】

通过表演真正释放消极情绪，增强积极情绪。

【教学过程】

一、导入

看到“暗室小孩”这个词，大家会想到什么？什么叫“暗室小孩”呢？

“暗室小孩”的说法是从德国传过来的。在德国，每家每户都有地下室，当家中的小孩犯了错，大人就会把他（她）关进地下室作为惩罚。于是心理学家就把我们所讨厌的、想掩藏的性格特点比喻成“暗室小孩”。今天我们会一起认识4个暗室小孩，他们分别是“睡不醒”“暴躁狂”“自大狂”“小不点”。

二、认识“暗室小孩”

每个“暗室小孩”都有两面，他们既有缺点，也有优点，但是人们常常忽视了他们的优点，因为讨厌他们的缺点而想把他们关进小黑屋。下面大家一起分别讨论一下“睡不醒”“暴躁狂”“自大狂”“小不点”的优点和缺点吧。

1．睡不醒

优点：有耐心、理解别人、直觉好。

缺点：拖拉、疲惫、节奏慢。

2．暴躁狂

优点：行动力强、有干劲、效率高。

缺点：冲动、暴躁、缺乏同情心。

3．自大狂

优点：自信、有说服力和影响力。

缺点：自大、傲慢、瞧不起别人。

4．小不点

优点：感受丰富、热爱生活。

缺点：自卑。

三、表演“暗室小孩”的经典动作和台词

德国的心理学家给每个暗室小孩都设计了经典的动作和台词，我们通过练习这些动作和台词，就能更好地唤醒我们内心深处的“暗室小孩”。请同学们跟随老师的示范一起练习。

1．睡不醒

（整个身体沉下来，非常没有力气，慢慢弯下腰）好累啊，好累啊，就连月亮都睡着了（缓慢伸手指向月亮，然后无力地垂下来）。

2．暴躁狂

别动（双手用力向前推掌）！是谁（收掌握拳放在腰间）！小心我揍你、揍你、揍你、揍你（迅速而有力地出拳）！

3．自大狂

我代表全世界（拔高身体，扬下巴，自大地伸出一只手），整个宇宙都在我的掌控之中（双手合拢），呵呵呵（代表藐视的笑声）。

4．小不点

我就是太阳（双臂向斜上方展开），我想发光就发光（双手向上扬起），我不想发光就不发光（双手合拢，低头，捂脸），我照亮好人（再次向斜上方打开双手），同时（翻转手腕，使手心向下），也照亮坏人（双手自然垂下）。

四、我来演，你来猜

请同学们自由发挥，可以个人也可以组合，用自己的语言和动作来表演“睡不醒”“暴躁狂”“自大狂”“小不点”中的一个或几个，其他同学猜一猜他（她）演的是什么。

五、分享与总结

请同学们分享学习这节课的感受和收获。我们每个人的内心都藏着这 4 个“暗室小孩”，只是每个人活跃的部分不同，有些同学的“睡不醒”力量比较活跃，而有些同学的“暴躁狂”力量比较活跃。希望大家通过本节课的表演，更加重视自己不够活跃的那一部分，不活跃的原因很可能是我们不喜欢它们，或不接受它们，它们被我们关到地下室去了，可同时，它们所具有的积极力量也被关住了，所以让我们多多邀请它们出来玩吧。我们可以灵活地使用每个“暗室小孩”的力量，当需要“睡不醒”时，就把“睡不醒”叫出来，当需要“暴躁狂”时，就把“暴躁狂”叫出来。这样我们就拥有了更加完整、更加强大的力量。

【设计意图】

根据德国“暗室小孩”理论，并结合初一学生的情绪特点，挑选“睡不醒”“暴躁狂”“自大狂”“小不点”四个容易与学生产生共鸣的“暗室小孩”，通过讨论优缺点和角色扮演，来释放平时生活中不能自由表达的消极情绪，当消极情绪通过表演的方式得到充分表达后，这些情绪就不再成为困扰，心理能量能够更加流畅地进行流动，从而产生更加积极的情绪和行为。

【教学反思】

本次课程根据初中生的情绪特点，挑选了“暗室小孩”中的“睡不醒”“暴躁狂”“自大狂”“小不点”。学生们在表演“睡不醒”和“暴躁狂”时是最活跃的，在“我来演，你来猜”环节，很多同学选择了表演学生与家长或者学生与老师的情景，其中孩子总是“睡不醒”的一方，而家长或老师则是“暴躁狂”的一方，活灵活现的表演引得全班同学哈哈大笑。通过这样的表演，可以很好地释放孩子对家长或老师等权威者的情绪，进而改善与他们之间的关系。通过 4 个“暗室小孩”的表演，学生们有效地释放了愤怒、无奈、疲惫、委屈等消极情绪，增强了耐心、自信、行动力等积极的一面。

不足之处：在“暗室小孩”经典动作表演环节，有些学生因为觉得这些动作和台词看起来很“傻”而难以积极参与，可以将这个环节修改为相应的动物模仿秀，比如，“睡不醒”对应慵懒的树懒，“暴躁狂”对应愤怒的猩猩，“自大狂”对应高傲的猫，“小不点”对应丑小鸭。这样可以有效发挥学生的创造性，更符合学生的兴趣。

（二）淄博柳泉中学校本课程——世界眼光（体系）

培养目标	课程类型	课程名称	课程介绍	研发团队
世界眼光	语言文化	看电影学英语	《看电影学英语》课程是专门为具有初级英语基础的初一、初二学生学习英语、感受英语从而喜爱英语而设计的。“看电影学英语”使学生在学习纯正语音和语言功能等语言基础知识的同时，不断从真实的生活语境中模仿、学习，培养孩子用英语进行交际的能力	资源搜索、授课：张伟涛 课程设计、授课：宋爱美 课程纲要及课程评价实施：韩金英
世界眼光	语言文化	中西方文化差异探究	本课程旨在帮助学生了解英语国家的概况、文化历史、社会风俗等入门知识，使学生通过视频、音频、图片、文本等学习方式对英美等国的文化背景有一定的了解，增加学生相关的信息量和词汇量，提高英语水平，激发学生的文化学习热情，增长知识、开阔眼界；同时通过学习，培养学生理性地对待异国文化的态度	资料收集，课程提纲撰写：石志刚 教学设计：黄杰 课件制作、授课、课程评价：边龙艳
世界眼光	语言文化	Grammar，是很好玩的	塑造趣味英语创新模式，打造快乐英语高效课堂，不再谈语法色变。我们会以动画、故事、改编、表演等形式，带你玩转英语语法世界。Come on！一起来嗨	资料收集、课程设计及授课：徐娇娇、朱丽红、王莺杰
世界眼光	语言文化	英语阅读	让阅读成为习惯，让阅读浸润心灵，让阅读开阔眼界。在任何一门语言的学习中，阅读都是非常重要的。英语阅读能力是英语学习者能力发展的基础，阅读对于学生的学习有着非常重要的作用。中考和高考更是重点考查学生的阅读能力。阅读不仅能培养学生的英语语感，还能促进词汇积累，提高写作水平。这门课程选用体系性很强的分级阅读教材，内容涉及人文、地理、历史、自然、名著等。在提高阅读水平的同时也能够增长知识，开阔眼界	资源搜索、授课：汪晓芬 课程设计、授课：攸栎瑾

（续表）

培养目标	课程类型	课程名称	课程介绍	研发团队
世界眼光	语言文化	英语玩家	"英语玩家"顾名思义就是通过各种有趣的方式、好玩的活动，在玩中学习英语，比如英文电影、英文歌曲、英文故事、英文话剧等 通过一系列真实、生动、好玩的课，给予你视听盛宴，多方位、多角度提高你的英语水平。来吧，和我们一起做酷酷的"英语玩家"	资源搜集：董哲 课程纲要撰写：翟乃娥 教学设计：于莎莎 课件制作、授课及课程评价的实施：董哲、翟乃娥、于莎莎
		英汉播音主持语音与发声	本课程主要针对热爱朗诵和播音主持艺术、想要提高自己的口语表达能力的学生。本课程旨在通过英汉双语发音技巧的训练培养学生良好的发音习惯，让学生初步掌握主持朗诵技巧。学习本课程，你的声音将更加动听，快来加入我们吧	资源搜索、授课：史新娟 课程设计、授课：孙燕
	国际碰撞	时政热评	时政热评是以培养世界眼光，宽广胸怀的柳泉学子为主要目标的课程。以当今社会发生的热点事件为主要内容，为学生了解社会打开了一扇窗，有利于帮助学生形成健全的人格和正确的价值观	课件制作、授课及课程评价的实施：刘萍、崔焰昌、董杰
	世界之窗	环游世界	本课程的设置旨在通过播放视（音）频，展示图片以及邀请学生进行表演等方式，帮助学生了解世界各国的历史文化、风俗习惯等知识。培养孩子多元文化意识和跨文化交际能力。世界那么大，我想去看看	课件制作、授课及课程评价的实施：李文婧、邢晓燕

课例一：时政热评——互动开放的世界（刘萍）

【学习目标】

1. 情感、态度与价值观目标：通过对世界的全面认识，能够爱护我们的共同家园，正确认识不同文化，珍惜当前和平的生活环境。

2. 能力目标：通过小组讨论和探究分析，不断提升独立分析时政的能力。

3. 知识目标：认识经济全球化、世界各国文化差异，了解针对经济全球化的正确做法。

【教学重点】

1. 经济全球化的重要表现。

2. 经济全球化的影响及如何面对。

3. 文化多样性的意义。

【教学难点】

1. 如何理解经济全球化是一把双刃剑？

2. 面对经济全球化，我们应该怎么做？

3. 面对多样性的文化，我们该如何做？

【教学过程】

（一）导入

照片：分享我的朋友圈

引发学生兴趣，导入课题“当今世界是一个什么样的世界”。（互动开放的世界）

学生活动：你说我说

我的亲戚、朋友、同学在国外读书、旅游、工作、研学，说明我们与国外的交往越来越密切。截至2019年1月，已经有70个国家和地区给予中国公民落地签证或免签入境的待遇。对中国游客实行落地签证的国家越来越多，说明了当今世界是一个怎样的世界？

第一站 共探共同家园

1. 组织学生播报国际新闻。

2. 学习政治，关注时事：小记者带来国际新闻。

【学生活动】

问题：结合我的朋友圈分享和小记者们带来的国际新闻，你能具体说说当今世界——我们的共同家园有哪些特点吗？

共同的家园的表现：

1. 这是一个开放的世界

2. 这是一个发展的世界

3. 这是一个紧密联系的世界

【设计意图】

让学生畅所欲言，尽可能多地说出当今世界的特点，提高他们收集资料的能力及归纳总结的能力。

第二站　放眼全球经济

全球化背景下“苹果”生产 ：

1. 依照美国的实力，完全有能力独立自主完成一部手机的生产，为什么要在全球范围内完成生产呢？

2. 这反映了经济全球化的什么表现？

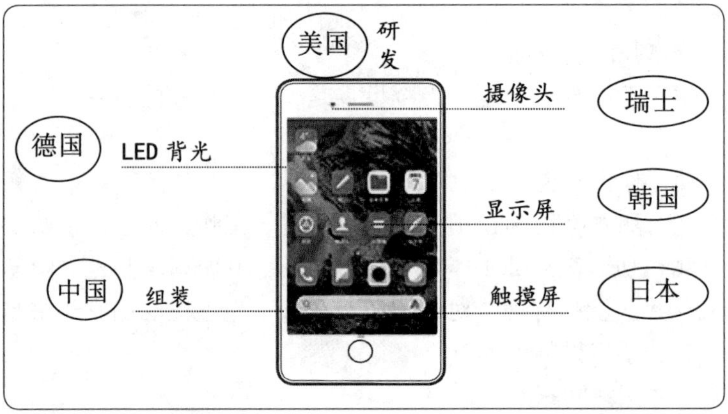

观看视频并结合生活：

1. 说说我们生活中涉及的进出口商品有哪些。

2. 这反映了经济全球化的什么表现？

【学生活动】

小组讨论：6 人为一组，讨论过程中自行产生小组代表，讨论结束后由小组代表发言。

【设计意图】

1. 通过学生讨论，总结出经济全球化的表现及优点。

2. 经济全球化的影响是什么？

经济全球化是一把双刃剑，既有积极影响，也有消极影响，但它是时代不可逆转的趋势。面对经济全球化，我们要顺应时代潮流，保持积极、开放的心态，主动参与竞争，也要居安思危，增强风险意识，注重国家经济安全。

【学生活动】

总结出经济全球化的影响及如何应对。

【设计意图】

突出重点、突破难点：经济全球化的影响、如何应对。

第三站 共享多样文化

【视频学习】

请问：视频中习近平总书记说：“让各国文明在交流互鉴中熠熠生辉。”对此你是怎样理解的？

【设计意图】

突破难点，让学生理解全球化的现实背景。

【深度思考】

有人说，文化差异会引起矛盾，只有文化背景相同才能互相理解；也有人说，不“打”不相识，有碰撞才有理解。请结合生活经验谈谈你的认识。

【课堂小结】

引导学生归纳总结，谈课堂收获。

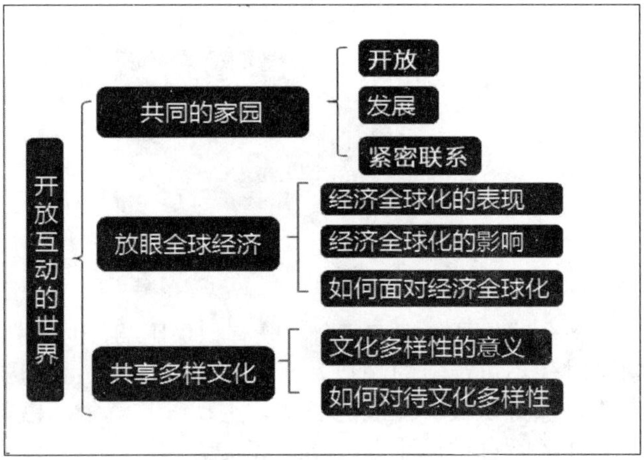

【设计意图】

通过本课使学生初步了解经济全球化的基本趋势，知道文化多样性的意义，从而理解我国目前深化改革开放政策的必要性和紧迫性，既要顺应历史潮流，保持开放的心态，积极参与国际竞争，又要居安思危，增强风险意识，为应对各种困难和挑战做好准备。

【教学反思】

小组讨论热烈，极大调动了学生参与课堂的积极性。整节课线索清晰，设置的问题层层递进，符合学生的思维习惯。文化多样性部分还应该多列举学生身边的事例，帮助其由感性认识上升到理性思考。

（三）淄博柳泉中学校本课程——责任担当（体系）

<table>
<tr><th>培养目标</th><th>课程类型</th><th>课程名称</th><th>课程介绍</th><th>研发团队</th></tr>
<tr><td rowspan="3">责任担当</td><td rowspan="2">自我提升</td><td>赢在情商</td><td>积极情绪是跳动的音符，让你如沐春风；积极情绪是明媚的阳光，让你活力四射
本课程结合情商、大脑和心智模式的解读，以训练、体验式学习的方式在每位同学的心田里种下积极正面的种子，实现疏解情绪、调整心态、提升信心，学会我好、你好、世界好，为未来的成就打下坚实基础，助力同学们拥有积极健康卓越的人生
课程特色：体验式学习、轻松学习</td><td>资料收集、课程提纲撰写：王君
教学设计：徐静
课件制作、授课、课程评价：李晓萌</td></tr>
<tr><td>梦“讲”成真</td><td>“梦‘讲’成真”系列校本课程真正的目标是通过口才的培养，让沉默寡言的学生开口说话，让羞于展示的学生敢于表达，让愁容满面的学生舒眉展目，让腹藏锦绣的学生一展才学，变得更加自信</td><td>主讲、校本课程总研发人、总设计师：孙辉、赵玉亮
助教、教学环节与教学活动设计与实施：黄潇涛
助教、视频剪辑与信息技术支持（后期的视频剪辑与制作，以及视频录制及多媒体应用方面提供技术支持）：夏天</td></tr>
<tr><td>社会责任</td><td>爱劳动爱生活</td><td>“爱劳动　爱生活”是一种生活体验课，让学生从劳动中获得生活的乐趣。这是我们将来生存与生活的需要，更是让生命得到更好发展的需要。课程包括“职业体验”“西点烘焙”“美感拼插”“开心农场”等</td><td>资料搜集、教案编写：胡明熙
课程设计、教案编写：韩晓龙
准备材料、教案编写：李欣蔚</td></tr>
</table>

校本选课现场

课例一：“梦‘讲’成真”：基本功练习（孙辉、赵玉亮、黄潇涛）

【学习目标】

1. 选话题：绕口令、播音稿。

2. 显情感：体会语音语调。

3. 谈影响：根据听众的反馈与点评，对自己的语调进行调整。

4. 用道具：PPT、笔记本电脑、大屏幕、无线话筒、影音录像设备、抽签器以及其他视听辅助道具。

5. 信息化赋能：通过数字化教学平台，进行课件的学习，课堂展示环节的录制与展示，同时展示小组合作的任务，记录准备的过程。

【教学重点】

1. 吐字清晰，掌握发音技巧。

2. 通过语调的调节，展示出演讲者想要表达出来的情感。

【教学难点】

1. 语音、语调的精准掌握。

2. 学生之间相互点评时的语气、语调（练习即实战，点评即演讲）。

【教学过程】

1. 导入（20 分钟）

（1）回顾上节课吕玲老师所讲授的内容，进行发音练习。

（2）授课教师展示相声贯口《报菜名》，体现吐字清晰及熟练度的重要性。

（3）学生们进行简单的绕口令诵读。

2. 知识点讲授、举例和随堂练习（60 分钟，连堂中间不休息）

（1）选节目：选取有意义的素材和题材，重点要考虑我们可以通过这个节目的表演去向观众展示什么，以及这个节目是否可以体现出语言的基本功等。有许多形式值得学生参考，例如校园新闻播报、绕口令、诗歌朗诵、充满正能量的即兴表演等。节目的选取还要有范围，这个范围是指在学生的年龄范围之内，更要在学生的认知范围之内（结合学生的学习进度，特别是语文、政治、历史、地理的学习情况，进行演讲内容的设计与引导）。

（2）显情感：课程的指向明确，演讲与展示内容凸显正能量。展示时间在 3 分钟以内，并且需要着重彰显语气语调的变化。

（3）谈影响：以观众视角进行点评，时间在 1 分钟之内。

（4）互点评：将展示过程中的亮点发掘出来并进行归纳总结，进行演讲的深层次设计（在下次演讲时体现出大家都能够看得到的提升）。

3. 课程小结（10 分钟）

回顾本节课学生们所展示的相关内容，再次强调吐字清晰与发音的精准。通过节目的录制与展示，让每一位同学在“梦‘讲’成真”的课程学习中，切实感受到自己表达能力的提升，进一步增强学生的获得感。

【设计意图】

本节课的特别关注点：关注学生在已有基础上进行提升，在语气、语调和语速的控制程度上进行精心雕琢，在情感态度与价值观上融入更多的核心价值观理念，实现课程主题的升华。

【教学反思】

“梦‘讲’成真”的初衷，旨在为学生们在今后的学习与生活中增强信心。通过此次课程，有效地拓展了“梦‘讲’成真”校本课程的内容，同学不仅可以在这里演讲与展示，更可以把这里当作自己信心与勇气的孵化所以及实战的练兵场。

（四）淄博柳泉中学校本课程——创新能力（体系）

培养目标	课程类型	课程名称	课程介绍	研发团队
创新能力	设计制作类	趣味物理小课堂	本门校本课程涵盖了贴近学生生活的物理知识的简单实验和趣味制作，通过观察、思考、动手，激发学生学习物理的浓厚兴趣，培养学生的创新精神和实践能力	力学课程设计与授课：杨梅 光学课程设计与授课：王豪豪 电学课程设计与授课：张素真
		翻滚吧！微生物	鉴于微生物一般个体微小、肉眼难以看到的特性，本门校本课程从探究实验以及微生物与人类生活的关系入手，体验微生物培养和发酵的乐趣，探秘微观世界，提高生物科学素养	教学设计、授课及课程评价的实施等：陈菲 资源搜集、课程纲要撰写、授课及课程评价的实施等：张进
		生物创新实验	在这里，你可以大开脑洞，通过亲自动手实验探索生命的奥秘，在科学探究中发展合作能力、实践能力和创新能力，形成实事求是的科学态度、探索精神和创新意识	素材选择、课程设计与规划：刘昊 课程讲授、课程效果评价：高婧娟 课件制作、课程体系编写：冯尚花

（续表）

培养目标	课程类型	课程名称	课程介绍	研发团队
	创新思维类	3D 创作	3D 创作是一个“创意+设计+打印”的过程，在这里可以设计你想呈现的所有个性化物品，比如一副跳棋、一个创意花瓶……用 3D 打印机实现作品的从无到有。让我们一起踏上神奇的 3D 创意设计之旅吧	教学设计、授课及课程评价的实施等：侯东秀
		代号 C++	“代号 C++”是一门 C++编程入门课程，它能带领你走入编程的世界，体验编程的快乐！欢迎加入“代号 C++”社团，在这里你将通过思维的碰撞，利用一行行代码，编织出美丽的梦想	教学设计、授课及课程评价的实施等：夏天
		虚拟现实	探索神秘的“魔法”世界，掌握从二维动画到三维世界的酷炫技能，不仅能将静物赋予活力“生命”，更能开启任意门穿梭时空，上可揽星空跟外星人 say hi，远可越千年向孔夫子求解。Anything is possible	教学设计、授课及课程评价的实施等：彭玮、边龙艳
		创意编程	创意编程是在创造性的活动中学习电脑程序设计，充分利用电脑程序构建虚拟世界，在充分的启发和引导下，在解决问题的过程中，主动、探索式地学习编程	教学设计、授课及课程评价的实施等：韩磊
		哇！原来是这样	以趣味性、实用性为主旨，多角度引领同学们认识科学、探索世界。不仅仅是生动的科普，更是串联各学科知识的经纬线	资料搜集、课程纲要撰写及授课等：张婖 教学设计、课件制作及授课等：李笑

（续表）

培养目标	课程类型	课程名称	课程介绍	研发团队
创新能力	创新思维类	生活中的化学：无处不在的奥秘	你自制过汽水吗？你知道水果也能导电吗？你知道遇到酸、碱能变色的食材吗？请你走进化学实验室吧！在有趣的实验中，你不仅能学习知识，更能提高学习化学的兴趣，锻炼动手能力	课堂化学阅读（包括材料搜集、阅读问题设计等）：黄丽 实验部分的设计与创新：段雅琼
		生活中的数学	在生活中学数学，以学生生活中实实在在的鲜活材料来激发学生对数学的兴趣。课程从学生生活实践中取材，将数学知识巧妙地运用于生活之中，增加了学生对数学的兴趣，实现新课改所倡导的情感式体验，培养良好的科学态度和正确价值观的目标	收集材料：张旭霞 制作课件：郭冉 授课：刘楠
		生活中的数学	数学中的美是千姿百态、丰富多彩的，如美的形式符号、美的公式、美的曲线、美的曲面、美的证明、美的方法、美的理论等。数学美的特征主要有两个：一个是和谐性，一个是奇异性	搜集资料：刘燕 制作课件：孙燕卿 授课：轮流
		思维数学	思维数学的目标是打造有趣有效的数学思维课，让学生在趣味化、生活化的数学教学活动中，自主地建构、感悟数学知识。通过学生的探究和发现感受有趣有用的数学。让思维飞起来	搜集资料、制作课件及授课等：王霞、王瑞、朱文敏
		趣味数学	简练、精确是数学的美，数学也很讲究它的逻辑美，数学上还有很多知识是和对称有关的。很多有趣的数学知识存在于我们生活中的角角落落，需要我们一起去探索	搜集资料：成云鹏 制作课件：刘增敏、李雪婷 授课：轮流

（续表）

培养目标	课程类型	课程名称	课程介绍	研发团队
创新能力	创新思维类	数学史（一）	读史使人明智，读诗使人灵秀，数学使人精细，逻辑修辞使人善辩。通过数学史的学习，带你领略别样的数学文化。为什么会出现勾股定理？圆周率是怎样发现的？中西方的数学发展有什么异同？在这里都能找到你的答案	教学设计、授课及课程评价的实施等：韩钰颖、韩岳
		数学史（二）	数学史是研究数学科学发生发展及其规律的科学。它不仅追溯数学内容、思想和方法的演变、发展过程，而且还探索影响这种过程的各种因素，以及历史上数学科学的发展对人类文明所带来的影响	收集资料：商丽丽 制作课件：周珊珊 授课：孙永滋
		文学头脑风暴	同读一本书，畅所欲言，各抒己见，让思想的火花热烈碰撞；共写一主题，天马行空，脑洞大开，让想象的翅膀尽情飞翔	资料搜集，教案编写：王琳 课程设计，教案编写：盛佳 准备材料，教案编写：王春慧

课例一：虚拟现实——引导线与遮罩（彭玮、边龙艳）

【学习目标】

1. 欣赏优秀动画作品，培养学生对Flash动画的兴趣及对作品的鉴赏能力。

2. 通过任务驱动及微课掌握引导线动画和遮罩动画的基本操作，总结梳理动画制作的关键点。

3. 小组讨论，思维风暴，分享收获，培养学生的团队意识和语言表达能力。培养学生借助信息技术解决问题的意识，提高信息素养。

【教学重点】

1. 引导线动画成功三要素。

2. 遮罩动画理解“遮住才是可见的”。

【教学难点】

1. 引导线与被引导物之间的关系。

2. 图层的运用。

【教学过程】

一、课前欣赏

1. 展示奥斯卡动画作品《鸟》。

2. 结合所学，让学生分小组讨论。

（1）从技巧层面分析，分析运用的手法及技术，积累注意事项。

（2）从情感层面解析，掌握情感的表达，分享不同的观点，思维风暴。

二、自主探索

【引导线动画】

《一叶知秋》动画

1. 展示《一叶知秋》动画。

2. 让学生对动画进行分析，发现与动画补件的不同——有自己的移动路径，引出引导线动画。

3. 学生尝试制作，微课学习，教师巡视，对于学生遇到的问题进行点拨，汇总讲解。

以下为制作《一叶知秋》动画中体现的重要知识点：

（1）明确基础是动画补件，先制作叶片下落的动画补件。

（2）添加引导层，明确引导层与被引导层的分工。

（3）在引导层上绘制平滑的曲线。

（4）将被引导层上的叶片的中心原点分别放置在引导线的左右两端。（关键）

【拓展思考】

一个引导层只能引导一个被引导图层吗？

（1）相同路径滑落两片叶子。

（2）不同路径滑落两片叶子。

【遮罩动画】

《打地鼠》动画

1. 展示《打地鼠》动画。

2. 让学生对动画进行分析，发现地鼠在洞内是隐藏的，在洞外是可见的，思考如何实现，引出遮罩动画。

3. 学生尝试制作，微课学习，发现问题小组讨论，协作进行，在解决问题的过程中掌握遮罩动画的知识。

以下为制作《打地鼠》动画中体现的重要知识点：

（1）明确基础是动画补件，先制作地鼠移动的动画补件。

（2）添加遮罩层，明确遮罩层与被遮罩层的分工。

（3）在遮罩层上绘制遮罩图形。

（4）被遮挡的才是可以显示的，将遮罩图层放置在要显示的部分上。（关键）

4. 拓展思考

一个遮罩层只能引导一个被遮罩图层吗？

三、作品欣赏

1. 组内展示，相互点评，取长补短。

2. 教师随机抽取作品进行展示，学生共同点评学习。对于发现的问题及时指点改正，对优点进行表扬。

3. 学生结合讲解对自己的作品进一步完善，修改后提交。

四、总结提升

1. 组内讨论本节课的收获。

2. 将小结以自己喜欢的形式呈现出来。

五、作品整理

1. 将学生作品整理保存，逐一浏览并记录。

2. 汇总其中的优秀作品并推荐参加相关动画比赛。

【设计意图】

1. 课前欣赏创设氛围、激发兴趣。

2. 自主探索，任务明确，微课护航，提升学生的自主学习能力；小组协作，高效互助，提升团队意识。

3. 欣赏展示，查缺补漏，提升语言表达和展示能力；总结反思，知识梳理，便于衔接和提升。

【教学反思】

1. 课堂时间长，如何能够帮助学生更有计划地完成课堂任务，减少无意义的操作？

2. 展示评价环节，如何有效提升学生的参与度，提供有效积极的他评和互评？

（五）淄博柳泉中学校本课程——个性特长（体系）

培养目标	课程类型	课程名称	课程介绍	研发团队
个性特长	艺体特长	《九拍乐坊》民乐校本课	民族音乐是民族文化的重要组成部分，民乐作为一种传统文化渐渐进入我们的视野，为了更好地传承文化经典，我校积极组建民乐队，使学生们更好地传承民族音乐	课程设计与实施：卞瑾
		《柳泉爱乐合唱团》合唱校本课	合唱团现由孙文佳老师担任指挥，孙策老师辅助。秉承“爱与欣赏”的教育理念，让美妙、动听的歌声，陪伴柳泉学子走过最美的青春年华。柳泉爱乐合唱团曾多次参加市合唱艺术节、校园合唱艺术节等，并获得多项荣誉	课程设计与实施：孙文佳 教学管理：孙策
		《奏响未来》管乐校本课	文化是民族的血脉，艺术绽放生命的色彩，管乐艺术进校园，营造了良好的校园艺术环境，让学生在校期间掌握一项乐器演奏技能，拓宽学生今后发展渠道，使之具备更强的竞争力	课程设计和学生管理：宫千惠 乐理知识讲解和学生管理：刘莹
		《翰墨丹青》颜体书法校本课	书法是文字的艺术，是历史的见证。一撇一捺间是人格的体现，浓淡变化间是心境的改变，张弛有度间是性情的锤炼，收放自如间是人生的体验	主讲人：孙晓雨（技法、墨色与用笔） 助教：王月（课堂管理与空间章法讲解）

（续表）

培养目标	课程类型	课程名称	课程介绍	研发团队
个性特长	艺体特长	《火与土的艺术——陶瓷艺术设计》陶艺制作校本课	在这里，我们能感受古老而现代的陶瓷文化，一起玩泥巴，一起畅游在火与土的世界里，去寻找传统文化的魅力	课程设计和创作：杨凌云 陶瓷的发展历史引导和创作：金晓 学生管理，空间知识指导和创作：吴鑫鑫
		《彩铅画》绘画校本课	彩铅画是一种介于素描和色彩之间的绘画形式。它的独特性在于色彩丰富且细腻，可以表现出较为轻盈、通透的质感。喜欢画画的同学欢迎你的加入	课程设计与实施：齐烨
		《舞带当风》舞蹈校本课	以舞创美，舞育人生，用舞蹈去感知美、发现美。在这里，我们通过芭蕾舞去培养优雅的气质，通过古典舞去感受“形、神、劲、律”的融合，通过民族舞去领略民族文化的博大精深，在属于自己的舞台上绽放精彩	课程设计与实施：赵潇
		炫舞健美操	本课程是在音乐的伴奏下，以身体练习为基本手段，以有氧运动为基础，从而增进健康、塑造形体和娱乐目的一项体育运动。健美操社团主要参加由学校组织的一系列文艺活动，包括元旦汇演、开学典礼、体育节展演等，能够给同学们提供一个展示自我的平台，欢迎同学们踊跃加入	课程设计与实施：刘建博

（续表）

培养目标	课程类型	课程名称	课程介绍	研发团队
个性特长	艺体特长	五人制足球	本课程旨在培养学生掌握五人制足球的基本知识、基本技术、基本技能，掌握科学锻炼身体的方式、方法，接受终身体育的思想，形成终身锻炼身体的习惯，提高运动技术、运动技能、审美能力及培养良好的体育道德和合作精神，在正确处理竞争与合作的关系等方面会起到重要的作用	课程设计与实施：董云振
		篮球最前线（男）	篮球课是锻炼传接球、投篮、运球、持球突破、防守、快攻和防守等基本技能，学生通过学习能够了解篮球这项运动并且参加篮球的比赛，能够在比赛中正确、合理地使用课程中学习的基本技术 参加篮球校本课程可以发展同学们各项身体素质，同时可以培养团队意识和敢于对抗的意志品质。篮球是速度与激情的碰撞，是青春与汗水的交融	课程设计与实施：齐长琳（男队）
		篮球最前线（女）		课程设计与实施：范颜民（女队）
		炫舞气排球	气排球运动是一项适合各年龄段人群参与的新兴的体育健身、娱乐项目，是排球大家庭中的新成员。由于气排球具有球体大、重量轻、质地软、弹性大、运动缓、易控制等特点，在活动开展中比较安全，所以深受大家的喜爱。作为一项新兴的体育运动项目，气排球具有很强的健身性、娱乐性、竞争性和观赏性	课程设计与实施：吴涛

（续表）

培养目标	课程类型	课程名称	课程介绍	研发团队
个性特长	艺体特长	趣味田径（女）	趣味田径分男队和女队，是由走、跑、跳跃、投掷等运动技能组成的实用性很强的身体锻炼手段，对促进学生的身心健康具有很好的锻炼效果。课程代表项目有100米、接力、跨栏、跳远、跳高等	课程设计与实施：卜令帅（女队）
		趣味田径（男）		课程设计与实施：王新（男队）
		陆地冰壶	冰壶是一项具有悠久历史和传统文化的冰上运动项目，也是一项具有现代体育精神和高度技巧的团队竞技运动。虽然比赛的主要目的是运动员的技术水平和智力的博弈，但更重要的是体现了队员的默契配合、良好的体育精神、友善的态度和高尚的品格。冰壶运动被人们称作冰上的国际象棋	课程设计与实施：巩向宝
		彩虹排球社	彩虹排球社旨在推动校园排球运动的普及和技术的提高；增强学生体质，丰富课余文化生活，增进学生之间的友谊，弘扬拼搏精神，尽显青春风采	课程设计与实施：芦丛丛
		羽毛球	羽毛球运动是一种灵活、快速、多变的隔网对抗性项目。动作易掌握，器材简便，充满乐趣，深受学生的喜爱。它能有效锻炼学生的灵活性、协调性、力量、耐力等身体素质。对培养勇敢、顽强、沉着、果断等意志品质具有良好的作用。本课程通过教学使学生掌握较为系统的羽毛球基本技术、技能和理论知识，培养学生对羽毛球运动的兴趣和爱好，并以此为锻炼身体的途径，为终身体育奠定基础	课程设计与实施：张小龙

校本课程，冰壶指导

课例一：五人制足球（董云振）

【学习目标】

1. 认知目标：进一步建立脚内侧踢、停球技术动作概念。

2. 技能目标：巩固提高脚内侧踢、停球技术动作和对球的控制能力、支配能力，发展灵敏、速度耐力等身体素质。

3. 情感目标：培养学生勇敢、机智、果断和胜不骄、败不馁的优良品质，以及团结一致、密切配合的集体主义精神。

【教学重点】

1. 脚内侧踢、停球——准确的脚型。

2. 触球的部位、力量。

【教学难点】

1. 脚内侧踢、停球技术——协调配合和脚对球的控制掌握能力。

2. 停球时伸脚提前量和及时后撤的掌握。

【教学过程】

一、开始部分（3 分钟）

1. 课堂常规。

2. 本课的教学内容、目标及要求。

二、准备部分（20 分钟）

1. 绕操场慢跑（8 分钟）

学生分成两列纵队绕操场慢跑两圈，慢跑时速度均匀，精神饱满，队列步调一致。

2. 熟悉球性（12 分钟）

教师先进行各种方法练习和讲解，然后学生自由模仿，创新练习。组织形式为散点。

通过各种练习，培养学生的球感和对球的兴趣，改善学生的脚对球的控制能力，进一步热身，同时活跃课堂气氛，为基本部分做充分的准备。

三、基本部分（40 分钟）

1. 学习脚内侧踢地滚球技术

动作要点：直线助跑，脚尖正对出球方向，支撑脚踏在球的侧方距球 15 厘米左右，大腿外展，脚底与地面平行，脚尖微翘，踝关节紧张，用脚内侧击球的后中部，用推送或敲击的方法将球击出。

重点：支撑脚站位。

难点：脚型固定。

组织：全班两人一组，每组一球，同时进行练习。

教法：

（1）讲解脚内侧正面传地滚球。

（2）给学生做正确示范动作。

（3）学生练习时，巡回辅导，纠正错误动作。

要求：认真听讲解，仔细观察教师示范，明确支撑脚站位。

练习方法：踢固定球，做脚内侧踢球支撑腿站位及踢球部位模仿练习；两人一球，一人用脚底挡球，另一人做脚内侧摆腿练习。

为了进一步建立运球的动作概念，使学生能正确掌握踢球动作，本课采用了学生散点看教师示范模仿练习，同时教师发现问题及时解决问题，特别是身体的姿势、脚型、脚法要正确。着重解决脚对球接触力量、方向、掌握和眼视前方，同时给学生一定的时间自主创新，提高学生的学习兴趣，进一步提高控制球和支配球的能力。

2. 学习脚内侧接地滚球

动作要点：支撑脚脚尖正对来球，接球腿大腿外展，脚尖微翘，脚底与地面平行，脚内侧迎球。

组织：全班两人一组，每组一球，两列横队，相距五米。

教法：

（1）讲解脚内侧接地滚球。

（2）教师示范。

（3）两人一组，队形相距五米，练习传球。

练习方法：两人一组，每组一球，一人用脚内侧传地滚球，另一人用脚内侧接球；然后再用脚内侧接球，接着再用脚内侧传球；两人反复练习。

3. 教学比赛

组织：分成两队进行比赛。

目的：培养良好的观察能力、进攻意识和协作配合能力，善于隐藏自己的传球意图，以及运球假动作新式单个战术行动与提高传接球技术相结合。

要求：无球队员跑动、接应要积极，防守队员要密切注意传球队员的行动，抢断、封堵要积极。

通过比赛，进一步巩固和提高脚内侧踢、接球技术，提高传接球的准确性、熟练性以及快速传接的能力。同时培养学生机智果断以及胜不骄、败不馁的优良品质，团结一致、密切配合的集体主义精神。

四、结束部分（5 分钟）

1. 配乐伸展放松操（3 分钟）

在教师带领下学生通过模仿练习，促使学生消除肌肉的疲劳，身心得到恢复。

2. 对本课进行小结，布置收回器材（2 分钟）

【设计意图】

1. 本课的教学指导思想主要采用教师启发指导，学生反复练习的教学策略，发展学生的个性，充分发挥学生的主体作用，运用灵活多变的手段，做到身心结合，努力达到教学目标。

2. 全课的组织结构不拘泥于过分的统一规整，而以服务练习与教学为目标，力求合理、紧凑、流畅、新颖。

3. 全课教学的内容及手段，用循序渐进、分解和组合的方式进行教学。

【教学反思】

1. 平均心率为 130 次 / 分～ 135 次 / 分。

2. 最高心率为 180 次 / 分，出现在第 20 或第 35 分钟。

3. 运动密度约为 55%，运动负荷为中等偏上。部分练习难度较大，学生掌握较为生疏。

课例二：“笔墨间的祝福”教学设计（孙晓雨）

【学情分析】

书法是中华民族的文化瑰宝，是人类文明的宝贵财富，是基础教育的重要内容。本节课重点了解春节“福”字的由来，提高学生对于中华民族传统文化的认识。通过图片导入，让学生认识不同字体的“福”字，并把握篆、隶、楷、行、草五大类书体的特点。通过书法教育对学生进行基本书写技能的培养和书法艺术欣赏，为传承中华民族优秀文化，培养爱国情怀打下基础。

【教学目标】

1. 认识篆、隶、楷、行、草五大类书体的写法及特点。

2. 掌握左右结构中穿插避让的书写规律。

3. 正确的握笔姿势及书写姿势。

【教学重点】

正确的握笔姿势与坐姿。

【教学难点】

1. “福”的书写中左右结构规律与位置关系。

2. 偏旁与主体字的穿插避让关系。

【教学过程】

一、导入

故事导入。春节“福”字的由来：福，从示，“畐”声，顺天垂象（示），腹满（畐）之义。“福”字在甲骨文里是两手捧酒坛把酒浇在祭台上的会意字。

“福”字在现代汉语中是一个常用字，用来表示“幸福”“福气”等义。《说文解字》里说它是从示，“畐”声的形声字，福字从示，是与祈祷有关。

古代祭祀是为求得上帝或神祖的保佑，如《左传•庄公十年》里说“小信未孚，神弗福也”，意思是小信用未能让神灵信服，神灵是不会保佑他的。祭祀后要把祭品（酒、肉）分别送人叫“致福”“归福”，由此引申出“幸福”之义，用作名词，这是“福”字在今天常用的含义。战国时期的哲学家韩非子认为“全寿富贵之谓福”。古书中常说人的“五福”，一是长寿，二是富裕，三是康宁，四是修好品德，五是考终命。

二、过程教学

1. （书法软件中）图片观察

（1）甲骨文，始于殷商，最早发现于河南安阳，是古代文字中时代最早、体系较为完整的文字，是中国商代后期王室用于占卜记事而刻（或写）在龟甲和兽骨上的文字。

甲骨文

（2）金文，也称钟鼎文，始于周朝。商周是青铜器的兴盛时代，青铜器的礼器以鼎为代表，乐器以钟为代表，“钟鼎”是青铜器的代名词。钟鼎文或金文就是指铸在或刻在青铜器上的铭文，这充分展示了商周青铜铸造业的发达。

金文

（3）篆书，又称石鼓文，起于西周晚年，兴盛于秦国，是流传至今最早的石刻文字。秦始皇统一中国后，丞相李斯推行“书同文，车同轨”，统一度量衡的政策，简化字体，统一汉字书写形式。篆书一直在中国流行到西汉末年，才逐渐被隶书所取代。

篆书

（4）隶书，起源于秦朝，在东汉达到鼎盛。隶书的出现，是古代文字与书法的一大变革。字体讲究“蚕头燕尾”“一波三折”。在汉武帝“罢黜百家，独尊儒术”的一统思想下，隶书逐步发展定型，成为占统治地位的书体。

隶书

（5）楷书，又称正书，对于楷书，翁方纲说：“变隶书之波画，加以点啄挑，仍存古隶之横直。”其特点是形体方正，笔画平直，可作楷模，故名。楷书始于东汉，盛于唐代。楷书的名家很多，最著名的是楷书四大家，他们分别是唐朝欧阳询（欧体）、唐朝颜真卿（颜体）、唐朝柳公权（柳体）、元朝赵孟頫（赵体）。

楷书

（6）行书，介于楷书、草书之间的一种字体。它是为了弥补楷书的书写速度太慢和草书的难于辨认而产生的。行书的笔势不像草书那样潦草，也不要求如楷书那样端正。草法多于楷法的叫“行草”。行书大约是在东汉末年产生的。

行书

（7）草书，形成于汉代，是为书写简便在隶书基础上演变出来的。代表作如晋代王羲之《初月》等帖。狂草出现于唐代，以张旭、怀素为代表，笔势狂放不羁，成为完全脱离实用的艺术创作，代表作如张旭《古诗四帖》、怀素《自叙帖》。

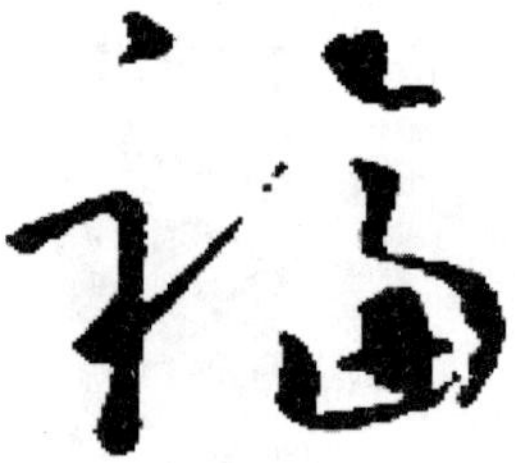

草书

2. 探究二：左右结构中穿插避让规律。

3. 探究三：“福”字的书写方法。

以书法教室的软件为依据，教师提前录制好微课，正确书写“福”字的视频，以供学生练习参考。

三、学生练习

1. 坐姿

头正：书写时头摆正，不能向左或向右偏，并略向前倾，眼睛距书本一尺（大约 30 厘米）左右。

身直：胸挺起，背撑直，胸口距离桌沿一拳（大约 10 厘米）左右。

肩平：两肩齐平，不能一边高，一边低。

臂开：两臂自然张开，左手五指伸开按纸，右手书写。

足安：双脚自然平放在地上，两脚之间的距离与肩同宽，脚尖和脚跟同时着地。

2. 握笔姿势

“五字执笔法”，是执拿毛笔的方法之一，包含擫、押、钩、格、抵 5 种指法，强调五指各司其职，又通力配合，执笔稳健，使笔能上下左右灵活运动。

3. 练习

以书法教室软件为根本，学生查找多种“福”字的写法，用于展台临摹，临摹中注意坐姿握笔，练习熟练时，用红色作品纸书写。

四、作品评选与展示

利用书法教室视频设备，让学生踊跃展示，积极参与，把作品投放到每个学生端，让学生直接进行展示与点评。

五、小结

【设计说明】

本节课通过“福”字的字形演变以及中国传统文化中“福”字的含义，把传统文化与中国汉字相结合，既让学生会写字，还让他们了解传统文化知识，同时把书法课堂与传统文化相结合，让中国汉字发扬光大。

【教学反思】

中华文明上下五千年，正是由于以中国汉字为根基为血脉才得以流传至今。学生在本节课上，通过汉字的演变过程，了解了中国汉字的传承性；于笔墨间掌握了汉字的间架结构；于中国传统文化中理解了古往今来祝福的含义。本节课整体上比较成功，教学目标能够完成。学生在课堂上积极参与，书写上进步较大。

通过本节课的讲授，以下三个方面还应不断改进：一是教师要具备专业的文化素养，把握学科融合性。在本节课讲授中，汉字的演变、古汉语中“示”部首偏旁的含义、古代传说的由来都需要教师做到宏观知识整合；二是不断提高学生的眼界，在教学中，多方面搜集历代书法家优秀的例字，让学生感受王羲之、颜真卿等著名书法家的书写精髓，提升学生的审美能力；三是回归实践，让学生多尝试练习，熟能生巧。书法是时间的沉淀，骨力的积累，只有多练多思考才能取得进步。

第三节　基于“爱与欣赏”教育的德育体系

高擎“爱与欣赏”的旗帜，接纳每一个孩子，服务每一个教师，让每一个学生健康成长，这是山东省淄博柳泉中学的办学目标。建校以来，学校贯彻落实“爱与欣赏”的教育理念，以人的发展为核心，以培养创新精神与实践能力为目标，针对本校学生的兴趣和需要，有目的、有计划、有重点地进行课程特色培育，全面落实素质教育，构建“以人为本”的德育机制。

淄博柳泉中学在常规教育教学过程中，从管理制度制定、课程资源研发、学生习惯养成、团队建设提升等方面入手，不断完善以“家校共育”“研学旅行”“多元校本”“劳动教育”“智慧团建”“规范养成”和“艺术育人”七大元素为主体的德育体系建设。

一、家校携手，共育桃李芬芳

秉承“爱与欣赏”的教育理念，贯彻落实“立德树人”的根本任务，学校积极构建“学校、级部、班级”三级家校沟通机制，畅通家校沟通渠道；实施“迎家长进学校，送教育进家庭”的办学模式，设立家长开放日，成立“柳泉家长学校”，邀请家庭教育专家来校为家长开展“家庭教育系列讲座”，搭建家校交流平台，要求家长积极主动学习，撰写亲子日记。学校积极倡导“家庭生活育人，学校生活育人，社会生活育人”理念，构建起以“家庭教育为基础，学校教育为主体，社区教育为依托”的全方位教育模式，初步形成了家校共育工作的新格局。

学校努力探索出了“线下＋线上”双渠道的家校共育模式。学校设计和开发了丰富多彩的亲子课程，充分利用“家长开放日”“柳泉亲子日”等开展线下校内亲子活动，给学生和家长创设了共同学习，共同进步的平台。同时，学校积极探索“互联网＋”引领家庭教育的模式，开展线上家长学校，分享优秀家庭教育网络资源，开辟了更为广阔的学习空间。学校还不断开展家庭教育系列活动，助推学生家庭良好家风和家教建设，帮助学生树立正确的价值观，养成良好的道德品质，构建亲子共读、家校共育新机制。

此外，学校还为所有柳泉学子创建了《“情系柳泉”校友终身成长档案》。该档案涵盖了德、智、体、美、劳五个方面，记录了柳泉学子包括在校和升学后的学生的成长轨迹，也承载着柳泉中学对每一位学生的真切关怀。

二、知行合一，创建德育品牌

“知之真切笃实处即是行，行之明觉精察处即是知。”学校以“知行合一”、躬行实践为核心理念，开展研究性学习和旅行体验相结合的校外教育活动，将“爱与欣赏”的教育理念融入其中，把学校教育和校外教育有效衔接，促进书本知识和生活经验的深度融合，让学生在综合实践中健康快乐成长，构建起“我的淄博影像”综合实践校本课程体系。

学校充分利用淄博市当地的历史文化资源，按照历史文化、革命圣地、自然景观等内容遴选出各区县具有代表性的景点，如淄博中国陶瓷馆、淄博市革命烈士陵园等20家单位作为首批实践基地，让学生通过参观访问、实地考察、资料搜集等方式，从中感受淄博大好河山，感受中华传统美德，感受革命光荣历史，感受改革开放伟大成就，拓展视野，学会动手动脑，学会生存生活，学会做人做事，培养社会责任感、创新精神和实践能力，从而形成正确的世界观、人生观、价值观，“扣好人生第一粒扣子”。学生结合研学旅行，开展“专题研究”，形成具有柳泉特色的校本课程，如“舌尖上的淄川”“淄川方言荟萃”等。

“我的淄博影像”综合实践校本课程最后成册并入选淄博市第二批中小学德育品牌。

三、多元校本，提升德育水平

一直以来，学校坚持以人的发展为核心，以培养创新精神与实践能力为目标，积极发展学生个性，全面落实素质教育，充分利用我校资源，采用选择、改编、新编教学材料或设计学习活动的方式，建设多样性的、可供学生选择的校本课程。通过校本课程建设，补充国家和地方课程，探索优质教育途径，提升育人水平，推进我校教育特色化发展，创建柳泉品牌教育。

学校校本课程以培养有家国情怀、世界眼光、责任担当、创新能力的时代少年为总目标，构建了以“家国情怀”“世界眼光”“责任担当”“个性特长”“创新能力”五位一体的校本体系，创设了丰富多彩的校本课程，如“齐文化研究”课程、“梦‘讲’成真” 课程、“象棋”课程、“冰壶”课程、“管乐团”课程等，为学生发展提供了多种渠道。多元校本课程的实施带来了丰硕的成绩，我校气排球队、羽毛球队、篮球队、舞蹈团、合唱团、器乐团等都在全市各种比赛中获奖，还代表淄博市参加省级比赛，学生在NOC大赛、省创客大赛、信息学奥赛、百灵艺术节、布谷科技节中成绩突出。

四、劳动教育，培养责任担当

2020 年，国家教育部研究制订了《大中小学劳动教育指导纲要（试行）》，加快构建德、智、体、美、劳全面培养的教育体系。同年，我校省规划课题《基于家校共同体的初中生劳动教育实践研究》立项，积极响应国家关于劳动教育的部署和要求，准确把握育人导向。

学校劳动教育注重规范化，成立劳动教育课题小组，以“教育即生活，生活即教育”为指导思想，多途径、宽领域地研究开发劳动教育校本课程。校本课程研发内容注重多元化和实用性，充分利用校内劳动教育资源，发挥社会各方面在劳动教育中的支持作用，营造出良好的舆论氛围，形成协同育人的格局。

学校充分发挥在劳动教育中的主导作用，利用国旗下演讲主题班会和主题团、队日，做好劳动教育思想引领；发动学生积极参与校内外志愿劳动，发挥模范带头作用；制定“每周一劳”任务清单，全面培养学生 “我参与，我劳动，我收获，我自豪”的责任担当意识，贯彻落实素质教育，促进学生全面发展。

五、智慧团建，涵养家国情怀

通过开展多种多样的社团活动，培养学生家国情怀，使德育“润物无声”。

（一）疫情期间，开展各种战疫活动，激发学生家国情怀。

通过网络倡导，开展网络升旗仪式，并在清明节来临之际，宣读倡议书，缅怀先烈，致敬战疫英雄。开展各种战疫活动，如战疫征文、手抄报、摄影等活动，激发学生家国情怀，力所能及地为社会奉献自己的力量。

（二）通过各类主题教育团、队课，扎实开展主题教育活动，打造德育工作特色。

主题团、队课是团组织对团员、少先队员进行思想政治教育的主要形式，是提高团员、少先队员思想理论水平和政治素质的有效途径之一。学校充分利用重要纪念日和传统节日，以升旗仪式、主题班会、校园广播为阵地，开展主题团、队课教育活动，引导学生树立共产主义远大理想和中国特色社会主义共同理想，培养学生国家情怀和责任担当。学校以主题团、队课为支点，引导学生积极学习中华民族伟大奋斗历程和党的光荣历史，激发学生强烈的民族自尊心、自信心和自豪感，培养学生勇于争先、敢于奋斗的意志品质，为实现中华民族伟大复兴贡献自己的力量。

（三）模范践行社会主义核心价值观，倡导良好社会风尚。

组织入团积极分子、学生会干部以及各级部学生代表注册成为志愿者，加入学校志愿者团队。组织志愿者前往淄博市社会福利院、淄博市特教中心、淄博市博物馆、周村敬老院、淄博市污水处理厂等参加社会实践活动，利用周末时间到淄博市图书馆参加志愿者服务活动。通过社会实践和志愿活动，学生的社会责任感和时代使命感大大提升。

（四）开展了丰富多彩的社团活动，融思想性、知识性和趣味性于一体，让学生喜闻乐见，使德育“润物无声”。

学校开设了戏剧社、校园广播社、志愿者协会等语言类、艺术类、科技类、体育类、公益类的近 40 个社团。疫情期间“停课不停学”，开展了“生物圈、柳泉音乐之声”等多种网络趣味教学活动，丰富学生知识，提高艺术修养。团总支、志愿者、学生会等多次组织网络“战疫宣传”活动，并多次被淄博文明网、大众网等予以报道。

六、落实规范，促进习惯养成

没有规矩，不成方圆。初中阶段是道德规范养成教育的关键期，也是一个人最重要的学习阶段。以规范为教育之本，促进学生良好习惯的养成，培养健康的行为习惯，良好的品行操守，积极的阳光心态，为学生一生的发展奠定基础，这是我校“爱与欣赏”德育体系的集中体现。

教育的本质落地于习惯的养成。我校高擎“爱与欣赏”的旗帜，构建“以人为本”的德育机制，培养学生六大良好习惯：积极学习习惯、文明行为习惯、劳动卫生习惯、安全节约习惯、运动健康习惯和天天读书习惯。

（一）积极学习习惯。良好的学习习惯的养成会影响学生的一生。学校十分关注每一位柳泉学子学习习惯的培养，积极探索“小组合作式”探究学习的方法，鼓励学生合作学习，共同探究，携手进步。学校还十分重视学生自学能力的培养，通过学习任务单布置任务，引导学生自学，促进自我提升。

（二）文明行为习惯。学校重视做好入学教育，引导学生建立规矩意识，鼓励各班根据实际需求，制定“有温度的班规”，让学生在“爱与欣赏”中规范行为，养成习惯。在升旗仪式上，进行经典诵读，展示班级的风采，提升班级凝聚力；根据重大节日、重要纪念日进行升旗仪式演讲，引导学生建立积极的世界观、人生观、价值观；评选文明之星，树立学生学习的榜样。学校充分发挥校园文化情景作用，将习惯养成教育渗透于校园的每个角落。

（三）劳动卫生习惯。各班设置卫生小组，每天完成班级值日工作。学校每周五设置全校劳动时间，根据卫生室的具体要求，各班开展劳动卫生教育。学校还通过开设劳动相关校本课程，开展特色劳动教育，周末通过“每周一劳”任务单，培养和养成学生独立完成家务劳动的能力和习惯，并对完成较好的同学予以全校通报表扬。

（四）安全与节约习惯。学校通过每周固定的班会时间，做好学生安全教育；开展家长进课堂活动，邀请家长进校为学生做普及安全知识的培训，培养学生处理安全意外的基本能力。学校通过手抄报和班级板报征集，树立学生节约意识；通过校内宣传栏，张贴厉行节约宣传海报，营造厉行节约的浓厚氛围，让学生在良好的氛围中逐渐养成节约意识。

（五）坚持运动习惯。教育部规定要保证学生每天有一小时体育活动的时间。学校牢固树立健康第一的指导思想，除规定的体育课外，每天上、下午分别设定了“阳光体育”大课间和体育“一生一案”，切实加强学生体育锻炼，培养学生运动习惯。

（六）天天读书习惯。“鸟欲高飞先振翅，人求上进先读书。”学校非常注重学生读书习惯的培养，每年开展读书节活动，引导学生多读书、读好书。学校鼓励学生创作，通过校刊《柳风泉韵》和《我读我创作》栏目面向全体学生征文，每天中午利用校园广播站，播送学生创作的美文，让书香溢满校园。

七、艺术育人，营造艺术氛围

美育是学生全面发展的重要组成部分，它与德育、智育、体育相辅相成、相互促进。教育管理服务中心秉承“爱与欣赏”的教育理念，坚持育人为本，面向全体的原则，依托学校校本资源，构建起以“诗·歌唱响春之声”“秋季运动会入场仪式展演”“元旦师生文艺汇演”为主体的德育、美育体系，为全体学生提供一个展现良好精神风貌，发展学生的艺术特长，增强班级凝聚力，展示个人风采的平台。通过美术、书法、朗诵、歌咏比赛等形式，激发学生对生活、对学校、对社会的热爱，积极探索生活中的艺术之美、自然之美、社会之美和文化之美。以艺载德、以艺促智，学校充分发挥艺术教育的育人功能，打造健康的校园文化生活，让“爱与欣赏”遍布学校的每个角落。

第四节 基于“爱与欣赏”教育的家校共育

所谓“家校共育”，是指学校充分开发利用家长这一有力的教育资源去优化学校教育环境，形成教育的合力，避免形成教育真空，使学生接受的教育更完整。

教育孩子是全社会的任务，特别是对处于青春期的孩子，单靠学校显得势单力薄。淄博柳泉中学自成立以来就非常重视家校共育工作，“家校共育”关键在“共”，宗旨在“育”。家庭教育是立德树人的基础，是根的教育，是育人的起点。家庭与学校就如同左右两只船桨，二者缺一不可，只有通力合作，形成合力，才能促进孩子这艘小船更好地乘风破浪、扬帆远航。反之，一方用力不当或者双方目标不一致，船的方向就会把握不好甚至走偏。家校共育，需要家校同舟共济、携手前行，共同促进学生健康成长。

一、畅通渠道、搭建平台，学校积极构建家校携手育人新机制

（一）成立三级家委会，畅通家校联系。家委会是联系学校与家长的桥梁

和纽带，在协调家长与家长之间、家长与学校之间的关系方面发挥了重要作用。家长和教师、学生一样，成为了学校的一员，在学校管理和教育实践中发挥着智慧和作用，为学校的发展注入了新的活力和动力，推进了家校共育和谐环境的建设进程。学校积极构建三级家校沟通机制，三级指的是班级、级部、学校三个层级。每学年一开学，学校就及时公布各班任课老师、级部主任、各行政部门人员及校长、副校长的联系方式，以便家长能够更加及时有效地与学校沟通。学校建立逐级上报机制，家长反映的问题，班主任不能解决的，及时告知级部主任，级部主任不能解决的，及时告知分管领导，确保家长反映的问题得到及时解决和反馈。学校还成立了班级、级部、学校三级家委会，各级家委会分级负责，成为家校沟通的有效桥梁。定期召开家委会工作经验交流会，邀请优秀家委会代表分享先进经验。比如，如何团结家委会成员、如何帮助困难学生、如何管理家委会资金，以及如何更好地组织学生研学旅行等。通过经验交流使各班家委会互相学习，共同进步。为了调动和鼓励家委会成员的工作积极性，每年进行一次星级文明家委会评选活动，表彰先进，促进家委会更好地开展工作。学校还开通了校长热线，安排专人接听家长电话并记录家长意见，及时汇报给学校领导，并尽快给予答复。学校网站开设校长信箱专栏，就家长提出的意见和建议及时给予答复。

淄博柳泉中学第一届家长委员会成立大会

家长委员会工作经验交流暨家庭教育培训会

“五星级”文明家委会颁奖

（二）设立家长开放日，家长参与学校管理。学校一直秉持“两个成绩一起抓”的工作思路，一手抓教育教学成绩，一手抓家长满意度。学校实施“迎家长进学校，送教育进家庭”的办学模式。家长开放日是使家长近距离了解学校、参与学校管理的最有效途径。学校定期开展“家长开放日”活动，利用开放日让家长走进校园，走进课堂，走近孩子。家长通过陪孩子共进午餐、课堂教学观摩、参加家校共育报告会、观看学校育人成果展、参观学生公寓等活动，对学校和老师的工作有了更具体的了解，拉近了学校与家长的距离，为家校共育搭建起了交流的平台，增强了相互之间的了解、尊重和关心。学校也借此向家长征集意见，及时改进，不断提升家长满意度。

平板电脑“一对一”课堂教学观摩

陪孩子共进午餐

（三）成立“家长学校”，搭建家长学习平台。通过长期与家长交流，我们发现目前的家庭教育中，存在不少对孩子的误解，还有一些既重要又令人迷茫的“雾区”。这些“雾区”主要集中在四个方面：亲子关系、品格培养、人际交往、学业成绩。

我们都知道，爱是家庭教育的灵魂，亲子关系是家庭教育的基础，品格培养是家庭教育的主要职责和内容，人际交往是孩子身心健康、人格完善的途径和保障，学业成绩是家长们都很重视也应该重视的家庭教育焦点。基于此，学校成立了“柳泉家长学校”，并邀请家庭教育方面的专家针对以上“雾区”来校为家长们开展“家庭教育系列讲座”。自2017年“柳泉家长学校”成立以来，开设了50次“家庭教育讲座”，共计300余学时，参与家长达2万余人次。我们还定期搜集家长在教育过程中感兴趣或者感到困惑的问题，有针对性地选择级部家长课程的培训内容和形式。有家长说：“通过学习，我明白了孩子的问题往往产生于家庭，发展于中小学，暴露于大学或社会。我们也知道了其实更需要改变的是自己。自己改变了，孩子也就跟着改变了。”

柳泉家长学校开设了一系列亲子关系的课程。因为良好的亲子关系是家庭教育的基石，对孩子的健康成长意义重大。首先，良好的亲子关系是家庭教育有效进行的前提。亲子关系不良，孩子不接受父母的管教，家庭教育的有效性就会降低。其次，家庭教育中最重要的是孩子的品格培养，自尊、自信、乐观、自主等许多优秀的品格不是被教导出来的，而是在良好的亲子关系中孕育出来的。再次，良好的亲子关系中充满爱，这种爱的关系会延伸、发展到孩子未来生活中和其他人（同学、朋友、恋人、配偶、子女等）之间爱的关系，这些温暖的人际关系，是孩子一生快乐、幸福的源泉。有家长说：“通过学习，我明白了良好的亲子关系不一定没有矛盾和争吵，而应当是依恋但不依赖，有自由度但不疏离，能相互尊重又能积极沟通的。就像是孙悟空出去化缘时用金箍棒围着师父、师弟们画的圈儿，圈儿小了是‘控制’，圈儿稍微大一点，就变成一种‘保护’了。”

“柳泉家长学校”专家课程

亲子课堂一座难求，网络课程来推进。为了满足更多家长的需求，使无法来现场听课的家长也能有学习的机会，我们将每次的课程都录制成视频公开课，并上传到学校网站，供家长远程观看。此外，学校还通过在学校网站开设的“家长学校专栏”、学校的微信公众号等途径为家长提供更多在线学习的机会，并定期通过QQ、微信、学校网站向家长们推送有关家庭教育的优秀文章。为了巩固和落实学习效果，我们在课后建立了“柳泉家长学校微信群”，家长们会在里面分享亲子日记、心得感悟等。很多家长都说，通过学习改变自己的家庭教育方式后，亲子关系更加和谐了，孩子的状态也越来越好了。

学校精心挑选优秀亲子日记，编纂成书《让爱住我家——淄博柳泉中学亲子日记》《牵手——献给孩子30岁的礼物》，共计30余万字。这两本书记录了家长们通过参加“柳泉家长学校”的学习而取得的点点滴滴成长和孩子的进步与改变，汇集了家长们的家庭教育感悟。一篇篇日记，不仅反映了家长的毅力与恒心，也流露出家长对孩子那份深深的爱，更是一份份弥足珍贵的送给孩子们的礼物。

《让爱住我家——淄博柳泉中学亲子日记》

《牵手——献给孩子 30 岁的礼物》

（四）开展亲子活动，增进家庭感情。学校为家长们设计和搭建了丰富多彩的亲子活动和亲子课程，让爱流动起来，让家庭更加美好。为弘扬传统美德，推进学生家庭文化建设，帮助学生树立正确的价值观念、养成良好的道德品质，学校开展了“传承好家风，幸福一个家”的系列活动。

为了培养学生的劳动能力和自己勤动手的能力，学校每学期都开展“我的物品我整理”活动。受疫情影响延期开学期间，学校开展“让劳动成为三月的美妙旋律”主题活动，号召同学们制订家庭劳动计划、学习家庭劳动技能、分享劳动成果和体验。

学校将每周五晚上设立为“柳泉亲子日”，要求学生回家，帮助家长一起做饭，与父母拉家常，把自己这一周的学习情况反馈给家长，畅谈自己的学习计划，开展亲子共读，与家长一起探讨生活和学习中的困惑。建议家长周五晚上推掉应酬，放下工作，与孩子一起做饭、谈心，主动了解孩子，帮助孩子解决困惑，让孩子体会到浓浓的亲情。

“亲子日”亲子共读

（五）以家访促家教，用爱心换诚心。为进一步加强学校德育工作，打造家校共育新格局，完善学校与家庭多层次、多形式的沟通平台，学校每学期都会开展“柳泉大家访”活动，要求所有的老师积极参与家访活动。在家访时，我们要求教师做到“两不”和“三要”。“两不”即不告状、不指责；“三要”即要有针对性，要主动进行家访，要与家长一起分析原因、共同寻找解决办法。学校领导、班主任、任课教师分组分片走进学生家庭，进一步落实学生的家庭信息，了解学生的家庭情况、成长环境、在家表现、学习和生活习惯、思想状况等。向家长反馈学生在校思想、学习、参加社团活动等情况。向家长宣传政府和教育部门有关教育政策，介绍学校概况、办学特色、校纪校规以及取得的成绩，特别是对家长关注的热点、难点问题做出解释。征求家长对学校工作的意见和建议，并与家长共同探讨促进学生健康成长的有效方法与途径。通过家访，全校教师也切实了解到个别“问题孩子”背后的家庭问题。通过“家访回头看”活动，对重点问题进行认领，深入推进问题解决，帮助不少家庭改善了亲子关系，帮助学生解决了大量实际问题。教师们用自己的爱心，换来了家长对学校的信心。

“柳泉大家访”活动

受疫情影响，学校灵活应对，变上门家访为线上“云家访”，采取QQ视频、微信视频、电话等方式，了解孩子居家学习情况，帮助家长做好疫情期间辅助学生学习和家庭保障工作。

“云家访”活动

家访是联系学校和家庭的一座桥梁，是做好教学和班级管理工作的重要途径。“柳泉大家访”活动为老师、家长和学生提供了一个充分交流的机会，通过家访，教师们加强了与学生及家长的沟通，达成了家校合作教育的共识，形成了教育合力，起到了良好的育人效果。

二、积极参与、热情高涨，助推学校管理效率提升

（一）组织研学旅行，丰富课余生活。学校开发“我的淄博影像·研学旅行”校本课程，这是一门以柳泉文化为依托，结合学校培养学生责任担当、求知精神、

家国情怀的育人目标而编写形成的综合实践校本课程，被评为淄博市“第二批中小学德育品牌”。这项工作的顺利开展离不开家委会和班主任的密切配合。每逢周末或假期，家委会就积极行动起来，带领班里的孩子们参加研学旅行。有的班级去老年公寓看望老人们；有的班级去蒲松龄故居参观，并用英语解说，把中国的历史讲给世界听；有的班级走进中华琉璃文化创意园，亲身体验鲁派内画的神奇；还有的班级走进沂源县北庄小学，为贫困孩子送去新书包、文具和体育用品。丰富多彩的研学旅行不仅开阔了孩子们的眼界，也使孩子们成长为更有担当、胸怀理想的少年。

研学旅行活动

（二）开设家长课堂，拓展学生知识面。学校每学期都会开展“家长进课堂”活动。每一位学生家长都来自不同行业，从事不同职业，其中不乏专业人才、道德模范。家长们有着丰富的人生阅历、广泛的兴趣爱好和特长，是学生身边最宝贵的资源。所以我们邀请各专业领域的学生家长走进课堂，给学生讲课，让学生近距离接触生活，获得更多的课外知识，拓展视野，培养良好的品德，成为全面发展的学子。例如，从事化学相关工作的家长给学生们带来丰富多彩的趣味化学实验，激发了学生们学习化学的浓厚兴趣；检察院工作的家长带领学生们一起探究法律的来源、法律的意义，宣传违法犯罪的自我预防等，将法律知识融进小故事，引导学生树立宪法意识和国家意识，提高自身的法制观念和法律素质，学会用法律武器维护自身权益；有的家长用亲身经历为学生们精彩地分享了自己中学时期的拖延案例——寒、暑假作业，深刻剖析了拖延症的原因、危害等，通过对拖延症患者大脑工作系统的分析，从感性、理性等方面给学生们举例说明了拖延症存在的原理，用梦境的阐述方式来告诉学生们，美好人生从告别拖延开始；还有从事眼镜行业的家长为学生们科普护眼知识，提高学生的爱眼意识；等等。

家长进课堂

（三）家长志愿服务，助力班级管理。为了进一步加强家校沟通，向家长展示学校、班级管理和教师课堂教学水平，学校开展了家长志愿服务活动，各班级根据需要自行组织家长志愿者到校进行助学活动，由家委会安排部分家长志愿者轮流到校配合老师参与学校和班级管理，顺便提出班级管理意见。家长作为家庭教育的第一当事人，参与班级管理，可以让家长更好地了解学生在校的学习情况、了解学校的教育理念，进一步提升家庭教育的质量。

家长志愿者助学活动

（四）积极出谋划策，参与学校管理。除此之外，还有很多的活动也离不开家长们的大力支持，比如校服招标，全程都是级部家委会在沟通、协调，级部协调好后再和各班家委会联系，最终使每位柳泉学子都穿上了满意的校服。还有班徽设计、运动会开幕式、文艺汇演等，都离不开家长们背后辛勤的工作和支持。

家委会参与学生校服评选

三、家校共育、合作共赢，努力办家长满意的学校

家校共育的积极探索，有效促进了学生的健康成长和全面发展，有效提升了学校的办学层次和水平，有效推动了学校办学质量的发展。

伴随着家校共育工作的实施，学校落实“立德树人”根本任务，不断强化素质教育，为学生的个性发展提供广阔空间，形成了鲜明开放的办学特色，营造了良好的学风、校风，在教学、科研、管理、人才培养等方面取得了丰硕的成果。学校连续 3 年获得全市事业单位绩效考核优秀名次，被表彰为“淄博市首批优秀家长学校”，同时被评为“全国青少年校园冰雪运动特色学校”“2020 年全国青少年校园足球特色学校”“山东省人工智能教育试点学校”，被表彰为“山东省平安校园标杆学校”“山东省卫生先进单位”“市级文明校园”等。2020 年，我校学子中考、小中考成绩优异，办学质量和教育水平得到了社会的普遍认可。

家校合力促进了新型家庭的家教和家风的建设，提升了父母的教育素养，有效避免家庭成员之间在教育上的分歧、矛盾，帮助父母更好地成长，最终有利于孩子的成长。经过家校通力合作，我校学生在全国中小学信息技术创新与实践大赛（NOC）、全国青少年信息学奥赛、省创客大赛、市布谷科技节、市百灵艺术节等活动中取得了骄人成绩；受疫情影响延迟开学期间，我们家校共制励志微电影《我们的故事》被中国教师博物馆收藏，多部师生作品于淄博市文明网发表；李怡诺同学获山东省“新时代好少年”称号。

在全国教育大会上，习近平总书记用四个“第一”点明了家庭教育的重要意义：“家庭是人生的第一所学校，家长是孩子的第一任老师，要给孩子讲好‘人生第一课’，帮助扣好人生第一粒扣子。”学校将继续加强“家校共育”

工作探究，汇聚家长支持学校发展的正能量，用家校这两只船桨共同为孩子们保驾护航。家校共育，我们的征途上一路花开、一路芬芳！

第五节　基于“爱与欣赏”教育的德育活动

淄博柳泉中学将立德树人与学校“爱与欣赏”的教育理念相结合，各级部开办了异彩纷呈、撼动人心的德育活动。

一、知行合一，笃行德育理念

秉承“爱与欣赏”的教育理念，贯彻落实“立德树人”的根本任务，学校积极策划并开展了“寻找最美班主任”活动，学生在“寻美”中体悟身边事，感悟师生情，深化对“师道”的理解。此外，学校致力于为学生寻找身边的榜样，通过“新时代好少年”和“每周文明之星”的评比以及“主题”辩论赛的激烈角逐，引导学生崇德向善，见贤思齐，培养良好的行为习惯，并以此为契机号召全体同学怀揣梦想、锐意进取，争做有理想、有道德的一代新人。

开展研究性学习和旅行体验相结合的校外教育活动，将学校教育和校外教育有效地衔接在一起，促进书本知识和生活经验的深度融合，让学生在综合实践中健康快乐成长。此外，学校还举办志愿服务活动，如“厉行节约，文明用水”，让学生通过实践活动感受中华传统美德，感受革命光荣历史，感受改革开放伟大成就，强健体魄、坚强意志，形成正确的世界观、人生观、价值观，促进学生德智体美全面发展。

开展"安全法制"教育、"小手拉大手·平安六加一"交通安全教育、"纪念中国人民抗日战争暨世界反法西斯战争胜利75周年"主题活动以及"我们的节日"主题活动，引导学生树立共产主义远大理想，厚植爱党、爱国、爱社会主义的情感。

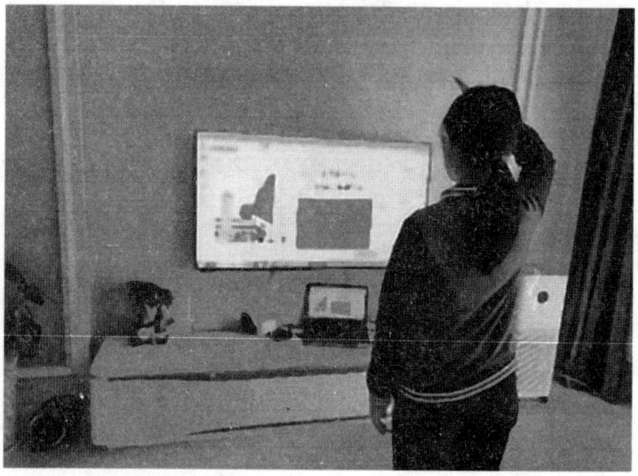

二、智育为本，注重全能发展

各级部按照学校发展规划的总体要求，秉持我校育人目标，以"抓好常规、突出重点、体现特色"为基本工作思路，以活动为原点，着力对学生习惯的培养进行研究。数学竞赛激发了学生的竞争意识和拼搏意识，激发了学生的学习竞争力，彰显了学生的优秀学习品格。"国学小名仕"让学生通过诵读经典传承中华传统美德，培养学生学国学、用国学的兴趣，这是社会主义核心价值观的重要实践。特色多样的校本课程丰富了学生的学习和生活，拓展了学生的视野和能力，提高了学生的实践能力，我校的办学特色也在课程中得以彰显。

三、阳光体育，强健学生体魄

"阳光体育"大课间、"一生一案"提高了学生的身体素质，让学生收获快乐的同时收获健康，为学生打开更广阔的天地，借体育促进智育，激发学生的内驱力。通过达标运动会、田径运动会、跑操比赛，发掘学生的运动潜能，让学生既锻炼了身体，又融洽了感情，还提升了境界。

四、劳动教育，培养责任担当

践行社会主义核心价值观，必须立足实际，把握正确的文化价值取向。2020年，《基于家校共同体的初中生劳动教育实践研究》省规划课题立项，我校大力支持此德育课题的开展，以“教育即生活，生活即教育”为指导思想，研发了一系列适合初中生劳动的活动，让学生从做饭、缝衣等日常事务中感受生活、感恩父母，如每周末平板电脑推送“每周一劳”任务单，任务单涉及与学生生活切实相关的主题活动，注重抓住衣、食、住、行等日常生活中的劳动实践机会，鼓励学生自觉参与、自己动手，随时随地、坚持不懈地进行劳动，掌握洗衣、做饭等必要的家务劳动技能，体验多形式的劳动活动，培养学生正确的劳动认知、健康的劳动价值观、良好的劳动行为习惯，贯彻落实素质教育，促进学生全面发展。

此外，学校还开设了有关劳动方面的诸多校本课程，如“爱劳动，爱生活”“四季菜园”等。老师们利用校本课程，带领同学们参与各种劳动，出力流汗，接受锻炼，磨炼意志，体会劳动带来的快乐与收获，培养初中生的责任担当和社会参与能力。

五、特色美育，丰富综合素养

学校积极寻求美育工作的着力点，倡导艺术教育走出课堂，营造学校美感氛围，推动实现“美美与共”。学校每年举办“诗·歌唱响春之声”大型朗诵活动，点亮了学生心中的春天，秋季运动会入场仪式表演、元旦文艺汇演及“校园艺术节”作品征集活动，发掘了学生美的元素，展现了学生美的动力。学校以活动搭建美育平台，以美育美，让每个生命绽放美丽，感受美丽。

淄博柳泉中学秉承“爱与欣赏”的教育理念，立足社会主义核心价值观，深入挖掘地域文化，不断完善校本德育体系建设，践行“崇德、尚学、躬行、致远”的校训，努力培养具有“家国情怀、责任担当、求知精神、创新意识、国际视野和个性特长”的现代中学生，力争创建全市领先、全省一流、全国知名的现代化优质德育品牌。

第六节　基于“爱与欣赏”教育的书香校园建设

根据我国第十次全国国民阅读调查的数据分析显示，青少年阅读率呈下降趋势。但毋庸置疑，阅读对于学生的成长和学习都具有非常重要的作用。特别是在学校教育中，书香校园建设备受各界关注。2002 年，朱永新教授倡导“新教育实验”，提出“六大行动”，其中便将“营造书香校园”放在首位。2010 年教育部《国家中长期教育改革和发展规划纲要（2010—2020 年）》提出“鼓励学生主动学习、自主学习、合作学习，拓展阅读，提高学习质量”，强调了阅读的重要性。

但由于书香校园建设工程正处于初级阶段，在理论研究和具体实践方面都存在激励机制、硬件建设、理论支持等一系列问题。这些问题还需要在实践中不断积累经验加以解决。

淄博柳泉中学自2016年建校以来，在书香校园建设方面取得了一定的成效，下面就具体分析一下学校是如何在“爱与欣赏”的教育理念下开展书香校园建设的。

一、书香校园建设的顶层设计研究

我校自建校以来，就提出了“爱与欣赏”的教育理念，着手打造基于“爱与欣赏”架构下的各项工作，书香校园建设工作就是其中的一项。

“让阅读成为校园最靓丽的风景”是学校基于“爱与欣赏”理念下提出的对书香校园建设的最基本的要求，在此基础上，学校高度重视书香校园建设和阅读教学工作的顶层设计。在学校五年规划和《淄博柳泉中学三年发展规划（2020—2023 年）》中都将书香校园建设作为重要的一部分，强调要突出柳泉文化要素，让书香陪伴师生，让阅读成为校园最亮丽的风景，将“爱与欣赏”的教育理念在加强书香校园建设各项工作中落地生根。

“爱与欣赏”的教育理念在书香校园建设中贯彻始终的是坚实的领导和制度的支撑。学校成立了由孙辉校长担任组长的“书香校园”建设小组，制订了《淄博柳泉中学第四届读书节实施方案》《淄博柳泉中学书香校园建设实施方案》《淄博柳泉中学书香校园建设制度及评奖细则》等完善的书香校园创建活动推进方案和年度实施计划，领导机构的各项制度的出台，为“爱与欣赏”理念在书香校园的建设中保驾护航。

二、书香校园建设的策略研究

（一）树立阅读理念

“爱与欣赏”的教育理念决定了我们必须把关注和促进学生发展作为首要目标。为把基于“爱与欣赏”理念下的书香校园建设落到实处，学校定期邀请专家名人到学校作相关报告，目前已经邀请了南京大学教授徐雁、著名教育教学专家张庆亮、山东省教育科学研究院教师发展研究中心主任许爱红、张店区语文教研员陈永亮、淄博市语文特级教师王丹阳、桓台实验中学老师牟维、北京创而新教育科技有限公司总裁李慧勤博士和研究院张院长等给师生们开展阅读报告，用实际行动努力践行“让阅读成为校园最靓丽的风景”的目标。

学校每年都举办校读书节，至今已经是第四届了。读书节期间开展阅读、写作、书法、诵读、演讲、图书漂流、专家讲座等丰富多彩的活动，把全科阅读的理念潜移默化地传授给学生，有力促进了全科阅读与学校书香校园建设理念的落地。

学校各学科教师积极响应学校要求，对本学科阅读教学开展情况做到准确把握。教师们积极参与全科阅读活动，推荐相关科目的阅读资料，细化了文本内容的导引，开展了阅读指导课，引领、指导学生开展学科阅读，根据阅读情况形成了本学科阅读教学开展情况的报告，对经验进行总结，对存在问题进行研究交流。

学校还积极推动学生与家长的读书活动，通过学校网站、公众号、QQ 群、家长会、云家长会等多种方式宣传书香校园建设理念、活动，与家长沟通充分有效。家长支持、参与书香校园和书香家庭建设活动，每年的读书节总结表彰大会上都为表现突出的家庭颁发书香家庭证书，并把亲子阅读的优秀作品放在网站宣传，同时编印成册，切实用书香校园建设和全科阅读的理念感染家长，促成行动。

（二）营造阅读环境

在阅读环境的创设上，学校高度重视相关配套资源、设施设备的配备，努力营造具有柳泉中学特色的“柳风泉韵，气华书香”的浓厚氛围。良好的阅读环境倾注着学校领导和教师的爱心与责任，“爱与欣赏”的教育理念在此过程中流淌，让学生在潜移默化中成长。

每个班都设置了书架读书角，学生自助带书和学校图书馆借书相结合，让教室书架充盈丰富。每层教学楼的走廊、连廊都设置了书架、电子阅览机，为学生提供了便利的阅读场所、阅读空间。学校友好的阅读环境，让全体师生都充分感受到了书香的浸润。

学校建设了完善的图书馆，馆藏图书6万余册、报刊120多种，馆藏书量丰富。同时根据教育部、市教育局、学校各科教师推荐的书目，学校又及时购置配备了图书，且每年保持一定数量的更新。图书馆面向全体师生开放，每周面向学生开放时间不少于5天，每天不少于4小时，假期开放时间在学生放假前及时向学生公布，学校安排图书管理员值班，便于学生假期借阅。图书馆、阅览室有完善的图书馆管理制度，有完善的借阅和使用记录，这些都为方便学生借阅奠定了基础。

学校为教职员工建设了高规格的阅览室，配备各类图书、报刊、电子大屏、沙发、各种茶水等，营造出温馨舒适的阅读环境。教工阅览室还被山东省工会评为山东省教育系统“模范教工之家”。

在创设良好条件的基础上，学校重视书香氛围的营造。校园结合齐文化和聊斋文化打造校园文化建设中的特色阅读元素，校园树立蒲松龄雕塑、墙上张贴蒲松龄简介、联廊悬挂传统文化的成语故事、经典诗词等，书香氛围浓厚。每学期各班定期开设阅读交流课，每周四学生有固定的校内阅读时间，阅读交流课有全学科教师的参与、指导和评价；周三校本课程开设了齐文化研究、演讲与口才、柳泉文学社、方圆围棋社等，将书香建设和阅读教学浸润其中；学校创办了“柳风泉韵”校刊，学校网站开设了“书香校园”专栏、微信公众号等，刊登学生和老师作品，分享阅读经验。学校充分利用每周的升旗仪式，开展“国学诵读展示”活动和“国旗下演讲”活动，既展示了班级风采，又有效提高了学生的语言表达能力。利用校园广播站、电视台，每天定时进行“声动柳泉”广播朗诵，营造良好的诵读氛围。课前小演讲，让学生充分锻炼自己的语言表达能力。“爱与欣赏”的理念就在这“柳风泉韵，气华书香”的氛围中浸润。

（三）开展阅读活动

本着鼓励学生热爱阅读，热爱生活，让“爱与欣赏”的教育理念在书香校园建设中落地生根的原则，学校逐步建立了“学校、班级、学科、家庭”四位一体的四级阅读网络体系。

学校每学年举办读书节，春天举办读书节启动仪式、“诗·歌唱响春之声”大型诵读活动、我读我创作展评、演讲比赛等8项活动。冬天举办读书节阶段性总结表彰大会，对一年来的书香班级、阅读明星、读书征文、读书演讲、读书笔记展示等进行总结表彰。同时初一、初二年级于每周的周三设立无作业读书日活动，让孩子自由阅读，每周的周五晚上为亲子共读日，学校还根据具体情况适时开展周末无作业日读书活动。

在班级活动中，各班积极开展班级阅读、阅读书目推荐、阅读打卡、书香个人评选、阅读明星评选、全科阅读代言人、主题阅读活动交流、阅读笔记展示等活动。目前每个级部每个楼层的宣传栏都张挂了本年级的阅读书目推荐，每学期开学初进行优秀作业、优秀读书笔记展评等。每项活动学生参与的热情都非常高。

学科活动中，各学科教研组积极调动全体教师参加优质阅读指导课评选活动，并发挥学科资源优势积极组织开展学科阅读书目推荐、学科大讲堂、作家进校园、名家讲座、学科阅读成果交流等活动，为师生提供阅读指导和支持。《半月谈》总编、淄博市调研员等专家和领导多次到学校调研全科阅读暨书香校园创建工作，对学校历史、生物、英语三位教师出示的阅读指导课给予了高度评价。所有级部、班级都开展“课前演讲展示”活动，锻炼学生语言表达能力，提高他们的自信。学校加强对学生朗读与写作能力的培养，通过绘制思维导图、展示和演讲，提高学生的表达和写作能力。

家校合作中，学校积极通过书香家庭评选、亲子共读沙龙、家长读书寄语、亲子共读经验交流等活动提高家长的参与度，共同营造阅读的良好氛围。学校每年都进行书香家庭的评选并为优秀书香家庭颁奖，家长对学校阅读活动的满意度普遍较高。

“爱与欣赏”的理念在书香校园建设中落地，需要一定的载体，柳泉中学开展的书香校园建设暨全科阅读的各项活动则为其提供了平台。

（四）完善阅读评价

为了更加客观地分析书香校园建设的落实情况，学校聘请山东君为科技有限公司开发了“淄博柳泉中学学生阅读监测系统”。运用该系统，从学生阅读态度、方法、阅读量、写作、家长阅读情况等十几个项目对我校学生阅读状况进行数据分析。根据评价结果可以看出：学校总体阅读效果很好，达到了89%；非常喜欢和比较喜欢读书的达到了85%；读书能给自己带来快乐和助推成长的达到了86%；认为阅读对各科学习有很大帮助的达到了89.6%；每天都进行阅读的学生达到了75%。这些数据表明学校基于“爱与欣赏”理念下的书香校园建设暨全科阅读成果是丰硕的，各项指标表现是比较优异的。

三、书香校园建设成效分析

经过四年的建设，学校师生阅读数量较多，阅读成果显著。

在全国冰心杯作文大赛中，学校每年至少有10人获一等奖；在山东省组织的“相约文化消费季 品味齐鲁新风采”征文大赛中，我校每年都有很多学生的作品获奖；在淄博市百灵艺术节上，我校许多学生的书画作品每年都有获奖；在每年淄博市组织的“我读我创作”和读书小明星评选中，我校有100多人获各类奖项。学校每年举办读书节，读书节期间在阅读明星评选、征文比赛、演讲比赛、书画比赛等活动中，有800多人获奖。

刘璐、于晶老师的论文被《中学历史参考》录用；刘桂蕾老师指导柳泉戏剧社成员创作的《促织》获淄博文学艺术奖，其本人也在淄博市首届校园诗歌创作大赛中荣获“优秀指导教师”称号；在省“相约文化消费季 品味齐鲁新风采”征文大赛中，傅艳华、赵爱红等4位老师荣获“优秀指导教师”称号；孙永强老师在省“珍惜资源 爱我国土”征文比赛中荣获“优秀指导教师”称号；等等。

通过阅读与写作，大力推进基于“爱与欣赏”教育理念下的书香校园建设，打造具有柳泉特色的文化品牌。学校近几年取得了优异成绩，先后获评淄博市首届校园诗歌大奖赛优秀组织奖、山东省传统文化体验教育实验学校、山东教育出版社阅读与写作基地、山东省第二届“珍惜资源 爱我国土”征文优秀组织单位，山东省“相约文化消费季 品味齐鲁新风采”征文优秀组织奖、市“小手拉大手 守护淄博蓝”优秀组织奖等20余项省市级以上荣誉。

让学生在书香校园建设的过程中切实感受到阅读带来的快乐，促进自身发展。这既符合“爱与欣赏”教育理念的内涵，也基本达成了“让阅读成为校园最靓丽的风景”的目标。

四、后记

淄博柳泉中学秉持“爱与欣赏”的教育理念，以阅读为媒介，不断完善书香校园建设框架的搭建，依托现代信息技术手段，结合学校信息化教学优势，为书香校园建设提供信息技术支持，促进学生、教师、学校的全面发展。希望这也能为不同区域、不同学校的书香校园建设提供一定的引导和借鉴。

第七节 基于“爱与欣赏”教育的综合实践（研学）课程

在“爱与欣赏”教育理念下，我校注重学生国际视野、家国情怀的培养，积极开展国内、国际研学活动。

一、在国内，我校以“我的淄博影像——公益心，实践行，爱国情”为主题，实施乡土研学课程

学校精心设计研学旅行手册，学生根据手册参观我市蒲松龄故居、王渔洋故居、齐文化博物馆、周村大街、上端士村等历史古迹，黑铁山抗日武装起义纪念馆、马鞍山抗日遗址、太河惨案旧址等革命纪念地，潭溪山、樵岭前等自然风景区，了解家乡的历史文化、风俗民情、自然环境。研学过程中，学校教师组织学生开展蔬菜种植、收割、义卖，环保宣传、法制宣传、文物保护宣传等公益活动，在丰富学生文化知识的同时，开展爱国主义教育，培养学生的劳动意识、奉献精神，增强对家乡的热爱之情。

制作环保酵素

二、走出国门，以国际友好学校交流为契机，开展国际研学活动，开发国际研学课程

自 2017 年 2 月，我校先后与加拿大多伦多基础教育交流协会、美国马凯特高中、澳大利亚利文斯顿国际学校、澳大利亚普雷福德国际学校、英国国际学校等，建立友好学校。我校 100 多位学生先后到加拿大、澳大利亚、新加坡开展国际研学活动。我校分别开发了相关国家的国际研学课程，设计了国际研学系列学习手册，指导学生开展研究性学习。学生们走出国门，通过实地考察，既了解了国外的风土人情，培养了国际视野，又感受到祖国的强大，加深了对家国情怀的理解。

第八节　基于“爱与欣赏”教育的毕业课程

“雄关漫道真如铁，而今迈步从头越。”毕业班的同学们经历了四年的初中学习生活，即将踏上新的人生征程，面临新的抉择和考验。在此阶段，学生的思想状况、行为意识与其他年级有明显的差异。

为使学生能顺利完成学业，提高思想道德修养和自身综合素质，成为具有“家国情怀、责任担当、求知精神、创新意识、国际视野和个性特长”的新时代中学生，学校结合《山东省中小学德育课程一体化实施指导纲要》，研究开发了基于“爱与欣赏”教育的毕业课程体系。

课程体系涵盖了家国情怀篇、担当意识篇、远大梦想篇、感恩教育篇和毕业典礼篇五大部分，实践了《山东省中小学德育课程一体化实施指导纲要》中爱国、感恩、责任等18项德育目标。

一、家国情怀篇

活动类型：仪式活动、团队活动、班会活动、研学旅行。

德育目标：培养学生家国情怀，构建学生国家认同、民族认同、文化认同的情感基础，增强学生的民族自尊心、自信心和自豪感，不辱新时代赋予的新使命，做新时代的奋斗者，为实现中华民族伟大复兴的中国梦贡献才智。

“家是最小国，国是千万家。”家国情怀篇作为课程体系的第一篇章，是为了厚植家国情怀，培育精神家园，引导学生从中学阶段树立“大家”意识，对国家和社会负责，树立强烈的责任感和使命感。学校每周利用升旗仪式和走访烈士陵园等活动，对学生进行思想教育，引导学生“扣好人生第一粒扣子”，增强爱国情怀，牢记社会使命；结合重大节日开展主题团日活动，引导广大团员和学生干部铭记历史、不忘初心、砥砺前行；开展主题班会教育，将培育家国情怀渗透到学生校园生活的方方面面；充分利用我市的历史文化资源，开展研学旅行。

二、担当意识篇

活动类型：仪式活动、团队活动、班级活动、家校活动。

德育目标：培养学生高度责任心和集体意识，培养集体主义精神，初步树立集体利益高于一切的思想，增强荣誉感和组织归属感。

《中国学生发展核心素养》指出，责任担当是中学生必备的六大核心素养之一，是素质教育品格的重要组成部分，责任担当素养的养成将直接影响学生未来的人生。学校十分关注学生责任担当素养的培育，通过校级、级部、班级的三级集体活动，引导学生学会对自己负责，做到自尊、自信、自立、自强；对家庭负责，做到尊老爱幼、孝敬父母；对他人负责，做到尊重他人，富有爱心，树立合作意识，培养合作精神；对集体负责，积极参加集体活动，履行班级义务；对社会和国家负责，树立强烈的责任感和使命感。学生入学之初，学校就开展了“校级家长会”和“军训”两个主题活动。通过“校级家长会”，校长向家长介绍学校的教育目标和总体规划，建立家校共育平台，借助家校合作，逐步渗透责任担当教育。学校开展入学新生“军训”活动，要求全体学生以班级为单位参加，培养学生集体主义精神，增强荣誉感和组织归属感，引导学生肩负起自己的责任，为集体荣誉而努力。

三、远大梦想篇

活动类型：报告活动、团队活动、班会活动、社会实践活动。

德育目标：引导学生树立远大梦想，调动学习积极性，脚踏实地，求真务实，为梦想努力拼搏和奋斗。

理想是人奋斗的目标，是人们对未来的憧憬、向往与追求，是人的精神支柱。学校邀请专家和优秀学生代表作励志报告，引导学生树立远大理想，合理设置阶段性目标，通过脚踏实地地努力，循序渐进。学校拥有庞大的学生志愿者团队，每月定期组织各种志愿服务活动和社会实践活动，让学生通过参与活动，坚定理想信念，提升综合素养。学校还通过班会课等形式，做好学生挫折教育创设情境，让学生在与困难和挫折作斗争中经受磨炼，以提高他们战胜困难、抵抗挫折的能力，从而迈开为远大理想奋斗的脚步。

四、感恩教育篇

活动类型：团队活动、劳动活动、班会活动。

德育目标：引导学生学会感恩，并把感恩之情转化为实际行动，培养学生们爱国、爱校、爱班级、爱老师、爱同学的情感。

“感恩教育”是“爱与欣赏”教育的毕业课程体系的重要组成部分。学校设置“回报父母”“感念师恩”“奉献社会”三级感恩主题课程，引导学生树立感恩意识，懂得感恩，学会感恩。

“谁言寸草心，报得三春晖。”“回报父母”课程要求全体学生每天离家上学和离校回家时主动向家长问好，主动承担家务劳动，要记得父母的生日。学校还组织班级结合“母亲节”“父亲节”等时间节点，利用美术、音乐等课程，为父母制作感恩信、贺卡，表达自己的感恩之情。

“随风潜入夜，润物细无声。”“感念师恩”课程的设置是让学生们回望过去，感谢老师对自己的教导。学校每年开展班主任节活动，在各个级部寻找同学们眼中的“最美班主任”，形成板报、手抄报和征文等材料进行全校展播。每年教师节，学校会隆重地举办“秋季开学典礼暨庆祝教师节大会”，号召学生广泛参与，感念师恩。

“吃水不忘挖井人。”“奉献社会”课程要求全体学生积极参与社会公益活动和志愿服务活动，为和谐社会、文明城市的建设奉献自己的一份力量。学校还组织评选优秀志愿服务小队，鼓励更多的学生参与到社会志愿服务中去。

五、毕业典礼篇

活动类型：仪式活动、亲子活动。

德育目标：升华对老师和母校的情感；珍惜父母对自己的关爱；体验劳动快乐；培养自理自立能力；热爱祖国大好河山、激发探究欲望；培养耐力和毅力；养成认真、严谨的探究习惯。

《山东省中小学德育课程一体化实施指导纲要》中明确了毕业典礼的德育目标：学会感恩，升华对老师和母校的情感。学校结合实际，将德育目标进行了延伸。2016 级学生毕业典礼包括《开篇》《美好时光》《感恩柳泉》《继续前行》《班级活动》《离校》等六个部分。幕布签名、毕业留影、艺术展演、校长颁发毕业证、与老师深情相拥、最后一次走遍校园、与老师们挥手告别等活动的开展，会让学生们学会感恩，记住母校的美好；“给 15 年后自己的信”封存仪式和“20 年后再相会”的约定，勾画出学校和同学们“青春散场，难言再见”的深厚情谊。

基于“爱与欣赏”教育的毕业课程体系是一门生动的德育课，将成为学生人生中一次难忘的经历，引领学生踏上新征程。这门课程也是学校初步的尝试与实践，学校会继续学习、领会《山东省中小学德育课程一体化实施指导纲要》的育人目标，深入开发、完善其他主题活动，将“爱与欣赏”的教育理念渗透其中。

第九节 基于“爱与欣赏”教育的服务保障体系

安全保障服务队伍严格贯彻学校发展五年规划要求，秉持“爱与欣赏”的教育理念，将守护学生平安健康作为学校发展、学生成长的第一要务，不断健全工作机制，提升柳泉师生安全素养，着力打造柳泉特色的安全保障服务体系，严格落实安全责任制，建立横向到边、纵向到底的安全管理模式，不断强化落实安全工作，分工合作，齐抓共管，为全校师生营造一个安全、和谐、健康的工作和学习环境。

一、认识到位，健全安全工作机制

校长是安全工作第一责任人。学校成立了以校长为组长的安全工作领导小组，设立安全管理办公室，全面落实学校各项安全工作。成立了交通安全、周边综合治理、食品安全、卫生安全、校舍安全、安全教育、教学设施设备安全等专业领导小组，明确了安全专业领导小组工作职责，定期召开安全工作会议，布置、落实上级部门相关安全工作，制订各类安全工作预案并定期演练。安全保障中心总体协调学校各类安全工作，依据《中小学校岗位安全工作指南》，制订了《淄博柳泉中学岗位安全工作职责》，确认了从校长到教职工的岗位安全职责；实行网格化管理，制订《淄博柳泉中学安全责任区制度》，从时间和空间层面分别明确学校各处室、各级部、各班级安全责任区域和安全职责，条块结合，实现横向到边、纵向到底的安全管理模式。

二、注重实效，提升学生安全素养

（一）宣教结合，规范学生安全行为

学校注重在各项活动中渗透法治、安全教育，不断提升师生的法治、安全意识。一是召开安全教育主题班会和开放安全教育平台，通过典型案例教育师生，提高安全意识。二是利用校园广播、学校网站、微信公众号等，对学生进行法治安全教育。三是结合国家安全教育日、“119 消防安全日”、“122 交通安全日”和国家宪法日等重要时间节点，组织学生开展手抄报展览、参观宣教基地等活动。四是利用集会、国旗下讲话、“安全六校长”进校园等活动，进行法治安全教育，教育学生做遵纪守法的合格公民。五是按照市教育局统一要求和安排，及时发布防溺水、防寒潮、强降雪、恶劣天气等安全提醒，定期向全体学生发放《安全工作致家长的一封信》并通过班会等途径，对学生进行安全常识教育和警示教育。六是开设安全教育课程，设立安全教育工作备课小组，针对学校日常管理发现的安全问题落实相关安全教育。

（二）常态演练，提高学生逃生能力

学校始终坚持“预防为主”的原则，定期在消防应急部门指导下进行各类应急预案的演练，如每学年都要组织消防演练、地震逃生演练、教学楼疏散演练等。通过演练，进一步提高全校师生的安全防范意识、逃生自救能力、应对突发事故的处置能力。自建校以来，学校定期组织疏散演练活动，针对演练暴露出来的问题，演练领导小组及时总结，加强组织，通过反复演练提高人员疏散速度，保证学生行进安全，训练学生逃生技巧。

（三）协调一致，构建立体教育体系

构建立体教育体系主要体现在以下四个方面。一是我校积极联系协调公安、交警开展集中整治校园及周边治安秩序专项行动，在护学岗的基础上，建立联防联动机制，每当学生上学、放学的高峰期，派出所、交警队派人到学校门口维持秩序，确保上学、放学的秩序稳定。二是按照省教育厅、省消防救援总队等上级部门工作要求，组织全校师生参加“开学第一课”、宪法晨读等安全教育活动。三是自 2020 年以来，在市消防支队的指导下，全力创建“省级消防标准化标杆学校”，市消防支队多次进校园，协助开展安全隐患排查和消防安全教育活动。四是坚持“走出去，请进来”，珍惜每一次外出学习机会，学习专业安全理论和知识，向安全工作先进学校吸取宝贵经验，为我所用。

三、落实常规，维护教育教学秩序

学校的安全稳定，事关师生的生命财产安全，事关学校的教育教学秩序稳定。为创设和营造平安的校园环境，我校多管齐下，综合治理，重点做了以下工作。

（一）率先实现保安“三化”工作

学校为大力推进、提升保安工作，通过政府采购形式，投入保安经费1039600元，有序实现了保安队伍的调整和交接，在2020年3月份初步落实了市局关于保安年轻化（50岁以下）的要求，4月份全部实现了保安队伍正规化、年轻化、规范化。学校现有专职保安队员12名，消防中控室专职人员6名。通过制定《保安一日常规培训》《疫情期间工作规范》等规定，学校定期对保安人员进行各项业务培训，使其熟悉各类突发事件处置流程，每季度的培训时间不少于3天。同时认真贯彻落实安全巡查等制度，严格出入门制度，来客来访必须提前预约，进校门必须佩戴口罩，核实身份，扫码测温；驾驶私家车进入校园前，必须先履行登记手续，方可进入。

（二）加大物防与技防投入力度

校园内各类设施安全系数高，校舍安全达标，消防栓、灭火器、应急照明灯、疏散通道、安全标志、红外报警系统、红外监控系统一应俱全。自建校以来，“三防”安全硬件设施已投资百余万元，保安人员工资、安保器械购置等费用每年投资100余万元。2017年以来，学校投资40余万元对学校大门进行了改造，对西大门增设了升降柱。学校监控探头500余个，目前监控范围覆盖了整个校园，并实现了与公安机关的联网，真正做到了人防、物防、技防的有机结合。

（三）坚持安全隐患排查制度

学校建立了校领导巡视制度和中层干部值班制度。学校主要领导或分管领导带领各处室负责人定期对全校范围内各个部位、各个角落进行拉网式检查；坚持校园、宿舍、餐厅、实验室等重点部位每日巡查；组织学生定期开展“我身边的隐患我发现”安全隐患自查活动，以班级为单位上报学校，对排查出的问题立即下达安全隐患整改通知书，督促各项安全措施的落实和安全隐患的整改。对上级组织的各项安全工作专项整治活动，学校都积极参与，进行全面排查、整改，按时上报信息。

四、智慧便捷的安全信息化建设

学校着力推进智慧安防建设，全面提升安防信息化水平。引入“智慧消防”系统，通过运用物联网、大数据、云计算等技术手段，将学校行政楼、教学楼、实验楼、艺体楼、餐厅、公寓等楼宇的固定消防设施、重点部位、重要区域进行实时监测，消防设施报警位置更直观，便于值班人员及时处理紧急情况，所有相关数据消防控制室值班人员、消防安全管理人、消防安全责任人可实时接收，保证了相关材料的真实性和实效性。同时借助微信服务号平台搭建学校“访客系统”，严格执行出入门登记制度，用平板电脑登记访客信息，实现访客出入门相关信息电子存储、汇总，便于查询。学校还通过二维码巡更点落实日常巡逻制度，巡逻时间和巡逻地点实时查看，确保巡逻到岗、到位。学校安防实现了由传统的以人防为主向现代化的以技防为主的管理模式的转变。

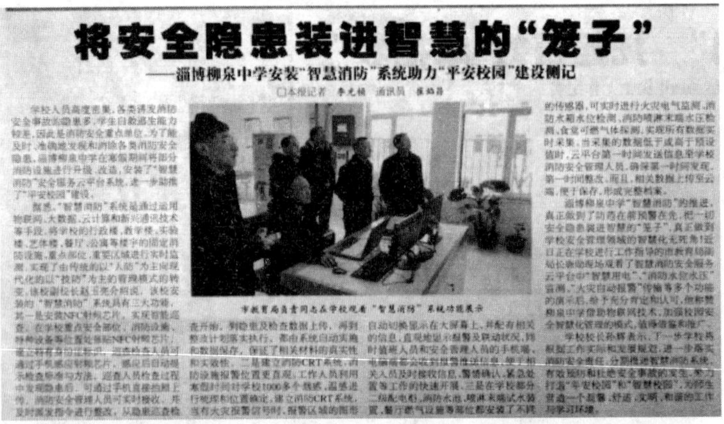

将安全隐患装进智慧的“笼子”

——淄博柳泉中学安装“智慧消防”系统助力“平安校园”建设侧记

市教育局负责同志在学校观看“智慧消防”系统功能展示

安全保障服务团队一如既往地贯彻“爱与欣赏”理念，为每一位柳泉学子的健康成长保驾护航，坚决做好学校安全工作，向管理要安全，向制度要安全，向技术要安全，切实做到认识再升华、责任再增强、作风再转变、措施再到位，为早日建成人民满意的现代化优质品牌中学而努力奋斗。

第四章 基于“爱与欣赏”教育的实证研究

第一节 学生全面发展的实证研究

自建校以来，学校秉承着“爱与欣赏”的教育理念，践行“崇德、尚学、躬行、致远”的校训，坚持“让每一个学生体验成功、让每一位教师走向成功”的办学理念，把培养具有“家国情怀、责任担当、求知精神、创新意识、国际视野和个性特长”的学生作为育人目标，不断完善德育体系建设，用“爱与欣赏”的眼光，以“精诚至善”的准则创建现代学校，提升学生的现代素养，取得了显著的教育成果。

一、重视学生品德培养，促进学生全面发展

学校高擎“爱与欣赏”的旗帜，落实立德树人根本任务，促进学生全面发展，育人成绩显著。我校学子蒲昭妍被表彰为“山东好少年”，李怡诺被评为“山东省新时代好少年”“淄博市新时代好少年”，崔靖雯、周子昱、曹嘉诚获“淄博市优秀学生干部”称号，卢子煜、黄正平、张曦月获“淄博市三好学生”称号，李梓菲获得“淄博市十佳少先队员”称号，朱柯翰获“淄博市优秀少先队员”称号，2018 级 6 班中队获“淄博市优秀少先队集体”称号。

二、关注学生智育培养，完善学生“优质＋特长”发展

学校实行全员育人导师制，突出个性教育，加强社团和兴趣小组建设，构建适合每一位学生个性发展的可选择的课程体系，取得了良好的育人效果。

学校十分重视培养学生科技素养，连续四年参加全国中小学信息技术创新与实践活动，取得了优异成绩，10 人获“恩欧希教育信息化发明创新奖”，50

人获一等奖，39人获二等奖，19人获三等奖；在全国信息学奥林匹克竞赛中，刘浚涵获提高组一等奖、入门组一等奖，邹润梓获入门组一等奖，杜波铖获二等奖，吕海博获三等奖，学校获得山东省“金牌学校”称号；在第35届山东省青少年科技创新大赛中，成泓朴、刘墨林获青少年科技创新成果类二等奖，郑召亿和宋浩然获科学影像类二等奖，魏煜轩获科学幻想画类三等奖；在第26届世界脑力锦标赛淄博城市赛中，袁子语同学获得快速数字、抽象图形、人名头像单项比赛亚军，随机数字获得季军；我校还在淄博市“布谷”科技节各项竞赛中斩获佳绩。学校科模社团获淄博市“百佳学生社团”称号。

学校努力打造书香校园浓厚氛围，努力实现“让阅读成为校园最靓丽的风景”的阅读目标，阅读育人效果显著。卢子煜获山东省第七届“地科杯”征文活动一等奖；黄正平、李嘉怡同学获得淄博市青少年“国学达人”挑战赛一等奖；巩国歌获淄博市教育杯“师恩难忘”征文大赛初中组一等奖；在淄博市“守护‘淄博蓝’”征文大赛活动中，李岳洋、卢子煜、宋文琪、李梓菲、宫玮鸿、王伽瑞桐、王廉清共7名同学获一等奖，杜赵灿等10名同学分获二、三等奖；在淄博市读书节活动中，我校共35人获奖，其中甘梦露、程子怡获“我读我创作”一等奖，刘明岳、王伽瑞桐等18人获“中小学阅读明星”称号，2016级3班在“读中国”比赛中获经典诵读二等奖，我校全科阅读计划实施方案获二等奖；在市美育实践“感悟学习之美”征文中，程子怡、常新颖、卢子煜和王伽瑞桐获一等奖，李俞霏、刘明岳和甘梦露获二等奖，朱炳烨、黄钰涵和朱晗月获三等奖；在淄博市首届校园诗歌大奖赛中，袁新尧、李沁格、程子怡、吴逸轩获奖；在2020年淄博市青年学生社团文化活动中，王家一铭获征文类一等奖，李俞霏获二等奖，杨乔恩获短视频创作类一等奖；在张店区中学生辩论赛中，我校辩论队获张店赛区一等奖，高佳鑫同学获“最佳辩手”称号。

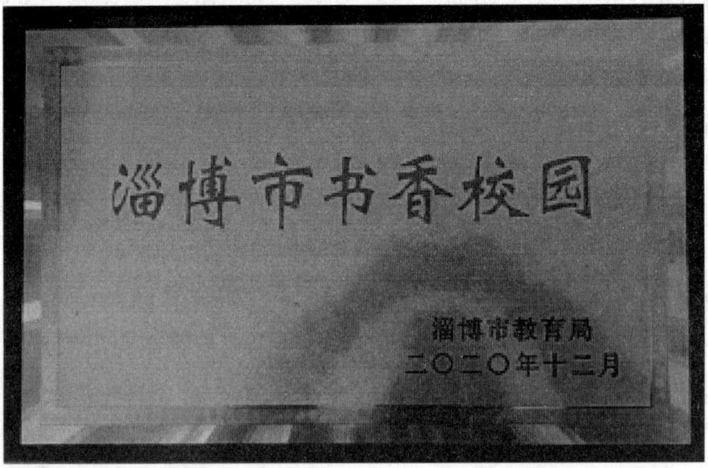

学校十分重视普法教育，“普法进校园”活动取得了良好效果。李佳薇获全国学生“学宪法，讲宪法”知识竞赛淄博赛区决赛初中组一等奖；张歆明获全国“学宪法，讲宪法”活动淄博市选拔赛一等奖；于震瀛勇夺淄博市中小学国防知识竞赛初中组冠军，并代表淄博市参加省赛，获团体二等奖；在淄博市“小手拉大手，平安六加一”中小学生交通安全主题宣教活动中，我校多人次、多项作品获奖；李梓菲同学在山东省中小学国防教育演讲比赛中荣获三等奖。

三、重视体质健康培养，保障学生健康成长

学校十分关注学生体质健康培养，体育成果显著。在淄博市学生四人制气排球比赛中，校男、女子气排球队多次获得好成绩，学校多次获得“优秀组织单位奖”和“体育道德风尚奖”；我校男子篮球队获得2020年淄博市中小学生篮球联赛第六名；羽毛球队获得张店区体育节羽毛球比赛第二名的优异成绩；2016级1班姜鑫玉同学荣获淄博市体育舞蹈锦标赛拉丁舞团体第一名。

四、注重特色美育培养，丰富学生综合素养

学校注重学生特色美育培养，积极为学生搭建展示平台。在淄博市第二十届中小学生“百灵”艺术节活动中，我校民乐团表演的《彩云追月》获淄博市一等奖，书法作品《苕溪诗临摹》、绘画作品《芭蕉与公鸡》及摄影作品《挑

山工（组照）》均获得市一等奖，并代表淄博市优秀作品被推荐到山东省教育厅展演，我校被评为“优秀组织单位”。2016级1班李梓萌同学获“海恩杯”全国舞蹈大赛团体舞一等奖，2016级8班宋欣聪同学获得国际标准舞全国公开赛第二名，2016级5班李莹坤同学获得国际标准舞全国公开赛第三名，2016级10班王鸿儒同学荣获中国淄博少儿书画大赛二等奖，2016级5班张露漩同学荣获HCA少儿书画大赛银奖。

第二节　教师素质提升的实证研究

一、教师教学成果成绩斐然

（一）中考、小中考成绩突出

2020年，我校中考、小中考取得了优异成绩。2016级作为我校首届毕业生，中考成绩的平均分、高分率、及格率均位于全市前列。2017级小中考各科的过关率也名列全市前列，交了一份令社会满意、家长满意的答卷。

（二）集体表彰类

1. 信息教研组获得“淄博市青年文明号”称号。

2. 2020年淄博市青少年科技创新大赛“优秀组织奖”。

3. 全国青少年信息学奥林匹克竞赛山东省“金牌学校”。

4. 政治组以“体验·感悟·提升”为核心素养的初中思政课教学获得市级金课荣誉。

5. 2020 年被评为山东省中小学课程实验基地。

6. 2018 年被评为山东省传统文化实验校。

（三）个人表彰类

2017 年度

1. 聂隽、孙艳杰、王君贤、王晓晨被评为“淄博市骨干教师”。

2. 王晓晨获得“淄博市巾帼技能标兵”称号。

2018 年度

1. 韩金英、付雪入选淄博市“百对优秀名师高徒”。

2. 庞少鹏获得“淄博市最美教师”提名奖。

2019 年度

1. 房文慧被评为“淄博名师”。

2. 焦玲玲、刘萍、王晓晨被评为“张店区教学能手”。

3. 杨蕾获得“淄博市最美教师”提名奖。

4. 夏天被评为“淄博市第三届智力运动会先进个人”。

5. 聂隽、崔焰昌被评为“张店区学科带头人”。

6. 庞少鹏被评为“淄博市优秀德育工作者”。

7. 马明新被评为“淄博市德育工作先进个人”。

8. 朱永超被评为“淄博市优秀班主任”。

2020 年度

1. 庞少鹏、赵爱红获得“淄博市优秀教师”称号。

2. 房文慧获得“淄博市优秀教育工作者”称号和“民进山东省优秀会员”称号。

3. 刘楠获得“淄博市教学能手”和“巾帼岗位明星”称号。

4. 崔焰昌获得“淄博市最美教师”提名奖。

5. 胡明熙、刘增敏、徐珍珍、徐娇娇、刘萍、李景霞、王娜、焦玲玲、王鸿泽 9 位老师获得 2020 年“淄博市骨干教师”称号；秦珊珊、王晔、刘小雯、栾兆靖、彭玮 5 位老师获得 2020 年“淄博市首届教坛新秀”称号。

6. 刘萍获得“淄博市优秀思政教师”称号；彭玮、张嫔获得“淄博市优秀科技教师”称号。

7. 王晓晨、王鸿泽、刘萍获得“张店区第十一批教学能手”称号。

2021 年度

聂隽、焦玲玲、徐娇娇获得“淄博市第十三届教学能手”称号。

（四）优质课类

2016 年度

焦玲玲、王晓晨、徐珍珍、齐长琳、孙艳杰获得张店区优质课一等奖。

2018 年度

1. 房文慧、齐长琳、陈菲、陈亮的课被评为"一师一优课"省级优课。

2. 刘萍、袁丛丛获得张店区优质课一等奖。

2019 年度

1. 徐娇娇获得淄博市"一师一优课"一等奖。

2. 张嫔、宋霞获得淄博市中小学实验教学说课展示活动一等奖。

3. 成云鹏、刘昊、聂隽获得张店区优质课一等奖。

2020 年度

1. 刘萍获得全市首届思政课比赛一等奖。

2. 芦丛丛获得淄博市"一师一优课"一等奖；侯东秀、刘萍获得二等奖；杨立冬、孙慧晴获得三等奖。

3. 张店区初中优质课评选胡明熙、王霞、李文婧、刘小雯、郝玉婷、王娜、韩磊、孙文佳获一等奖；李倩、傅艳华、孙永强、刘楠、刘玉珍、徐娇娇、孙燕、郭春清、崔焰昌、刘金旺、孟江涛、李景霞、张嫔、张进、范颜民、芦丛丛获二等奖。

4. 在第三十五届山东省青少年科技创新大赛活动中，我校 2 人获一等奖，1 人获二等奖，1 人获三等奖。

5. 学校排球队获得张店区中小学生体育节排球比赛第四名；羽毛球队获得张店区中小学生体育节羽毛球比赛亚军；男子篮球队获得淄博市"体彩杯"中小学篮球联赛第六名、张店区体育节篮球赛第四名。

6. 在 2020 年山东省教育教学信息化大赛中，傅艳华、于晶老师获初中组"融合创新应用教学案例"一等奖；高婧娟、王娜、冯尚花老师共同制作的微课获"初中组微课"一等奖。

二、教育科学研究课题成果丰硕

（一）课题类

我校自 2016 年 9 月建校至今，共获得 2 项省级课题（一项省教育科学"十三五"规划课题、一项省教研课题）、5 项市教育科研"十三五"规划课题（含一项市级重点课题）立项，此外承担全国教育规划"十四五"课题子课题一项，中央电化教育馆全国教育信息化科研课题子课题一项。目前，已有四项课题通过中期检查，准备结题。

（二）论文类

我校注重教师理论素养提升，组织外出学习、外聘专家指导，教师的理论素养不断提升。目前，我校教师在《中学数学教学参考》《中学政治教学参考》《中学生物教学》《中学地理教学参考》《中学历史教学参考》《江西教育》《未来教育家》《教育家》《中国信息技术教育》《中国教育报》《中国德育报》《山东教育报》等报刊发表论文几十篇。

（三）信息化教学研究

我校以淄博市教育科学“十三五”规划重点课题——“‘云十端’环境下个性化教学研究”为契机，积极开展信息化赋能课堂教学研究，进行课堂教学改革。目前，我校教师参加全国中小学教师信息化素养实践活动，有 2 人获得发明大奖，13 人获得全国一等奖，多人获得二、三等奖。我校教师作为信息化教学指导教师分别对口支援广东省、云南省、广西壮族自治区、新疆维吾尔自治区等地，以及我市高青县、淄川区等区县的信息化教学。2018 年学校成功承办全国中小学信息技术与教育教学融合创新课例展示活动，并于 2018 年 9 月 5 日在《中国教育报》11 版发表介绍学校信息化教学经验的文章《牵手云端　创新教育——山东省淄博柳泉中学信息化实践之路》。

第三节　学校全面发展的实证研究

基于“爱与欣赏”教育理念下的智慧校园建设

一、全面加强信息技术设施配备，着力构建智慧环境

（一）网络建设

学校智慧校园建设以全覆盖的有线和无线网络为基础，学校网络架构采用分层分区模块化结构，全部千兆接入交换机，实现万兆到楼宇千兆到桌面。学校现有交换机 123 台，信息点 621 个，存储 16T，虚拟服务器 30 个。

学校全校无线全覆盖正在建设中。现有电子书包 AP46 个，楼内智分 AP 130 个，达到教学办公区无线网络全覆盖。无线连接有专业的认证管理，访客可以通过关注微信公众号连接网络。

（二）终端配备

1. 一体化的互动教学系统

初一至初四 48 个教学班实行“一对一”教学模式，学生和老师人手一个平板电脑，从课前预习资料的分发，到课堂实施的师生互动，再到课下作业的布置，都在同一个教学平台上开展，方便老师进行掌握。

2. 数字化师生阅读终端

教学区和办公区安装有阅读一体机，学生 2100 余台平板电脑均安装校园阅读系统，学生可以随时开展个性化阅读。

（三）教室配备

1. 一体化的互动教学系统

全校 51 间教室安装智慧黑板，28 间功能教室安装一体机，配有无线蓝牙音响，高清实物展台。智慧黑板可以实现十点触控的屏幕书写，全黑板的普通粉笔书写。

2. 智慧教室、信息化功能教室

学校建设结合多屏幕展示，学生人手一机，五路信号自动录课等多功能于一体的未来教室，以及现代化高标准的数字书法教室。

3. 数字星球地理教室、数字化实验室

建成了数字星球地理教室，让学生体验 3D 效果的地理课堂，数字化物理、化学和生物实验室，让学生体验数字化环境下的实验操作。

4. 计算机教室

学校建有 4 个计算机教室，两个教室采用一体机，一个采用“云＋端”架构的云教室，每间教室配有学生端 60 台。

5. 创客空间和学生创作室

学校还建有 4 个科技类创作实验室，配有整班开展创客活动的器材，全面开展学生创客活动。

6. 数字化图书馆、阅览室

图书馆设有多功能的教工阅览室和学生阅览室，藏书约 10 万册，配有自助借还一体机 4 台，信息查询一体机 1 台。

（四）信息安全

学校网络系统设有专业的防火墙管理，防火墙网络层吞吐量 8Gbps，应用层吞吐量 1.6Gbps，并发连接数 2000000，每秒新建连接数 110000。能够识别应用类型超过 1100 种，应用识别规则总数超过 3000 条。

（五）智能安防

1. 覆盖全校的网络系统

智能化全覆盖的电子监控系统，可以实时查看任一监控终端。监控后台存有详细的监察记录。全校共 547 个摄像头，安保系统可存储 30 天，教室内系统存储 7 天。

2. 周密的访客系统

学校建有专门的访客系统，利用学校微信服务号记录到访人员的入校离校过程，并在平台记录详细数据。

二、深度开展信息技术与教育教学融合，全面实现智慧应用

（一）学校应用

1. 多功能智慧校园管理平台

学校采用办公平台，结合移动端《执掌校园》App，实现校园“无纸化，零电话”的高效率办公，做到工作过程有记可查、有序可控。平台现设有 56 个栏目，全校教师、学生均有账号查看。

可查询的记录有阅读记录，资料印制记录，隐患排查记录，调查问卷，每周食谱，学生、教师成绩查询系统，选修课平板电脑抢课。

2. 即时查询的校园宣传广播系统

每个级部门厅前放置互动屏幕，可以设置展示本级部的内容，也可以即时展示学校整体发布的新闻和消息。

覆盖校园的广播系统，学校共有广播终端 134 个点，实现校园整体广播和分区域广播。

学校还建设多场景即时合成的微课录制室和实时直播的校园电视台，并建立校园视频资源库，为学生发展打造全新平台。

3. 方便快捷的校园一卡通

校园一卡通实现一张卡在校内就餐、购物、考勤、借阅。在每个班级门口设置刷卡系统，老师可随时查询学生到校情况。

（二）教师应用

学校开展一对一常态化课堂，根据各学科不同特点，建立、完善数字化学习体系，使其最大限度地实现不同学科的培养目标，促进学生学科核心素养的发展。

制定教师信息化教学考核办法，通过“培训——过关——提升”推动使用。每周进行平台教学使用统计，并予以公布。开展了专项研讨活动，以教研组为单位，从课前任务单设计、课堂展示、学生讨论、课堂任务单设计、分层训练等角度进行认真、细致地研讨。

自建校以来，多位省市级领导到我校参观“一对一”数字化教学，高度评价了我校的教育教学工作。王世军局长也多次带领市教育局相关科室人员到校指导工作，并为全体任课教师进行信息化教学专题培训。

我校通过“走出去，请进来”开展了系列教师培训项目。学校开展了面向全体骨干教师的信息技术创新应用专题培训，比如分别组织骨干教师赴贵州、淄博临淄参加“全国中小学信息技术创新与实践活动”赛项培训班，赴青岛参加“微课程制作与应用”培训班，参观“一对一”数字化教学开展较好的学校，在提高教师信息技术水平的同时从根本上转变教师的教育理念。我市教育局电教馆李光良馆长陪同北京创而新教育科技有限公司总裁李慧勤博士和研究院张院长及他们的团队走进了初一（11）班的课堂。学校还开展了面向全体教师的信息技能普及培训，比如For Class应用、智慧黑板应用、微课程制作、万彩动画制作等技术培训；我校利用每周三的上午第二、三节课举办“信息化教学沙龙”，邀请创新公司的技术人员对我校教师进行培训，交流并解答教师在使用中遇到的问题。

1. 个性化语文阅读

语文学科借助超星阅读开展分级阅读闯关训练，无论身处何地，学生们都可以在互联网的帮助下，阅读自己喜欢的或教师推荐的书目。教师还可以借助超星阅读创建名著讨论群，与学生一起交流阅读感悟、探讨写作手法，帮助学生理解阅读内容。学生自己也可以就感兴趣的书目、话题建立自己的讨论组，相互学习、交流。学生通过平板电脑可以进行相关阅读书目的自主检测，展开同学间的闯关PK，系统后台通过大数据统计引导学生逐步深入阅读，极大调动了学生的阅读积极性。

2. 人工智能数学批阅

数学老师原先批作业采用的是手工批阅，不仅工作量大，而且对于每位学生也无法做到错题的精准分析。现在借助人工智能，教师可以根据需要随意组卷、分层布置，学生借助平板电脑拍照，上传答题图片。系统根据正确答案进行智能批阅，智能批阅的试卷数据统计精准，教师可查看答题情况，并进行数据分析。同时错题自动生成错题本，学生可以随时查看、复习，做对应知识点的训练，再次巩固练习。

3.《睿丁英语》听说悦读活动

学生借助平板电脑上的《睿丁英语》和《一起作业》App开展“口语＋听力”的练习，拓展学生的阅读量，提高口语水平。我校学生每天英语晨读、住校生晚自习，都有固定的口语练习时间，系统自动记录每位学生的口语、阅读、听力训练数据，教师根据数据反馈及时与学生沟通，督促训练不达标的学生完成训练。对于英语水平较高的学生，教师也会推送难度较大的训练内容，有针对性地进行拔高训练。

《睿丁英语》上阅读的是美国原版教材，为学生英语学习打开了全新视野，吸引着学生主动练习。

为了让学生的学习成果得到充分展示，我校每年都会开展英语情景剧大赛，学生自己创作剧本、设计服装，不仅口语水平得到了锻炼，在艺术表演、组织能力等方面也得到了锻炼。在全市英语综合能力大赛中，我校学生有多人获得奖项。

4. 仿真实验进课堂

我校目前初三有 12 个教学班、初四有 2 个教学班，随着学校的招生，我校将会迎来初三、初四共 24 个教学班，而我校的化学实验室只有 4 个，不可能每节课都让学生亲自动手实验。但是我们知道，物理、化学、生物课如果让学生动手实验、实际操作、观察现象、总结规律，效果会更好。现在，学校的仿真实验进课堂，就很好地解决了这一问题。我们将仿真实验软件安装在智慧黑板和学生的平板电脑上，课堂上，学生既可以用平板电脑独立开展实验，也可以以小组为单位，借助平板电脑上的虚拟实验室开展联合仿真实验。这种数字化仿真实验，不仅解决了传统实验方法无法完成或较难完成的实验，更让学生养成了科学严谨的学习习惯，激发学生学习科学知识的兴趣。在常态教学中利用数字化实验的教学优势，引导学生观察现象、总结规律、发现问题、解决问题，是培养全面发展、高素质、大视野学生的有益辅助工具，将为学校的“教”与“学”提供丰富的支撑资源。

5. 电子乐队

随着信息时代的发展，学校成立电子乐队，丰富学生文化生活和精神世界，同时也将为提升学校品牌，丰富校园文化，进一步提升学校办学品位发挥积极的推动作用。

6. 信息化的体育课堂

传统体育课学生跟着老师的示范动作完成练习，但是有时学生动作不到位、模仿不准确，回家练习难度大。体育老师将示范动作录制成微课，推送到平板电脑上，学生可以看着示范，进行练习。学生将练习的视频拍成微视频再反馈给老师，老师看视频，进行点评和指导。自体育课使用平台开展 “一生一案”活动以来，每天都有锻炼记录和反馈，有效促进了学生的体育锻炼。

7. 数字美术、书法课堂

数字美术、书法课堂是运用高科技的互联完成绘画、展示和表达的全过程。在激发学生们对绘画兴趣的同时，提高了老师们对艺术教育的新认识。

8. 利用思维导图，帮助学生构建知识体系

面对多学科、大容量的知识，如何帮助学生建立知识体系，理清知识脉络？学校及时地在平板电脑上推送了思维导图软件，每学完一个章节，教师就会引导学生利用思维导图软件梳理知识，进行知识架构。思维导图，让学生将易混淆的知识点清晰化，有利于学生对思考的问题进行全方位、系统地描述和分析。让学生在学习的过程中层次更明确、记忆更清晰。同时对于作文的构思、读书笔记的记录、问题的探究等方面都会形成清晰的脉络，有利于培养学生逻辑思维能力和创造力。

9. 丰富的教育教学软件，激发学生创造力，提高课堂效率

学校利用For Class教学云平台向学生推送一些趣味性较强的学习软件，如《洋葱数学》《一起作业》《作业盒子》等工具，方便学科教师选择使用，也方便学生随时随地学习。学生利用《洋葱数学》学习数学、物理，生动的微课讲解让学习数学和物理有困难的同学，也能兴致勃勃地观看，主动完成基础练习。成绩好的学生，在自己学有余力的同时还用平台推送的《乐秀》软件制作微课，推送到班级群里，帮助学习能力较弱的同学学习，既锻炼了自己的语言表达和逻辑思维能力，也提高了信息技术水平，更增强了责任感。

10. 成果展示

我校教师在信息化应用的探索中，也取得了优异的成绩。在第十五届全国中小学信息技术创新与实践活动中，我校教师5人获一等奖，4人获二等奖。在第十六届全国中小学信息技术创新与实践比赛中，我校46名教师闯入决赛，取得了5项一等奖、8项二等奖的优异成绩。2019年恩欧希全国教师信息素养提升现场交流活动中，王子昕、李欣蔚两位教师荣获微课项目初中组大奖——“恩欧希教育信息化发明创新奖”。本次我校参赛教师共获得1个大奖，3个一等奖，6个二等奖，1个三等奖的优异成绩。王晓晨老师获第三届全国中小学数字化教学课例评选特等奖，陈菲老师荣获张店区“教坛新秀”称号。杨立冬、焦玲玲老师荣获2018年度山东省教育教学信息化交流展示活动一等奖，并在2018年全省教育教学信息化大奖赛中荣获3个一等奖、5个二等奖。焦玲玲、韩磊、彭玮、夏天、侯东秀老师荣获第十六届NOC“优秀指导教师”称号，聂隽、焦玲玲老师分获第十五届NOC全市、全国“组织工作先进个人”称号。房文慧的《直角三角形》课例、陈亮的《狼》课例、齐长琳的《篮球双手胸前传接球》课例、陈菲的《种子的萌发》课例，经过区级平台晒课、市级优课遴选、省级观课评课等环节，被评为省级优秀课例。

（三）学生应用

1. 多学科融合的创客教育

学校开设校本课程，在初一年级普及科技类创客，让每个柳泉学子体验所有项目，从而选择自己感兴趣的课程进行提高。

学校通过校本课程或者社团纳新，选拔创新意识强的学生参与社团活动，经过培训选拔后参加各项比赛。

2. 科技体验月活动

在面向全体学生举办的科技体验月活动中，同学们在创意搭建空间与智能管家进行了交流，在虚拟现实空间感受身临其境的视听体验，在人工智能空间体验无人机的驾驶感，在 3D 创作空间设计自己的作品，收获满满。

3. 举办暑期科技夏令营

学校利用暑假时间组织孩子参加暑期科技夏令营。通过科技夏令营激发孩子的想象力并寓教于乐，加强科学、技术、工程、数学的教育，提高了孩子的批判性思维能力和解决问题的能力。

4. 社团活动

学校利用课外活动时间开展各类社团活动，启发学生创新意识，培养学生动手能力。

5. 学生作品

拍摄微电影、物联网设计、3D 创作等。

6. 成果展示

学校科技模型社团荣获淄博市“百佳学生社团”称号。

全市青少年航空航海模型比赛在我校举行，澳大利亚普雷福德市代表团到访我校并与学生亲切交流。

在山东省中小学创客大赛中，我校荣获 9 个一等奖，6 个二等奖和 2 个三等奖。在全国第十六届全国中小学信息技术创新与实践比赛中，我校两名同学在“3D 智能作品创作”赛项中勇夺“恩欧希教育信息化发明创新奖”，16 人共获得 8 个一等奖，18 人共获得 11 个二等奖。在全国第十七届全国中小学信息技术创新与实践比赛中，我校 19 名学生获得一等奖，7 名学生获得二等奖，8 名学生获得三等奖，其中 8 名学生获得四个赛项的第一名，勇夺“恩欧希教育信息化发明创新奖”。耿一迪和张裘晗作为优秀学生代表在闭幕式上进行了交流展示。

（四）家校共育

1. 家校沟通

借助微信公共平台、学校官方网站、《指掌校园》App 等信息化管理平台，及时发布学校管理、教育教学信息，让家长和社会人士通过手机、电脑、平板电脑等工具，快速了解学校信息和学生在校情况，快捷地反馈意见，开展问题咨询，形成家校间沟通的桥梁，促进学校、家长、学生间的良好互动。学校还构建“互联网＋”教、学、测、评、管家校共育新机制，实现家校即时沟通，全面优化学校管理，促进了学校科学、健康、和谐发展。

2. 家长学校

在学校网站开设“家长学校”专题栏目，及时发布“家长荐读”的文章，以及优秀的亲子日记。

3. 家长课堂

开展“家长学校”课程，每一期课程都邀请家长到校一同学习，并录制视频，发布在学校网站上。

4. 家长进课堂

家长走进“一对一”教学课堂，感受全新的教与学方式。

（五）大数据

1. 资源共享

我校教师加强集体备课，每个备课组学期末都会将本备课组的资源打包上传至资源平台，为下一届老师提供教学参考。在日常教学中，教师将自己的备课课件、文本上传至教研空间，其他教师下载观看，可提出意见或修改后再上传，网络教研将日常教研变成了教研组的集体备课，有效促进了课堂教学活动的开展。

2. 微课展示

我校教师利用For Class教学云平台录制课前预习微课或课后难点复习微课，通过平板电脑推送给学生观看，并设计相关的配套练习题进行检测或课后巩固。我校购买了“草料二维码”的使用权，教师的微课不仅可以上传至平台，更可以通过“草料二维码”进行二维码的转换，有些老师将二维码直接印到试题或学案上，当学生不明白时可以直接扫码观看，大大提高了学生的学习效率。

3. 视频平台

我校建有高标准的未来教室，即录播室，教师可根据需要自行录制授课视频，并将视频上传至学校视频平台，学校师生可根据实际需要下载观看。目前我校还积极利用视频平台进行优质课评选、新教师过关课考核、教研组课例研磨等教研活动。有些教师也会将录制的授课视频通过平台推送给需要的学生观看，进行推边补弱。

4. 网络空间

我校利用网络空间积极开展网络教研、家校共育、班级风采展示等活动。

学科教研空间让备课组、教研组的集体备课不再仅仅局限在固定的时间、固定的地点，只要有网络，大家可以随时发起教研话题，研讨交流。从教学视频片段分析、教案讨论、微课制作，到习题设计、时事热点探讨，网络教研话题更广泛、内容更丰富、时间更灵活。随时随地进行教学研讨活动将成为我校的一大教研特色。

5. 数据记录

我校的教学平台能够详细记录每一位学生的学习情况和教师的授课情况。教师课后可以根据课堂的数据记录，分析教学行为，比如根据教师的互动次数和时间分析课堂互动情况、互动问题的有效性，通过讲授时间分析讲授是否过多，课堂时间分配是否合理，等等。精准的数据记录，为教师反思教学提供了科学的数据参考，有利于促进教师的专业成长。学生的学习数据记录，可以显示学生的答题时间、正确率，有利于教师分析题目的难易程度、学生对知识的掌握程度，也有利于学生课后对知识掌握情况进行分析和反思。

6. 数据分析

大数据分析正改变着我校的教育教学。教师利用For Class教学云平台授课，课后查看课堂数据分析，可以获取学生对每个知识点学生的掌握情况，有针对性地备课和辅导。

学校的For Class教学云平台实时记录每一位教师的使用数据，学校每周都会对使用情况进行反馈，分析使用频率、使用项目，对使用情况进行督促。

通过班级和个人成绩分析雷达图，让班主任能够及时了解班级学科中的弱科情况，以及每一位学生的弱科情况，有针对性地进行班级教育管理。

教学云平台的使用，为我校教师进行网络教研、大数据分析教学、线上线下辅导提供了方便，促进了学校教育教学的发展。

下一步，学校将全面建成智慧校园，积极探索“一对一”数字化教学，全力推进信息技术与课程教学深度融合，满足学生网络化、数字化、个性化、移动化学习，实现线上线下合作学习。实施项目引领，提高信息素养。完善学校信息化设施、设备，建立未来课堂、创客教育、机器人教学、3D打印教育等实验室。引入自适应学习、数字美术、思维导图教学、“NOC活动”等信息技术创新项目。

全面推进互联网、云计算、大数据、物联网、人工智能等信息技术的创新应用，构建网络化、数字化、个性化的智慧环境，实现信息技术与教育教学的融合创新。

组织信息化领导力培训，建立柳泉中学特色的优质数字资源库，利用“大数据”为学校决策、教学管理服务，全面打造教育信息化品牌学校。

自建校以来，学校以“誓争第一”的决心，团结实干，奋勇争先，改革创新办学体制，全面激发办学活力，牢固树立“两个成绩一起抓”的工作思路，一手抓教育教学成绩，一手抓家长对学校教育教学的满意度。在2016年市教育局组织的全市学校满意度测评中，我校所有学段均名列第一。在2017年度市属事业单位绩效考核社会满意度电话访问调查中，我校教学质量、师德师风、校园安全三项考核成绩均为100分，位列市属学校第一名。学校被评为市级文明校园和平安和谐校园，赢得了全社会的高度评价。

第五章 “爱与欣赏”教育实证研究论文（选编）

第一节 学校管理篇

高擎“爱与欣赏”的大旗

孙辉 袁磊

“我们一定不能辜负全市人民的期望，必须用最短的时间把学校建成全市领先、全省一流、全国知名的现代化优质品牌中学。”这是山东省淄博柳泉中学全体师生内心的真实写照。在这一办学目标的引领下，学校领导班子经过充分调研和认真思考，将“爱与欣赏”定为学校的教育理念。“爱与欣赏”的实质就是无条件接纳每一个孩子、服务每一个学生，促进每一个学生健康成长。在这一理念的指引下，学校从学校管理制度、教育队伍建设、学生素质提升三个方面着力着手，真正做到办一流学校、建一流队伍、育一流人才，用浓厚的学习氛围陶冶人，用良好的师德素养影响人，用上乘的教学质量培养人。

一、办一流学校，培植现代教育沃土

要想办好学校，首先要打破体制机制的束缚，对学校进行顶层设计，尽快建立现代学校制度。

1. 改革创新管理机制。在全市率先取消行政级别，实施校长职级制，充分发挥校长的办学自主权；不断加大对年轻干部的培养力度，选聘业务能力出众、工作实绩突出的同志担任中层干部，组建起高效管理团队；改革中层机构，成立行政、人事、教育、教学、安全、后勤六个服务中心，实施责任管理，有效提升学校管理效率。

2. 构建现代学校制度。先后制订了职称竞聘、绩效工资分配、教师及班主任考核、财务管理等20余项制度，构建学校管理制度的基本框架。成立第一届教职工代表大会和三级（学校、年级、班级）家长委员会。凡重大决定，均广泛征求教师和家长意见，最后由领导班子研究执行，初步构建起了“一体两翼”的管理格局。

3. 大力发展智慧教育。积极推进数字化校园建设，建立了基于云计算、物联网、大数据基础之上的智慧教育综合管理云平台，所有教师安装《指掌校园》App，通过手机即可查阅学校通知文件，并进行网上办公。学校还全面推进“一对一”数字化教学，为全体教师配备平板电脑，信息技术与课程教学实现了深度融合。未来，学校将实施项目引领，建立创客教育、机器人教学、3D 打印教育等实验室；引入数字美术、思维导图教学，利用大数据为学校决策、教学管理服务。

4. 建设平安和谐校园。划分安全责任区 30 个，建立校园安全隐患上报系统，并建立通报和问责机制；安装摄像头 500 余处，实现安全监控全覆盖；全方位对学生开展安全知识宣传教育，提升学生的安全防护意识；保洁、绿化等均外包给物业公司，为师生营造良好的学习环境。

5. 推动党教工作融合。深入推动“两学一做”学习教育制度化、常态化，充分发挥党员的模范带头作用，将时代先锋创建与教育教学工作深度融合，出台可量化的时代先锋评选标准，特别是在“过硬支部”的评选中，业务发展和从事班主任工作起到决定作用。

二、建一流队伍，安放教师职业理想

学校之大不在于大楼，而在于大师，在于责任之大、精神之大。实践“爱与欣赏”的教育理念，必须打造一支高素质教师队伍。

1. 多途径打造全新教师团队。积极争取上级编制和用人部门支持，通过遴选、招聘、引进等多种途径招徕人才，组建以中青年教师为主体的骨干教师队伍。2016 年我校面向全省遴选优秀在职骨干教师 62 人，2017 年公开招聘了硕士研究生和骨干教师 46 人，为学校快速发展提供了队伍保障。

2. 狠抓教师师德师风教育。开展丰富多彩的师德建设主题活动，宣传和推广师德先进典型，完善师德评价制度，将师德表现纳入教师综合考评的主要内容。严格落实市教育局杜绝教师有偿补课的要求，与全体教师签订杜绝有偿补课承诺书，严禁教师收受家长礼金、购物卡等，如有违反，严肃处理，实行一票否决制。组织全体教师开展向全国教育楷模黄大年和李振华学习的活动，组织全体党员赴原山艰苦奋斗纪念馆进行参观学习，组织青年教师举办“争做四有好老师”演讲比赛。一系列教育活动提高了干部和教师的师德修养，营造了风清气正的从教环境。

3. 搭建教师成长发展平台。加强教研组建设，加大教师业务培训，先后举办新教师培训、信息化平板电脑教学培训、班主任培训等专题培训 20 余场；

引导教师加强信息技术与学科的融合研究，转变观念，更新手段，提高效率；开展拜师结对和名师工程，为教师外出学习创造机会，促进教师专业成长。

4. 持续激发教师工作动力。建立公正合理的教师和班主任考核机制，学科教学成绩第一的教师自动被聘任为年级备课组组长，学科成绩第一名和综合成绩前三名的班主任年度考核自动被评为优秀，引导教师全身心投入教育教学。大力推动班主任队伍建设，推行助理班主任和见习班主任制度，加大年轻班主任培养力度，在评先树优、职称聘任、年度考核等方面，大力向班主任和成绩突出的优秀教师倾斜，调动教师的工作热情。

5. 营造教师从教良好环境。高度重视文明单位创建工作，成立精神文明创建办公室，力争五年内创设成为省级文明单位。充分发挥工会组织的作用，全校教职工均成为“爱工惠”会员，为教职工生活提供了各种便利；高度重视教职工身体健康，定期为教职工体检；倡导积极健康的生活方式，开展了教职工健身月活动，帮助教师减轻从教压力，创设出有利于教职工学习、工作、生活的良好环境。

三、育一流人才，全方位促进学生成长

1. 优化学校管理、打造教师队伍的立足点。“爱与欣赏”的落脚点，最终还是要落在学生能力素质的培养上。学校高举“爱与欣赏”大旗，把“培养具有家国情怀、责任担当、求知精神、创新意识、国际视野和个性特长的优秀学子”作为育人目标，不断提高教育教学质量。

2. 培养有道德情操的人。加强周一升旗仪式等德育阵地建设，培养学生的责任担当意识；开展“我的淄博影像”社会实践活动，并因此被评为全市德育品牌；打造书香校园，让阅读成为校园最亮丽的风景；先后邀请教育教学专家张庆亮、市文联主席巩武威等到柳泉大讲堂进行专题讲座；充分发挥学生会、志愿者等学生自主管理组织的作用，创造性地开展丰富多彩的活动，逐步实现了学生的自我管理。

3. 培养有求知精神的人。开发校本课程和地方课程30余门，初步建立立体课程体系；推行24字教学法，着力构建自主高效课堂；进一步加强集体备课，实现智慧众筹；推行日清周清制度，加强知识落实；实行教学质量监控制度，运用大数据为教育教学服务，学校教学质量实现了区域领先。

4. 培养有国际视野的人。澳大利亚普雷福德市教育代表团和教育专家麦克·马丁先生先后到校进行外事访问，并与我校学生进行了全方位互动交流。目前，学校已与澳、加知名学校建立了友好学校关系，下一步将开展一系列中外师生交流活动，进一步开拓学生视野。

培养有个性特长的人。全面推进阳光体育运动，坚持让孩子每天锻炼一小时；根据学生体质不同，制订不同的体育锻炼方案，实现一生一案；积极拓展素质教育实施途径，多彩多姿的社团活动，校园文化艺术节、读书节、科技节等成为学生张扬个性、自主发展的梦想舞台。

用高效率的管理体制服务人，用高素质的教师队伍塑造人，用现代化的办学举措培育人，用“爱与欣赏”的眼光看待人，已经成为全体柳泉中人矢志不渝的教育追求。我们将继续高举着“爱与欣赏”的大旗，打造全新的基础教育柳泉名片，相信不久的将来，我校将成为一所全市知名、全省一流、全国知名的现代化优质品牌学校。

（本文刊发于2017年12月第47期《教育家》）

践行“爱与欣赏”，不负战“疫”使命

孙辉　袁磊　陈战

生命重于泰山，疫情就是命令，防控就是责任，在这场来势汹汹的新冠肺炎疫情面前，淄博柳泉中学认真践行“爱与欣赏”的教育理念，始终把学生的生命安全和身体健康放在第一位，在学校党组织的统一指挥领导下，严格贯彻落实国家、省、市疫情防控工作要求，科学谋划，精准施策，全力做好春季延期开学远程学习教育服务工作，护航学生健康成长。

一、党建领航，筑牢校园抗疫“红色防线”

疫情在哪里，党组织就在哪里。在疫情防控的关键阶段，学校党总支吹响了“人民战疫，党旗飘扬”的集结号。在党总支的坚强领导下，学校严密部署抗击疫情工作，提升“线上教学”效果，为校园防疫凝聚柳泉力量。

充分发挥党组织政治核心作用和战斗堡垒作用。学校及时成立了由党总支书记任组长，党总支委员、副校长任副组长，全体中层干部参加的疫情防控工作领导小组。学校党总支先后召开党总支会议20余次，对物资储备、模拟演练、在线教学等工作进行了全面的部署和安排。学校通过在线平台举行党员大会，学习了习近平总书记关于疫情防控工作的重要讲话及相关学校抗疫防疫最新要求，进一步提高了政治站位，增强了党性意识，坚定了战“疫”必胜的信心和决心。各党支部主动担当、积极作为，以实际行动践行初心使命，确保疫情防控和复学工作两不误、两促进。2020年的2月份，学校党员积极参加全市党员“双报到”活动，积极参与志愿服务，承担社区党组织分配的疫情防控任务，引导群众正确理解、积极配合、有序参与疫情防控工作。

充分发挥一线党员教师的先锋模范作用。3月份以来，党员教师勇挑重担、

迎难而上，认真参加线上集体备课，通过网络平台进行线上教学，并做好学生答疑工作、将“面对面”交流转变为“键对键”交流，切实把教书育人工作落到实处。党员职工坚守岗位，积极参加学校防疫抗疫值班值守，确保学校正常运转。同时，学校组织开展了“众志成城、共克时艰”爱心捐款活动，全体党员积极参与，用实际行动支持新冠肺炎疫情的防控工作。

二、发挥优势，全面提升“线上教学”效果

天下事必做于“细”，直播课务做于“实”。为全面落实“线上教学”各项要求，学校充分发挥智慧校园优势，进一步优化信息化教学管理平台，提升网络直播教学效果。学校制订了《延期开学期间远程学习教育服务工作方案》《延期开学期间直播操作方法和预案》，其中包含了作息时间表、课表、教师直播方法操作流程、学生收看直播的操作流程等内容，全体教师积极参加上级教研部门的线上教师培训会议，明确了教学计划和进度及直播教学的具体要求。同时，学校对教师和家长做了动员工作，了解了家庭网络、终端设备情况，以期达到最优的直播效果。学校具体的直播策略是按年级、分学科进行统一直播授课。在同一时间，一个年级所有的学生都在听同一堂课，由一位教师主播，三位助教协助主播，做好学生考勤、课堂答疑、维持网络教学秩序等工作，一旦主讲教师出现网络故障等不可控因素，助教教师也可以及时补救，继续课堂教学。关于大班授课学生因材施教方面，平台支持学生实时答题互动并呈现数据，教师可以快速掌握学生情况，及时解决共性问题，三位助教教师可以针对个别学生问题一对一解答，关注更多学生“面”上的学习要求。

为更好应对网络直播教学，老师们在集体备课上下足了功夫。集体备课即演练网上讲课。试讲时，老师们反复练习，熟悉直播功能、互动操作，尽可能避免在课堂上处理技术问题，老师们在课堂“详案”的基础上，力求充分考虑学情，精讲精练，充分利用直播软件的抢答、举手、交流、练、测、懂等互动功能，集中学生的注意力。直播课程以复习、研究性学习为主，在直播课工作中，学校在学生问卷、家长问卷、学生上线人数、学生听讲认真程度等方面运用了大数据的支持。老师们充分利用 QQ 群、微信群以及学校的教学平台，开设家长课堂，及时向家长普及疫情期间的防疫工作、开设心理课堂、亲子沟通系列课程、面对疫情如何进行心理调节等课程。网络直播课开课前，老师们还制作了精确到每一步的家长操作手册，帮助家长和学生装好软件、测试声音，学会用直播间的功能互动，并提供专门的技术支持电话。每一节直播课都要发放学生调查问卷，及时收集学生意见或建议，级部统一汇总，反馈给备课组，备课组集体研讨解决措施，随时调整教学策略，以期达到最好的直播效果。从各级部的反馈情况中可以看出，家长和学生对直播课的满意度均在 95% 以上。

三、科学谋划，为开学做好充足准备

实现尽早开学复课是社会的共同愿望。学校按照山东省教育厅《山东省中小学校 2020 年春季学期开学条件核验细则》各项要求，进行了充分准备。制订新型冠状病毒肺炎疫情防控工作预案，向学生家长发送了《淄博柳泉中学预防新型冠状病毒感染的肺炎告家长书》，第一时间做好抗击疫情的准备。联系淄博红狼应急救援志愿队为学校进行消毒杀菌，严格落实学生每日疫情日报告、零报告制度，做好教职员工疫情防控日报告工作。在各个级部内开展了“战疫”宣传工作，各班通过美篇、网络视频及微信等形式，建立了“战疫”班级宣传阵地，学校将优秀作品发布到学校网站和微信公众号，形成浓厚的网络“战疫”氛围，学校有多个优秀作品被市文明办采用，发表于淄博文明网。

4 月初，学校在充分准备的基础上，开展了开学复课模拟演练活动。此次演练活动全程由老师扮演学生，重点模拟了出入校园、体温监测、清洁消毒、教室上课、食堂就餐、宿舍管理及突发疫情应急处理等环节，整个演练过程环环相扣、紧密有序。演练结束后，学校及时召开专题会议，对演练过程和成效进行分析研究，认真排查各项环节中存在的问题和不足，通过本次模拟演练，教师们进一步熟悉了各个环节，提高了应对疫情防控的应急反应能力，促进了学校防控和救治工作的科学化、标准化、程序化。

在上级教育部门的正确指导和全体教职工的通力配合下，学校疫情防控工作有条不紊、进展顺利，全校师生众志成城、共克时艰，为促进学生健康成长和全面发展交出了一份令社会满意的答卷。

（本文刊发于 2020 年 6 月第 22 期《教育家》）

第二节　班级管理篇

孩子，你的笑容比蜜甜

张玉梅

师德是什么？是“以身作则，无私忘我，做学生的表率”，还是“严慈相济，让学生如沐春风”，亦或是“尊重学生，理解学生，走进学生的内心”？或许都是吧。对于“师德”我没有明确的界定，但我知道教师如果没有了对教育的热情，没有了对学生的热情，师德就无从谈起。一个孩子，几个片段，几个故事，几点认识……

萌萌（化名），一个内向的女孩。萌萌本名中有一个“怡”字，“怡”乃快乐之意。初接班时看到她的名字，推想家长肯定是希望孩子快快乐乐的。一个快乐阳光的女孩子闪现在我的脑海中。

初次见面，别的孩子都大大方方打招呼，说“老师好”，萌萌却默不作声。看着她一直低着头，径直走到自己的座位，一脸严肃，我才知道这个孩子和我想象的不一样。等班级里的一切安顿好之后，我便走到她的跟前，和她话家长里短，从中得知这个孩子自小跟着爷爷奶奶长大，成绩不理想，微微有些自卑。知道孩子的情况后，作为班主任的我尽量让自己的言行充满关爱，同时告诉班级任课教师和同学们要多给萌萌一些鼓励。

日子长了，我对萌萌的了解也更多了些，这个孩子在班级里基本不和同学、老师交流，孤僻得很。看着她，我甚是担忧，成绩不好可以补，可没有语言表达能力、没有人际交往能力，以后的生活和工作怎么办？着急之余，我给她的家长打了电话。电话中，萌萌的妈妈一直在自责，说自己没有在孩子最需要关爱的时候给予孩子足够的爱。我和家长达成共识，下一步主要是对萌萌的鼓励和暖心。课堂上，我与萌萌常常进行眼神交流，课下也找机会与她聊天，希望能让她敞开心扉，然而萌萌的眼神始终是冷漠的，心门始终是闭着的。

半个学期，平静如水，我知道平静的湖面下定有涟漪。一天下午放学后很长时间，萌萌妈妈突然打电话给我：“张老师，都这个时候了萌萌还没回家，她爷爷还在校门口等着呢！”“啊，还没回！”我顿时一身冷汗，急忙穿上衣服，开车奔向学校。在操场的一个角落里，我们找到了她，瘦小的身影让人可怜。“孩子，这么晚了还没回去，怎么回事？”萌萌低着头，抠着自己的衣角，我知道问话无果，就先让家长把孩子带回了家。第二天我才得知原来是萌萌在家吃小妹妹的醋，所以不想回家。我找到萌萌，向她讲述了小妹妹来到这个世界上的意义，又和她的家长做了沟通，提醒他们注意在家的说话方式。因为害怕类似的事情再发生，我便告诉她每天回家后都要给我发一条信息。但是这样的要求，孩子到底会不会照做，我心中也没底。下午放学我还在回家的路上，听见手机QQ叮咚一声，拿起手机一看，我顿时热泪盈眶，QQ对话框中显示：“老师，我是萌萌，我到家了，谢谢您。”回去的一路上，我激动的心情久久不能平静……不为别的，只因孩子能主动和我开口说话。

随后的日子里，萌萌见面就主动问我“老师好”，上课也与我有了眼神的交流，询问作业情况也有了及时的反馈，我暗暗庆幸，这个孩子会越来越好！但好景不长，冬日的一天，正好雾霾，能见度非常低，我早早就到学校等待孩子们的到来。过点后，我发现就差萌萌还没到，于是赶紧给她的家长打电话，但她妈妈却说：“去了呀，自己骑车去的。”“可能天气不好，那我们等等吧。”我挂掉电话，耐心等待。20分钟后，依然未看到孩子的身影，我就坐不住了。万一孩子……万一孩子……万一孩子……我心急如焚，立即发动家长和老师们，在孩子有可能经过的地方，有可能会去的地方都去看看。到了中午，萌萌依然无影，我的心情说崩溃一点也不为过。正当我想报警的时候，班里的一个孩子对我说，她在实验楼的一个厕所里看到过萌萌，我赶紧飞奔过去，果然在。家长看到萌萌，上去就是一顿吼。说实话，当时我也想吼，但最终还是冷静了下来。我对家长说：“孩子待了一上午，天这么冷，午饭也没吃，先去给孩子买点饭吧。”“吃什么吃，饿着吧，长记性！”我知道家长是在生孩子的气，也知道他们现在的交流只会激化矛盾，在确保萌萌已经安全的情况下，我就让家长先回去了。到了办公室，萌萌战战兢兢，手足无措，我知道她肯定也怕，藏起来肯定也是有原因的，于是决定暂时先放放这件事。“孩子，吃点什么？”我小心翼翼地问道。萌萌愣了一下，没说话。我拿出面包，泡上麦片，让萌萌去隔壁桌先吃了饭，又给萌萌倒了一个暖水袋。待她吃完，我上去抱了抱她。 此时，我看到她流了泪，张了好几次嘴，最后说：“老师，我错了，我让你们担心了，我来的时候正好迟到了，我也不想上课，所以……”听罢，我心里既欣慰又难过，欣慰的是孩子肯跟我说心里话，难过的是孩子对上学已经失去了兴趣。看着孩子肯向我敞开心扉，我便借此机会，抓紧走进孩子的内心。家庭中、学校里、班级内、同学间，有关妈妈、有关妹妹、有关老师、有关同学，学习、生活、目标、人生……我们一直聊到下午放学。

我知道，孩子的教育是需要过程的，孩子的问题也是会反复的，所以期间每隔一段时间，我就会摸摸她的头，拉拉她的手。我能感觉到，萌萌的眼神已经不冷漠了。

在期末的家长会上，我给每个孩子都准备了奖状和奖品。当到萌萌的时候，我说：“谢谢你孩子，向我敞开了心扉。”话音未落，萌萌已经扑入我的怀中，我隐隐感觉到我的肩膀湿润润的，而此时在教室里坐着的萌萌妈妈早已泣不成声……

随后的日子里，萌萌各方面都有了进步，那天萌萌的组长惊喜地告诉我，萌萌给组里挣了好多颗星，她还用家里的烤箱给组员做了美味的饼干。有一天我进教室，猛然间看到了萌萌甜美的笑容，赶紧拿起手机捕捉了下来。孩子啊，你的笑容比蜜甜！

为人师，最高兴的事情莫过于自己的学生取得了好成绩，在成绩中最重要的莫过于精神成长，看到萌萌的成长与蜕变，我感到十分欣慰。

记得作家刘瑜在写给女儿的信《愿你慢慢长大》中这样写道：“愿你有好

运气，如果没有，愿你在不幸中学会慈悲；愿你被很多人爱，如果没有，愿你在寂寞中学会宽容。”萌萌宝贝，加油！

感恩遇见，谢谢你萌萌宝贝，你让我懂得耐心、爱心远比训斥有用得多！

写下文字，记录点滴，只为温暖你我。愿我们为人师，铸师德，做行动的巨人！

青春有你　用爱陪伴

韩晓龙

当飞鸟独自盘旋无人应和，当校园的蔷薇花开得正盛却无人驻足，当教室的黑板空映着桌椅少了生气，我们终于迎来了你们的身影。

“寒暑易节，始一反焉”，本是愚公开山的艰难，却成了我期盼这次开学最深情的感叹。疫情终将过去，青春有你，我愿陪伴。

有了孩子们的教室显得格外明亮，是他们的努力、善良、成长点亮了我的双眼。我愿每天每时，和他们相处，与他们聊天，说说这迟来的新学期。或许，重新开始，前行的脚步会有所沉重，但我们要携手前行。

佝偻的坐姿

新学期的第一天，单人单桌，没有过多地安排座次，先来的从靠窗起依次坐。金希同学坐到了正中间第二排。一个男孩，经过了这漫长的寒假也长高了不少，可坐在那里总是佝偻着，第一节班会课就引起了我的注意。课下我找他聊天，玩笑似地问他缘由，他竟然回答说：“没在C位坐过，不适应。”语气中带着这个年龄段孩子的调皮，但却戳中了我的内心。正如他所说的那样，像他这样学习成绩不好，纪律不好的同学，确实很难走进老师心中的“C位”，长此以往根本不可能在这高手林立的教室里建立自信，“佝偻着”可能早就成了他的常态。从此刻起，为了不再让这样的状态持续：“新风系统、课件操作视频、电子黑板、照明灯，都归你管，疫情期间这些很重要，需要有人来组织管理。”我在思考后，借着他在电子设备使用方面的优势，给他安排了这么个工作。我能看得出他的开心，但他还佯装成嫌麻烦。第一天，黑板灯没关，我拍照发给孩子父亲，让其转告，说明情况，并加一句“不需多说，孩子有数”；第二天，新风系统没关，做法依然；第三天，他最后一个走的，一切安好。现在的教室里，又多了一份担当。

混乱的书桌

这次临时安排的座位，确实不够理性，但也着实带来了不少惊喜，郭艾威同学便是其中之一。他“身量高大、体态壮硕”，看着已经快要接近我的体格了。

可是，每次和艾威的妈妈聊天，总能听到“他就是个孩子，比较单纯，各方面需要多照顾”之类的话。确实也是如此，艾威同学现在都十二三岁了，鞋带还不会系！可是“不巧”，他就坐在了进门的第一张桌子那，每天的卫生例行检查，学校领导的巡查，碰到哪一项都让人头大。“同学们！学期开始，我们从规范做起，书桌整齐，地面干净。艾威同学坐在第一位，那我们以他为标准。”同学们一阵窃笑，我明白孩子们的心思，又大声说道：“我相信他一定能做好，请同学们监督，也请郭同学提醒全班。”看到艾威憨憨地点头，我心中多了一份期待。每每看到他煞有介事地整理着书桌，内心更多了几分欣慰。从那天起至今，一切如常，如艾威同学整齐的日常！

渴盼的眼神

雨田同学，一个羞涩的女孩，学习、生活处处优秀，却总是怯生生的，十分拘谨。在我和她的聊天过程中，她时刻准备着做出回应，毕恭毕敬。这样的学生本该是老师的“至宝”，可我希望她多些生动，青春当如此。在和她妈妈的沟通中，我知道了孩子爱花、爱画，机会便由此而发。“雨田，疫情期间我们没有办法好好照料咱们班的绿植，你看都枯萎了。班里刚买来的这些，老师希望有人能好好照顾，你愿意担起这个责任吗？”之后，摆放、擦拭、浇水，成了她到校后必备的程序。“雨田，叶子不用擦。”“我想让同学们都看到她的绿。”依旧是细声细气的回复。但透过那微笑的眼眸，我能感受到她多开心，多善良。我心想：“待你明天开花，也必能四时绚丽。”

……

我越来越能理解“每位学生，才是教育的意义”这句箴言，每天看着这一群可爱的孩子，透过他们或是张扬，或是内敛的外表，去唤醒他们内心的美好，那么一切辛劳便都值得了。

在此疫情下的特殊时期，我愿写下：我爱那寒冬，也不愿错过此夏，更不愿错过你的青春丝毫。

（本文刊发于2020年11月第32期《江西教育》）

我不是“秀儿”，我是黑马！

谷加月

“秀儿，你考了多少分？”

“我不是秀儿，我是黑马！”

这是期中考试后学生的一段对话。是“秀儿”也是“黑马”的是小霖同学，小霖同学是初一下学期转来我们班的，这位同学让我对“爱与欣赏”有了更深层次的理解。

小霖刚转来的时候，我给了他一份试卷，他的基础知识掌握得还可以，我心想孩子水平应该还是可以的，只需持续跟进、严格要求。我对他期望很高，但成绩一次次的直线下滑把我拉回了现实。“到底怎么了？”我一遍遍反思。找不出原因的我，渐渐“说服”自己：我肯定是判断错了，小霖在能力方面肯定是有欠缺的。有一段时间他几乎就成为我眼中的“差生”了，或许是心中的不甘，不甘让任何一个孩子的光芒被掩埋，沉思了几天后，我又开始了探索之路。

从古至今，从孔子、陶行知、苏霍姆林斯基身上都可以找到的共同点就是爱心，我反复思索着，如何真正地践行我们学校的“爱与欣赏”的教育理念，当春已近，花未开的时候，我们要做的不是放弃，而是带着爱与欣赏，来静待花开。

一次数学测试，我重新看到了小霖眼中的光芒，一道填空题问“27 的立方根是多少”，小霖写了“$\sqrt[3]{27}$”。看到试卷时，我真是哭笑不得。在习题课上，我问小霖：“$\sqrt[3]{27}$等于多少？”小霖和班里孩子们都笑了，小霖答道：“3。”我说：“小霖，你有点优秀啊，咱可以多写一步的，看来以后应该叫你‘秀儿’了。”孩子们哈哈大笑，小霖却因为被关注了，眼中闪烁着光芒。课下我及时反思，通过各种方式让小霖感受到我对他的关爱与欣赏，充分调动小霖学习的积极性。我时不时与小霖互动：“哟，‘秀儿’，今天来得真早啊！”“‘秀儿’果然很优秀，作业完成得不错嘛！”“‘秀儿’都能为组争光了呀，不错不错！”一次次的欣赏与鼓励，小霖同学早读再也没有迟到过，作业一次比一次认真，上课主动举手，课下还会自主复习。

其实每个孩子眼睛里都有光芒，等着我们去发现，去回应。而作为老师的我们需要给予孩子们欣赏和爱的阳光，孩子们是一棵棵成长的小树，有了阳光的沐浴才会长得更快、更健康。

不出所料，在接下来的一次检测中，小霖的数学答了满分，我和同学们说：“这次检测咱们班只有一个同学满分，是一匹黑马，小霖同学！”孩子们惊讶着，从此“秀儿”变成了“黑马”。

为何短短的几个月，孩子的变化如此之大？我想，在这里面“爱与欣赏”发挥了很大的作用。这段经历，给了我太多感动与启示，这个我差点认定为“差生”的孩子，如今已是品学兼优。在这美丽的转变背后，他付出的艰辛与努力，我们可想而知。他的转变，使我在惊喜与欣慰的同时，获得了更多的思索。歌德说过：“最真诚的慷慨就是赞赏。”每个孩子心中都有一颗渴望成功的种子，教师的爱与欣赏就是适时的阳光和雨露，我们要帮助这颗希望的种子在孩子们心中生根发芽，用“爱与欣赏”的力量呵护这些幼苗茁壮成长，直到成功、成材！

我的教育故事

商丽丽

一个偶然的机会我进入了初中校园。这几年，我像大部分年轻教师一样，感觉对孩子严厉就是所谓的“对孩子好”，但我越来越发现那真的是我们自私的表现。我们只不过是追求带出好的班级，考出好的成绩，孩子们只不过是我们展示自己的一个工具罢了。但是，只要我们深入孩子们的内心，真正了解他们的需求和心里的想法，就会发现孩子们的世界真的很单纯，而且他们对老师的爱远远超过了我们。下面我跟大家分享几个暖心的小故事吧。

学生 A，长得高高大大的，但是很调皮。任课老师都向我反映这个孩子上课不认真听讲，爱说话，小动作比较多。因此，他也就成了我办公室里的常客，有时候我也会很严厉地批评他。

但是这个孩子平常见了我还是很热情地打招呼，并没有因为犯了错误就躲着老师，或者跟老师作对。在一次跟家长的沟通中，这个孩子震撼了我的内心。孩子妈妈跟我说：“商老师，今天孩子放学特别开心，说放学的时候商老师跟他说再见了，还说商老师对他比妈妈对他都好。”听到这句话，我真的感觉自己无地自容，自己对他肯定比不上对自己的孩子好，甚至有些时候还感觉有些烦他，但是仅仅说了“再见”这两个字，孩子就会感觉老师对他的爱超过了妈妈的。从那天开始，我开始观察这个男孩儿，我发现他并不是故意捣乱，有些时候他只是无意的一些动作，可能在安静的课堂就显得很突兀。但是我们又有几个老师能真正静下心来听听孩子们的解释呢？课堂上，我总是有意无意地走到他身边摸摸他的头，给他一个肯定的眼神，一句肯定的表扬，我发现这个孩子竟然慢慢地改变了。课堂上这个孩子能够安静地听课，也不再捣乱，课下的任务也总能很快地完成。所以，我们多点耐心给孩子们，不要吝惜我们表扬的话语，孩子们肯定会给我们一个不一样的结果。

学生 B，一个小姑娘，刚进入初一校门，进入我的班级，这个孩子就引起了我的注意。跟别的小姑娘不一样的是，她缺少了刚上初一的孩子的稚气，多了些许成熟，头上闪闪的头花特别引人注目。我心里想着，这个孩子肯定会是班上的刺头，如果引导不好，这个孩子可能就完了。正式开学之前我就开始从各个方面去了解这个孩子，我发现孩子的这种情况跟家庭有很大的关系。教师节那天的中午，孩子却在午休的时候不见了，校园里的各个角落都没有她的踪影。学校的领导和老师们都来帮忙找，家长也着急地赶过来了。当家长到校门口的时候，孩子正从路口慢慢地往校门口走着。这时候，孩子的爸爸不顾旁人的劝阻，上去就破口大骂，那语言完全不像骂自己的孩子，感觉有多大仇恨似的，甚至还要动手。

当时所有老师都震惊了，这确定是孩子的父亲？还好妈妈比较护着孩子，我们赶紧把孩子拉进校门，让爸爸不要伤害到孩子。孩子哭着跟我们说，她只是中午抽空去看了看小学老师，她也意识到没提前跟老师说一声是自己错了。在跟孩子妈妈的沟通中，我了解到她跟孩子爸爸离婚了，孩子跟着爸爸，爸爸还不让孩子跟妈妈见面，所以才导致了这样的情形。从那时候开始，我给了这个孩子更多的爱，看着她难过的时候我会去抱抱她，渐渐地，这个孩子也慢慢转变了。上课能认真听讲了，下课后还经常去问老师问题，她的成绩也从班里的倒数慢慢提高了。

通过这两个小故事，我感觉做个严师没有错，但是我们需要反思的是我们是真正发自内心的单纯地为孩子考虑的严师吗？我们是不是都或多或少掺杂着自己的私欲呢？我相信，只要我们真正为孩子考虑，即使再严厉，孩子们和家长们也是可以接受的，孩子们也会感受到你对他们的爱。

疫情下，“爱”愈浓

李欣蔚

一场突如其来的疫情，打破了教育的常态，师生与家校沟通的频率似乎变低，然而这里的“爱”却不间断……

2020年的开学伊始，我没有在校园里看到孩子们一张张可爱的脸，没能在教室里与孩子们交流近期生活的心得，没能在校门口邂逅接送孩子的家长，反而天天对着电子屏幕，在线上与孩子们交流，通过微信与电话，与家长沟通孩子们近期的学习和生活情况。许久没有看到孩子们，就算天天上网课，与家长随时沟通，作为班主任的我，对孩子们依旧是百般想念。

一场特殊的会议开始了……

通过网络，我与48名同学和48名家长，在线上会议中相见。开会之前我打电话请教了一位有经验的老教师，在这个特殊时期，用这种特殊的形式开家长会，需要注意些什么，我把她说的都记在心里。同时，我再次翻看了同学们近期的作业、评估材料等。精心梳洗打扮后，我登录了会议室，一遍一遍看着自己准备的材料。

一、生生不见，“爱”亦显

会议开始的时间还没有到，不过陆续有很多家长和孩子已经登录了。家长和孩子们不知道登录后说话的声音我可以听到。作为一个旁观者的我，听到了孩子们和父母日常的对话。

先是悦和妈妈的对话：“今晚咱俩得把地理的背诵再过一遍，我和你一起把作业单上的作业检查一下，妈妈和你一项一项检查。”“好的，妈妈。”接着悦妈妈又问孩子：“家里的平板电脑怎么没有电了，你是不是白天又偷看视频啦？”

话语中，流露出妈妈对女儿学习的督促与关心。接着是尧上线了，他性格活泼，成绩不太稳定，不过他可是我班的潜力股呢！“终于进来了，李老师怎么还没有来啊，啦啦啦，月姐好，悦姐好，你们都来了啊，特别想你们，好想回到教室，咱们一起线下听课啊！”能看得出来，尧很热情，对这样的会议形式感到很新鲜，迫不及待地跟其他同学打招呼。

我特意把自己的话筒调成静音，关闭了我的摄像头，没想到他们进来后，都很激动，互相打招呼，一个个聊了起来。一句句问候，一个个灿烂的笑脸，一阵阵欢笑，同学们之间的情谊没有因为疫情而变淡。家长们也激动万分，互相问候。我不忍心打破这其乐融融的场景。

作为班主任，许久没有看到自己的孩子们，不过就这样静静地，作为一个旁观者看着孩子们和谐相处，有温度的亲子对话，我心里也暖暖的。亲子关系与同学关系的融洽，是我平时花大力气去引导的，教育不是一味地分数至上，关系的和谐与融洽会影响孩子们一生的发展。

二、分享不断，“爱”甚久

会议一项一项地进行，其中一项是分享环节，我感触颇多。孩子们自告奋勇，积极分享自己的学习和生活。月和周分享自己的作息时间和上学时相同，为自律的孩子点赞！飞、周和尧多次提到了网络直播课让自己体会到了能正常在学校学习是一件多么幸福的事情！凯逸、震瀛等同学竟然提到想念上学时，老师催交作业的美好时光。宁则反思自己每门科目学习的不足，提出了自己今后努力的方向。宸和悦的父母一直在一线工作，两个孩子一直是自己在家里学习，通过这次会议，孩子们认识到各自在自律方面还存在很大的进步空间。孩子们一个个都很谦虚，反思着自己的不足。通过屏幕，我能感受到孩子们在听别人的故事的同时，自己也深受启发，一双双眼睛的背后，有思考、有希望、有憧憬、也有遗憾……

当然，家长们的分享也各有千秋。周爸爸从孩子生活谈论到了学习，从评估材料谈论到了具体知识点的学习，从孩子日常的作业谈论到自己学习后给孩子讲解等问题，最后表达了自己对学校的感谢。我听后很受感动，家长对学校能有这样的评价，我们再苦再累也值了。凯逸妈妈则分享了自己督促孩子学习的方法，因为自己也是老师，也需要备课直播，家里还有老二，陪伴凯逸的时间会少些。凯逸妈妈多次提到孩子近期学习的具体情况，完成老师布置作业的同时，自己主动完成家长给他布置的教辅资料上面的题目。震瀛妈妈也是老师，给学生做网络直播课程占据了自己很多时间，对于震瀛的学习只是偶尔监督一次。她对老师们在上网课期间的认真负责评价很高。

疫情下，对于学习，孩子和家长有太多太多的话想分享。每一次分享都是一次心灵的反思。触碰心灵后的教育会更加真实，更加灵动，更加靠近教育的真谛。

此时此刻，97个人在同一个频率上共同分享着教育的点滴，对于教育，这份“爱”也越发浓厚。

三、沟通不停，“爱”不断

当会议进行到高潮的时候，因网络环境不稳定，我们不得不停止会议。我又变换了方式，去每个小组的微信群语音开会。只要对教育的“心”真挚，每种形式都是最合适的。

特殊的疫情，特殊的形式，会议虽然没有一个完美的结局，但97颗心却彼此更近了，心与心的碰撞更加精彩了。

会后，家长们纷纷在群里分享了这次家长会的收获，我也趁热打铁鼓励孩子和家长们。不知不觉，3个会议结束后，已经接近22点了。有三位家长打电话给我，尧妈妈，清楚地认识到作为父母，自己在教育孩子方面的不足，也开始反思自己与其他父母的差距。瑜妈妈，从三年级就开始放手孩子的学习，此刻终于体会到了盯紧孩子的学习，对孩子来说是多么重要。逸妈妈，更加明确了今后和孩子努力的方向，坚持不懈，为了孩子美好的将来努力。

教育，是心与心的交流，发自内心的触动，比说教的收获更大。

挂了最后一个电话，回复完最后一位家长的留言时，已是23点整。我激动的心许久不能平静：看到自己48个孩子努力的样子，听到48个孩子心灵的触碰，感受到48个家庭温馨的气氛……

疫情下，“爱”愈浓。

“爱与欣赏”　润色校园

王子昕

一年的从教经历，让我深深体会到了什么叫时光匆匆如白驹过隙。这一年的成长和收获虽说看不见摸不着，但自己却感触至深。作为刚入职的青年教师，我感觉每天都有使不完的劲，充满热情地投入到每一天的工作中，在柳泉这个大家庭中，秉承着“爱与欣赏”的育人理念，一点点摸索着自己的教学之路。一年来，除了完成语文教学工作以外，我很庆幸自己成为了一名班主任，也正因为这样，我比别人多了一些实践、学习和不断进步的机会，不断尝试着把“爱与欣赏”注入每一个孩子的心灵。还记得学生们刚入学的第一节课，我有些紧张地站在讲台上，看着这一张张稚嫩的脸庞，他们坐姿端正，腰背挺直，眼神中充满了好奇与渴望，纯真的目光聚焦在我身上，这一刻，我明白了我的使命和责任，更为自己的职业感到自豪和骄傲，同时也庆幸自己的成长之路有他们的陪伴。

刚踏入工作岗位时，自己虽有一腔热情，但由于经验的缺乏，常常找不到班级管理的有效方法。学校和级部会常常组织培训，给我们向有经验的教师学习和取经的机会，在其中我学到了许多可行的办法，这让我的语文教学和班主任工作有了新的方向和头绪。在将近一年的摸索中，我渐渐地发现了初一学生所特有的个性，他们刚刚离开小学，正处于人生角色转变的一个关键时期，并以各自不同的情况进入了青春期，显现出想要展现独特个性和争取独立权的倾向。这是一个很让人头疼的问题，不同的学生也显示出了不同的问题倾向。一年的时间，我不断摸索，不断尝试，渐渐地摸清了不同性格孩子的心理世界，也渐渐地找出了与他们较好沟通的办法。班主任的工作很琐碎，包含各个方面，没有预估性，但现在的我也能从容应对下来。

1. 关于早读：由于每位学生到校时间不一，为了利用好早读的时间，学生从进门整理书包到完成早读任务都是站着的。一是为了使学生注意力更加集中，不被桌子上的闲散学习工具吸引；二是提高自觉性，更快地投入到学习中，看到别人站着读书，自己会不自觉地跟上班级早读的队伍，并且班级设置了“早读明星”，给最快进入早读状态的同学加分奖励。

2. 关于午读：为了提高学生的吃饭速度，利用好午饭后的时间，午餐后班级设置了两个阶段的任务。第一阶段语文，以读书为主，要求小组 4 人到齐后，站着齐读语文材料，根据读的质量和速度进行排名，并有不同的加分奖励。通过这项任务，一是避免了吃饭说话的现象，加快了吃饭速度；二是站着读书消化食物的同时还积累了语文素材，培养语感。第二阶段学生们静下来做几道数学题。经过一个学期，同学们已经养成了习惯，基本不需要多督促，有些同学在这段时间甚至可以做到第三个附加任务，进行额外拓展。

3. 关于小组的量化：4 人为一组，共分为 12 个组，根据成绩分为 A、B、C、D 四层，组长为 A 层，然后采用 A 带 D，B 带 C 的方式，争取让 B、C 层往 A 层冲，D 层有进步。组长坐在小组的右下角位置，能时刻关注组员上课情况，及时提醒。经过一段时间后，已经有组长带出组长的现象。小组的加分采用发星星和加分并用的方式，一周结算一次，表现好的小组发心愿卡，由老师和家长共同帮他们实现心愿。

4. 关于放学：采取“10 + 10”，即 10 分钟收拾书包，10 秒钟走出教室站队的方式。刚开始从收拾书包到站队放学需要半个小时，同学们边收拾边聊天，通过给他们设置时间以及倒计时的方法，使他们慢慢地有了时间观念。

5. 关于“交作业”专栏：交作业一直是开学以来令老师非常头疼的问题，尤其是周一早上收作业，整个过程能长达 20 分钟。通过跟课代表交流以及观察，我发现这么慢的原因是大部分同学不知道要交什么，课代表需要挨个通知到组长，组长再通知到组员，然后组员再翻书包找，效率特别慢。于是我们便在后面黑板设置了“交作业”专栏，每天放学后，由课代表晚走几分钟，把第二天要交的作业写到黑板上，比如“语文—随笔”“数学—大演草”，再统一发到群里提前准备好。第二天早上，同学们只要把需要交的作业放到组长桌子上就可以开始早读任务，非常节省时间。

6. 一个捣蛋鬼的转变——小 J 同学：小 J 同学是一个调皮的男孩，各方面习惯都非常不好，坐不住，脾气很暴躁冲动，所以我总是会提醒批评他，批评他的时候，他会表现得非常难过，但是起不了多长时间的作用。之后一次偶然的机会，我送他回家，得知他父母带着弟弟在外地，自己跟着奶奶住。其实这个孩子本质并不坏，通过慢慢地交流和观察，我发现，他不知道怎么做是对的，怎么做是错的，在班里经常好心办错事。一次交流中，他说自己想改，但无从下下手，于是在征求了他的意见后，我们先达成了一份口头约定。我承诺他不会在班里公然批评他，但是如果他做错了，我会盯着他五秒钟，他也承诺我行动之前会多思考一个问题：这样做对吗？刚开始的时候我的眼神好像有某种魔力，会远远地把他紧皱的眉头舒展开，他能反应过来自己做错了，甚至会无意识地“哦”一下，慢慢地便不需要我再过多地提醒他，我盯着他的次数和时间都减少了。针对他坐不住的问题，军训的时候我偶然间拍了一张他非常严肃的照片，紧皱眉头，坐姿端正，我就把这张照片贴在了桌子上，并让他多看看。

这个孩子最大的优点是非常热心，班里各方面的事情他都抢着干，但是不太讲究方式和方法，总是好心办错事。所以我给了他生活委员这个职位，并且发现班里比较得力的班委给同学们服务时，我会给他讲，让他自己思考和判断，适合他的他会记下来，起先模仿着做，慢慢地再形成自己的方法。慢慢地他也变成了一名得力的助手、热心的同学，一切都在慢慢变好。

“爱与欣赏”是一种理念，对我来说更是从教之路的指向标，在每一个孩子心中种下爱的种子，让这种美好得以传递，润色校园。

用爱与责任托起教师梦

李欣蔚

古人云：不忘初心，方得始终。教育何尝不是如此呢？不忘教育初心，方得育人始终。作为年轻的一线教师，应着十九大的感召，我一直坚信，用爱和责任终将托起我的教师梦！

在不忘教育初心的道路上有些许记忆，让我时时不能忘却。

去年秋末，刚休完产假的我中途接手了两个班级，这两个班级的语文成绩不是很优秀。那会儿离期末考试还有一个月，如何在短时间内提高两个班级的语文综合素养，提高学生学习语文的兴趣，是我首先需要解决的问题。

一班上课，语言尽量活泼，用自己带动整个班级的气氛，有时候为了让学生对一个知识点感兴趣，我恨不得说学逗唱十八般武艺全都用上，就这样一点一点唤起他们对语文学习的兴趣。五班上课，我便收敛起自己的“十八般武艺”，尽量控制课堂太过于活跃的现象。经过半个学期的努力，他们的语文综合素养都提升很快。

当然，这个过程不是一蹴而就的，期间也有许多小挫折。

一、流泪的璇璇，笑了

接手的五班，有两个课代表，一女一男，俗话说得好，“男女搭配，干活不累”。的确如此，五班之所以进步很大，离不开课代表的辛勤付出。不过女课代表璇璇，早早就引起了我的注意。

璇璇个子不太高，每次见到我总会咧嘴一笑，看得出来她很尊敬我。可我总觉得她的笑不是那么自然，有点心事重重的样子。临近小中考，璇璇额头上起了好多小豆豆，笑容也越来越少了。下课后，我把她叫到办公室：“璇璇，最近还好吗，是不是有心事啊？”璇璇哇地一声就哭了，哭得很伤心：“老师，我总觉得自己不够优秀，自己比别人差，怎么努力也不行，老师，我该怎么办？”我帮她擦去眼泪，这么优秀的孩子，依旧缺乏自信，缺乏对自己的认同。上课铃响了，她擦了擦眼泪，依旧在啜泣，说不能耽误上课，便回教室了。我接着就去找班主任询问璇璇的情况。跟我想象的一样，压力太大了，总是太焦虑，永远都觉得自己不行。

在以后的日子里，每次她来我办公室送作业的时候，我就会跟她拉拉家常，“璇璇，老师相信你绝对没问题！你那么棒，那么优秀，怕啥？”这句话也成了我们俩之间说的最多的话。渐渐地，她的笑容也越发甜美起来。记得有一次作文，她是这么写的：“悲伤难过的我看到您的笑脸后，全身都充满了奋斗的动力，瞬间从一个沉闷的世界到了一个阳光的世界。您拥有世界上最美的微笑。您的微笑已在我的人生道路上根深蒂固。我很荣幸能与您的微笑同行。”

流泪的璇璇，发自内心地笑了。

二、苦闷的家长，笑了

都说家长是孩子的第一任老师，为了尽快了解这两个班级的学生，前期在与家长的沟通上，我也花了很多心思。一班和五班的家长，是两种截然不同的风格。所以我运用的沟通方式也不同。

一班的家长比较活跃，积极主动一些。我刚接班那会儿，跟家委会主任晨晨妈一天至少一个电话，一个电话至少二十分钟，微信天天沟通。不管是这个班的学生，老师，还是家长，晨晨妈总是主动给我介绍，沟通起来一点障碍都没有。

五班的家长相对于一班来说，不会那么主动，但我能感受到他们的爱子心切，对孩子们语文成绩的提高十分急切。每位家长都会认真分析自己孩子的优势和弱势所在。

两个班级的家长有个共同特点，那就是对待孩子语文学习的信心都有待提高。我感到自己肩上的责任沉甸甸的。

功夫不负有心人，接班不到半年的时间，两个班的语文成绩都有所提高，孩子们整体上对语文学习都有了极大的兴趣，语文素养也有所提高，再也不是那些谈“语文”色变的孩子们了，苦闷的家长也开始对孩子们的语文学习有了信心。

苦闷的家长，笑了。

路漫漫其修远兮，教师之路任重而道远。不忘爱的初心，牢记责任的使命，我会一直用爱和责任托起我平凡而又伟大的教师梦！

爱与欣赏理念指导下的“共情”教育案例分析

李晓萌

摘要：班主任是班集体的组织者、教育者和指导者。班主任的管理方式和一言一行都会对学生的身心发展产生潜移默化的影响。对于班主任来说，如何把“爱与欣赏”的理念贯彻到日常教学和德育工作中，发现学生的闪光点是至关重要的。本文结合实际教育案例，总结反思“共情”德育方法，谈一谈班主任的“管理之道”。

关键词：爱与欣赏；共情；教育案例

第一，班主任要善于结合成长经历与学生产生“共情”，做到晓之以理，动之以情。“教无定法”是说在教学过程中没有固定的一套方法。同样，在教育和管理学生时，也不能采取一刀切的方法。比起严苛的规矩，有时候带有真情实感的师生沟通会产生更好的效果。

我所带的班级里有个内向的小姑娘，入学成绩不算理想，属于在班里缺乏存在感的学生。但是她的优点也有很多，比如十分遵守纪律，责任心很强。这种表现不算突出的学生，想得到老师的关注是比较难的。因为在实际教学工作中，老师可能把过多的精力放在优秀生和后进生身上。我一直相信，这个女生一定可以在老师的关注和鼓励下慢慢进步。果然，在与她的第一次谈话中，我了解到她在小学是非常优秀的，只是上初中后自己在学习上有点吃力。面对优秀的同学们，她越来越不自信了。这时，我想到自己的妹妹也与这个孩子有相似的特点，成绩不算非常好的同时又非常缺乏自信和关注。心想，我多么希望我的妹妹在学校能多得到老师的鼓励和帮助啊！从那一刻起，我把这个小姑娘当成了自己亲妹妹，不断地鼓励她，肯定她。当天晚上，我收到了这个学生家长发来的消息，得知孩子在与老师沟通后非常开心，学习劲头越来越足了。后来，我经常与这个孩子谈心，并交给她一些班级管理的小任务，锻炼她的表现力。现在的她，不光学习上进步非常大，还成了我在班级工作中的得力助手。每次安排给她的工作，她都竭尽全力，完成得非常完美。"共情"在这个教育案例中展现出了巨大的作用，因此，教师要有一双善于发现的眼睛，也要多去挖掘那些存在感不强的学生身上的潜力。教师还要有一颗细腻的心，在教育学生时，除了必不可少的理性外，还要多一些感性去爱和欣赏学生。

第二，班主任要善于结合自己的学习经历与学生产生"共情"，做学生的好榜样。作为教师，面对许多学生遇到或出现的问题，应站在学生的角度分析原因。教师也经历过学生时代，设身处地地去为学生考虑，在与学生谈话时，与之产生"共情"，也是教育学生的一个好方法。

班里的一个男同学性格有些偏激，他从不认为自己是一个好学生。有一次运动会，他因为没有报名成功而把自己关在小屋里闷闷不乐了一整天。我与这个学生从学习的角度沟通多次后也没有什么效果。有一段时间，他的成绩有了起色，但是好景不长，没过多久他就又放松了对自己的要求。其他的任课老师也觉得对他没有什么好的方法。但我认为，既然他有快速进步的能力，就有持续进步的能力。这一次，我打算和他从英语学科之外的角度聊一聊他的学习。在与他的沟通中我了解到，他对地理学科很感兴趣，就不想学习别的学科，甚至出现不写其他学科作业的情况。我把自己初中时代的经历和他分享，告诉他初中的时候我也最喜欢地理，而且每次都能考接近满分。但我却从没有放弃其他学科，反而学习了英语专业，成为了英语老师。我告诉他热爱并不是学习唯一的动力。在这一次交谈后，我看到了他的改变。在周末和假期中他经常问我问题，下课后也经常来和我交流难题。果然在期末考试中，他取得了包括英语学科的全科的巨大进步。考完后他给我发了一条消息："感谢老师没有放弃我，所有的题只错了四个，下学期我会继续努力，超过某某同学。"看到这条消息我非常高兴，也非常激动。我想，是我的学习经历和学习态度影响了他的学习态度。在教育过程中，当教师不再高高在上，而是把自己当成学生的一份子时，教师与学生之间的"共情"便产生了。当学生感受到爱与欣赏后，他自然会改变自己的态度，而态度往往能决定一切。

第三，班主任要善于抓住学生需要的情感，给予学生足够的关怀。初中生处在情感发展的关键期。家长的爱护，同学的关心，老师的鼓励对他们来说缺一不可。但有一部分学生由于各种原因，缺乏家人的关爱和安全感，从而导致在校时产生各种不良行为。这时候就需要老师多理解，多关怀。

班里有个王同学，这个孩子给人的第一印象绝对不是个优秀的学生。因为他的不良习惯有很多，学习态度也不好，字迹潦草甚至连老师们都看不清，最重要的是他与人交流时态度很不好。尤其是在受到老师批评时，情绪容易激动，想法也比较偏激。在这种情况下，他的成绩并不理想，甚至到了中下游的水平。但是我通过分析他的入学成绩后，了解到他的入学成绩很不错，我开始关注他的表现并试图帮助他。体育期中考事件后，我对他有了改观。还记得初中的一次体育期中考当天，他忘记了带老师多次强调的跳绳。当时全年级的学生都要考试，他甚至无处可借。当时的他非常着急，在教室门口哭了，而且攥着拳头狠狠地打自己。我安慰他时，他告诉我他是单亲家庭，父亲工作忙，而且身体不好，有时候对他照顾不上，忘记带跳绳完全是他自己失误。当问到他妈妈时，他情绪更加激动了，这时候我意识到，要先解决眼前的问题才行，家庭的问题和矛盾不能影响他的学习和考试。从那之后，我会有意地多关注他，走到他的座位旁边时会多看一眼他的作业，在他的作业上写几句批语，还经常找他谈心。在后来的一次谈心中，我了解到，他认为自己的小学是农村学校，师资和生源都不够好，这让他也产生了自己就是差生，无法与初中的优秀生们竞争的观念。这一次，我还是拿自己举例子，把自己的小学和初中经历讲给他听，给他鼓舞士气。渐渐地，他变得开朗起来，有什么事情都非常喜欢与我分享。他的成绩也有了很大的进步。虽然还有许多需要改进的地方，但他的态度和乐观精神让我感到非常欣慰。缺乏爱的学生往往比较自卑，甚至会有偏执的心理，这时候教师一定要格外关注他的言行，发现他的优点，用“爱与欣赏”的眼光去温暖他。

以欣赏的眼光关注学生，以赞扬的语言鼓励学生，以真诚的爱心爱护学生。唯有始终秉持着“爱与欣赏”的教育理念，才能发现学生的闪光点，让每一个孩子拥有如满天繁星般闪耀的生活和未来。

基于“爱与欣赏”教育的德育活动案例

盛佳

受疫情影响，初一下学期的开学迟来了三个多月，但总算是可以恢复正常的教学秩序了。经过了一个漫长的寒假，很多孩子都长高了不少，学习状态也从刚开学时的新奇不适应，到慢慢习惯课堂、融入课堂，互动和听课专注度都有所提升。但是，通过一周左右的盯课堂，我发现了很多孩子的巨大变化，其中一名学生走神比较严重：听着老师讲课的同时，手中动个不停，茫茫然不知该干什么，无所事事混过了一节又一节课。每当我去提醒他的时候，发现他基本跟不上课堂节奏：老师在讲卷子，他在发呆；老师在讲同步了，他看向窗外……

就在某天上午第二节数学课时，我又从后门巡视课堂，其他孩子都抬头看着老师，只有他低着头，抱着书包，走近一看，他居然在用手机打游戏！我立即上前没收了手机，准备下课再处理。离开教室，我从后门又望向这个同学，他好像在极力让自己镇定下来，但身体微微的抖动已经“出卖”了他的内心。

难道沉迷手机游戏就是他产生变化的根本原因？带着疑问，我拨通了孩子爸爸的电话。

孩子爸爸是个急脾气，一听我说孩子上课玩手机，就开始大倒苦水，讲述自己工作辛苦，可回家后孩子还是不让自己省心，每天都要催促他完成作业等。孩子一旦懒惰拖拉，父母就会情绪激动，感到恨铁不成钢，打骂更是家常便饭。其中，孩子父亲不经意间透露出，孩子在假期时曾经有两次想要自杀的行为。我吓了一跳，这不就是应该重点关注的可能有心理问题的学生吗？也许，手机游戏并不足以完全解释他这段时间以来的各种反常表现。

通过这次家校沟通可以得知，原生家庭的冷漠和暴力，已经在孩子的心灵中扎了一根刺，家长对孩子学习的严格要求和对内心情感的置若罔闻，也让孩子对自己产生了怀疑。之后，我和这个孩子来了一次简短的交流。他的想法很单纯，在我宽慰关心的话语下，他打开了心结，向我直接表达了他在家庭中受到的冷落和压抑，对父母的无奈、对自己的自暴自弃。

但是，随着我的几句鼓励性的话语，他又重拾了信心，并且立即行动了起来，不仅课前准备的速度加快，还能帮忙维持纪律，中午也不用再催促着午休。其实，他也不需要太多的肯定，甚至只要简单的几句话就可以让他的心情马上晴空万里。可是，没有人肯定他的时候，就只能自己忍着。我想到自己也曾对他有过一些冷落和指责，不禁感到十分愧疚。最近准备抽个时间，对他进行一次专门的家访，希望能对他紧张的亲子关系产生一些缓和的作用，让他在家中也能多感受到一些温暖。

确实，每个孩子都是一朵含苞待放的花，暂时的风吹雨打也许能培养他坚强的品格，但长时间的狂风暴雨势必会将花朵摧残，只有用“爱与欣赏”才能灌溉出他最美丽的样子。今后，我也要多观察、多沟通、多反思，根据孩子的性格特点调整工作方法、制订德育计划，用心浇灌每一朵花，让他们都能健康快乐、茁壮成长！

家校共建，携手共进

金晓

“金老师您好，太感谢您了，小惠昨天晚上 9 点就写完作业了，今天早晨闹钟没响就自己起床了。”我一回到办公室，就接到了我们班写作业困难户——小惠的妈妈的语音电话，她那兴奋的话就如同百灵鸟的叫声飞进了我的耳朵，甜美了我的心窝。小惠是我们班“鼎鼎有名”的人物，她妈妈也是各科老师办公室里的常客。

“金老师，我们该怎么办啊，小惠回到家吃完饭就坐在客厅看电视，拽都拽不到书房去。”

“那她在看电视的时候，你和他爸爸在做什么呢？”

“累了一天了，就想躺在沙发上看电视、刷手机。”

“首先，孩子刚上初中，和你们在一起的时间十分有限，孩子需要陪伴。其次，孩子学了一天已经很累了，看电视比写作业对她来说是更轻松、更具吸引力的事情，如果您是孩子的话您会如何选择呢？著名教育学家曾经说过，‘你连想改变别人的念头都不要有。要学习太阳一样，只是发出光和热，每个人接收阳光的反应有所不同，有人觉得刺眼，有人觉得温暖，有人甚至躲开阳光。种子破土发芽前没有任何的迹象，是因为没到那个时间点。只有自己才是自己的拯救者’。我们为什么不把地点改到书房，吃完饭全家人就去书房，把放松的方式改为阅读报刊或者写写亲子日记，作为送给孩子的礼物，给孩子营造一个安静而有意义的学习环境呢？你在学习，无声陪伴比一遍遍地絮叨要有用得多。”

这次谈话的效果是显著的，所以才有了开头的那一通语音电话。它像一道阳光照进了我被雾霾笼罩的心间，滋润了我的心田。教育家于漪曾经告诫老师们：千万不能让自己的肩膀成为美人肩，肩膀往下垂，碰到事情，能推诿则推诿，能逃脱则逃脱。每一个孩子都是自己家庭的生命叙事，家庭教育在孩子的成长历程中扮演着同等重要的角色，承担着不可推卸的责任。家校共建，有爱有度，携手共进，托举起孩子更加美好的明天。

第三节　教师成长篇

教师成长故事

刘建博

您不是演员，却吸引着我们饥渴的目光；您不是歌唱家，却让知识的清泉叮咚作响，唱出迷人的歌曲；您不是雕塑家，却塑造着一批批青年人的灵魂。

小时候，我的梦想就是能够站在三尺讲台上，能够通过自己的努力培养一批优秀的人，所以上学期间一直为这个梦想而努力着。2017 年硕士研究生毕业，在这之前一年的时间，我都为教师招聘考试而努力着，说起经历，没有比那时候更记忆深刻的了。每天早上六点到晚上十点，除了吃饭午休的时间，我都一直待在图书馆，现在想想也不知道那时候哪来的动力，或许就是因为想在自己毕业前给自己一个满意的答卷吧。2017 年 2 月 8 日，《淄博市市属事业单位教师招聘简章》出炉，当时我激动了一天，在我仔细查看岗位的时候，忽然看到了有一个岗位就像是为我量身定制的一样！“淄博柳泉中学初中体育教师 B 岗位”，看到这个岗位我瞬间感觉自己的斗志更加顽强了。那时候距离考试的日子越来越近，属于我的时间越来越少。2017 年 3 月 19 日，我参加了这场改变我人生的重大考试，依稀记得那时候母亲给我发的一条短信：孩子，放松心态好好考，只要努力了咱们就不后悔！我带着自己的努力与汗水，带着父母的期盼进入了考场……

2017 年 5 月 5 日，笔试成绩出炉，当时排名第二，总共招聘一人，所以压力也是很大的。但是为了自己的梦想，再大的压力也得承受，就这样我一直没有放弃努力。6 月 15 日去淄博实验中学参加面试，面试成绩出来，我是全场最高分，综合成绩排名第一。当考官念成绩的那一刻，我用力捶自己的胸脯，终于如愿以偿，终于实现了我自己的梦想。看到我通过自己的努力终于取得了成果，父母也露出了欣慰的笑容。那天我高兴得一晚上没睡着觉……

2017 年 8 月 25 日，我参加工作。在参加工作的第一年，我遇到了体贴关怀的领导，遇到了一批团结上进的同事，为之我感觉特别幸运。第一年我担任初一年级 5 ～ 8 班四个班级的体育教学工作。其实我知道自己身上的担子有多大，也深深知道自己专业的不足之处，自己并不是那么优秀，所以更要要求自己每天用心用力地去努力工作，认真做到言传身教。从参加工作至今，我的专业成长历程大致可分为三个阶段：

一、感恩遇到有温度的学校

参加工作的第一年，我很幸运考到了淄博柳泉中学。这是一所有温度的学校，记得第一次参加全体新教师会议时，我见到了学校的各个领导，他们说话和蔼可亲，并且从不同方面介绍了学校的情况。当年学校还给我们新教师安排了住宿，解决了我们的食宿问题，让我们能够全身心地投入到教育教学中去。如果让我说参加工作第一年，谁对我的影响最深刻，那无疑就是我们级部的马主任。马主任既是学校级部主任、艺体部主任，又是学校大小活动的名气主持人。生活中他是一个有品位的人，他喜欢文艺风，喜欢和年轻人一起聊他年轻时候的事情，他更喜欢我们这几个小下属时不时去找他的“小麻烦”，他也总是耐心地指导我们这些事情该如何处理。工作中他是一位严厉的领导，把细枝末节的事情都看在眼里。他每天早上送上高二的女儿上学后，早早地就来到学校，去看学生们早读。有时候还会听到他的大嗓门在训斥学生、训斥班主任们，那时候又感觉或许领导就得有这种严爱有度的工作作风吧。他的工作态度令我敬佩，参加工作遇到这样的领导，无疑是在我的人生道路上安上了一盏指路明灯，指引着我前进的方向！

二、向同事们学习

2017 年是淄博柳泉中学面向社会公开招聘教师的第一年，因为是新学校，学校的起点定位都比较高，所以招聘的教师分为两大类：硕士研究生学历和有中学教学工作经历的教师。这一批考进来很多有着丰富的教学经验的同事们，他们为人亲和，对待学生严而有方，课堂教学严谨有序，专业知识扎实稳健，是值得我学习的榜样。我会利用自己没课的时间去旁听他们的课，认真记下他们对学生的组织教法，对学生的思想道德教育方法，以及课堂把握调控的方法。课下我也会经常和前辈们研究专业知识，探讨问题学生的不足之处以及改进方法。就这样不断地学习，不断地提高自己的专业知识水平，终于在第一次新教师汇报课的比赛中，我荣获了参加工作后的第一个荣誉称号“淄博柳泉中学首届教坛新秀”。我深知得来这个荣誉非常不易，这只是一个开始，将来还会遇到更大的挑战和机遇，年轻教师就应该不断努力，做一个学生眼里敬佩的好老师。

三、我爱我的学生们

身为教学一线上的教师，每天都要跟自己的学生打交道。我现任初二年级五个班的体育教学工作，教授百余名学生，每天的课程都不一样，漫长的备课、上课过程中，唯独和学生们相处的时光永远那么快。在学生眼中，我或许是他们的“博哥”，他们的“小刘老师”。他们可爱地把我当作兄弟，周末的时间经常上网跟我聊他们这一周在学校发生过的事情。虽然我有时感觉他们这些事情发生得有点幼稚，但是心里想着他们能告诉我，或许就是对我的一份信任吧。俗话说“严师出高徒”，我深知如果跟他们相处得好了，他们必定不会对我害怕，初中的孩子身心发育很快，如果只是对他们一味宽容，那么换回来的就是他们直线下滑的成绩。所以有效的严厉教育对于学生们来说也是非常有必要的。

一晃来到淄博柳泉中学任教已经两年了，回想起自己从教两年的历程，对它有了一种从未有过的真切体会。我是一个平凡的人，但是我懂得笨鸟先飞，多一分付出，多一分勤勉，就会有更大的收获。回顾这两年走过的脚印，无论是深深浅浅，还是大大小小，都有值得回忆的地方。如果说我在“虚心学和勤实践”上做出了一点成绩的话，那么更引起我注意的是在这过程中存在的欠缺和不足。点点滴滴的成绩与进步，源自于信念的力量，也是领导、老师、亲人、朋友像一块块砖石铺砌成一级又一级的台阶，让我迈进这个“美丽新世界”。我将更加努力习文、躬行、诚信，去温暖、欣赏、教育每一位学生。

教师成长故事

丁怡

“时光如白驹过隙，转瞬即逝。”之前在文章中经常引用这句话，在自己从教将近一年的时候再次读到这句话，对它却有了一种从未有过的真切体会和一份属于自己的思考和感悟。

回首往事，还记得正式成为教师的第一节课，面对的那一群可爱天真的小孩，他们和我一样刚刚踏入这个校园，都有着一双好奇的眼睛和一份激动的心情。当我踏上讲台第一次说出“上课”，第一次听到孩子们用清脆整齐而响亮的嗓音说“老师好”的时候，那一刻我真正理解了人们口中所说的责任感和自豪感。但是作为一名新教师，我更多的可能还是面对学生时的紧张感。因为初登讲台，面对陌生的教材我感觉到的是手足无措，不懂得用什么样的办法让学生更好地参与课堂，从而使得学生真正的弄懂知识、掌握知识。所以当时的自己特别希望有老教师能给一个具体明确、能“立竿见影”的做法或模式来让我照搬。于是，我开始四处搜罗老教师认为有用的好方法。果然，按照老教师的套路，效果立马就显现了，每次我上完课都觉得很轻松，当时的自己觉得教学其实很简单，完全可以用“拿来主义”来进行。

可是随着时间的推移，问题渐渐出现了。上课的气氛慢慢变得不再像我预期的一样了，渐渐地失去了活力，除了极少数的学生在认真听讲以外，大部分学生表现出的都是很淡漠的样子，游离于课堂之外，主动回答问题的学生更是寥寥无几。这样的课堂效果使得我教的班级在期末测试的时候成绩下滑很明显，学生们对于我的课也渐渐失去了兴趣，我感到十分沮丧却束手无策。

面对这样的情况，我选择再次去向老教师“取经”，看到人家课堂上那热烈的气氛，活跃的场面，我感到不解：一样的知识，一样的讲解，为什么效果却差这么多？经过反思后，我仔细地比较了一下与老教师的差异。老教师们在上课之前会仔细研究教材、了解学生，他们的授课计划总是以学生为中心的，对学生学习中可能出现的问题，具有预见性，并能准备好一套或几套解决方案。他们善于调动学生的学习兴趣，课堂语言生动，讲解详略得当。他们注重新旧知识的联系，使学生始终在前一知识的基础上学习新的知识，这样学起来轻松，掌握起来也不会感到困难。而我总是搞不清楚一节课到底能讲解多少内容，唯恐完不成教学任务，所以总像是被人追赶似的赶进度。每次上课，我的第一句话通常都是“这节课我们继续进行下一节……”，完全顾及不到新旧知识的关联。课堂上我虽然激情满满地为学生上课，想用我的热情去带动学生，但却没有从学生的角度去研究怎样高效地将知识传授给学生。

因此，教育教学工作只凭热情是不行的，教育教学工作时刻需要心灵的介入。仅靠简单模仿不可能掌握教学规律，它需要的是长期的学习与积累。不学习，心灵之泉就会枯竭，工作也就无“心”可用。要给学生一杯水，你就得找到永不枯竭的水源。这个水源就是学习和实践。带着这样的认识，我开始如饥似渴地投入到读书学习中去，吸取了许多的教学经验以用在我以后的教学当中去，同时学校里也经常组织我们去听名师的公开课，这让我能认真查找自身的不足。我发现，随着阅读量和教学经验的增加，我的眼前好像打开了一扇大门，现在我真正地领略到了教学之美，备课变得容易了，课讲得生动了，学生的学习兴趣也变得浓了。

“路漫漫其修远兮，吾将上下而求索。”只要心中充满爱，生活处处有阳光。作为一名新教师，在教学的路上我还需要慢慢去成长。在未来的教学生涯中，用爱心与学生做伴，和学生共同成长。我坚信，一路走下去，我会留下深深的足印。

我和我的学生

傅艳华

2018年，迎来新一批学生，两个班，又是96个人。看到这个熟悉又温暖的数字，不由得翻开了几年前的随笔。

——前记

2004年的这个时候，离高考很近的时节，校园里一片慵懒寂寥的下午时光，摇摇晃晃、满身酒气的班主任遇到去办公室交作业的我，惊讶、疑惑、不知所措的我听见老师的第一句话就是：“你们96个孩子，哪一个我都不舍得放弃，哪一个我也不准备放弃。”我终于明白一向不喝酒，一向文质彬彬的班主任的话。面对高考，许多同学都准备放弃自己了，可老师还在坚持。那一刻我就想“将来我也要像我的老师一样”。

以后的读书生活中，我曾在很多的场合说起我的老师，很多人羡慕着我的幸福，也许这就是一种缘分。7年之后，工作让我遇到了生命中的第一批学生，竟然如此的相似，不多不少，96个孩子。当我看到这个数字，多少种感动，多少种心情，多少句话语想要表达，甚至都想给我的老师打电话。

习惯了坐着听老师讲课的教室，初次站在讲台上，看到这群大娃娃扬起的朝气阳光的脸上，羞涩懵懂、可爱天真的表情，听着他们谈着关于语文课的要求和期望，我是那么喜欢他们，我认定接下来的日子会很美。

中午练字，字写不好就让写字好的孩子站在讲台上教。我喜欢看那些在我说完“谢谢刘老师”“谢谢李老师”之后座位上那些孩子们调皮的表情。错别字多，练字课后五分钟我们就练习默写，我一遍一遍地说“写在记录本上”，翻记录本的声音就唰唰地响起，声调标错位置我们就不停地标注，我说“字典、字典”，小字典就一个一个冒出来。一年半的中午练字，是多么漫长的“游击战”啊，有大娃娃趴在桌上被我“粗鲁”地拽起，也有大娃娃窃窃私语，被我调侃“君子动手不动口”，还有大娃娃玩躲猫猫偷懒，被我“连哄带骗”开始写字，我是说“小朋友写字课不许捣乱”，可妞脑子也快“再说话阿姨不给糖吃”。想到妞每次跑来交练字，小心翼翼跑到我面前，报出“都交齐了”时的一本正经，让我的整个下午时光都敞亮、轻松。

初次开家长会，我内心无比慌乱，满教室的家长，我连话都说不流畅了，生怕我的哪句措辞不对会伤到我的大娃娃们，又怕我的哪句措辞不到位表达不出大娃娃们的进步。大娃娃们调皮，但是大娃娃们不喜欢家长知道他们的调皮。大娃娃们会因为这个周末家长会的到来而紧张，所以在这周的日记里我总会看到大娃娃们更多的心事。因此，我就像一个老婆婆似的唠唠叨叨，时而鼓励，时而“恐吓”。

我好奇刚进入初中的大娃娃怎么那么多的眼泪，一句“上课不许乱玩笔”的话惹得我们小男子汉眼泪唰唰地流，我都不知道要回个什么样的表情才算安慰。不过孩子们的心情也是多变的，会因为一篇课文而高兴，也会因为一篇课文而伤心，会因我的一个美美的课件而活跃，也会因我一个“素面朝天”的课件而噘起小嘴巴。还会因为他们自己制作的一个被我表扬了的课件狠狠地高兴一把。

我也会在课上点名——“表情帝”“个性男”“老段”“朱哥”“悦悦童鞋”……孩子们会在我上课之前偷偷说：“老傅来了！”他们也会在日记里喊我“小弗朗士”（小傅老师）。我也会在他们不听话的时候大喊：“把我一个淑女逼成了一个悍妇！”他们也会立马弹出小脑袋到处瞅着调侃：“淑女呢？淑女呢？没看到。”我喜欢他们在课堂上无所顾忌地表达阅读题的观点，喜欢他们为不同意一个阅读题观点而说出的一堆堆自己的观点，喜欢他们的认真，更喜欢他们的真实，跟着他们天真，随着他们成长。

很多时候我是“说话不算话”的，我是说过不好好写作业要惩罚的，可是看着那一张张十分难过的脸，我就放弃了，我想大娃娃们是会改正的。我试着教会他们要勇敢，从勇敢回答问题开始，从勇敢面对错误开始。

我会因为他们调皮的乱说话而把小小的粉笔扔向他们最近的位置。我会因为某个孩子还是没写完作业，因为某个孩子还是没有记住我说过了几遍的易错点而伤心。我也会因为一向不举手的孩子开始举手了，一向写不完作业的孩子写完作业了，有孩子下课主动问我问题了，孩子们不依赖参考书了，孩子们成绩进步了，孩子们作文开始用心了而高兴。

最期待、最害怕、最纠结的是看孩子们的作文，他们的内心装满了好奇，装满了懂事，装满了叛逆，装满了……我总有几次写批语把自己感动到哭。我会因为他们作文的某一个亮点而高兴得想立刻把他们喊来交流，也会因为他们作文的某些不认真而立马给他们几句示范，也会因为他们作文里难解的心事而偷偷和他们父母交流。看到孩子们的作文慢慢成型，慢慢出彩，我竟然会像孩子般高兴地跳起来。

记得我过的第一个教师节，孩子们的那些让我哭得稀里哗啦的话；记得那些堆在我桌子上花花绿绿的礼物盒；记得孩子们在我过生日时放在我桌子上的蛋糕；记得我出去学习归来桌子上的那两支棒棒糖；记得小泥人盒子里的那张小纸条；记得孩子们在日记里的那些只有我知道的小小的心事；记得孩子们在很多时候，很多场合的温暖的话。

调皮捣蛋的96，喜怒哀乐的96，快乐天真的96，不断成长的96，我老师说“96个孩子，哪一个我都不舍得放弃，哪一个我也不准备放弃”，我也一样。

教师成长故事

孙永滋

“人民教师”是我曾梦寐以求的职业，如今我已整装出发。多少次憧憬过前路的美好，如今我都在切身经历。可一路向前，不总会阳光普照，偶尔的风雨也让我变得更加坚强。这便是我，作为教师的我，走在路上。

从开学以来，大小不断的活动，还有教学，班主任的各项事务，常常弄得自己身心疲惫，各种烦躁，我不知道自己还能坚持多久。没进入这一行之前，我一直以为自己是一个“无坚不摧”的女子，可是当处理不好学生、家长、同事之间的关系时，我经常怀疑自己是否真的适合这份工作，尤其是面对各种问题束手无策之时。可是，孩子们总是在我濒临“崩溃”之际，送来各种温暖，每每此时我才突然觉悟，美好其实一直都在。

初为人师，总认为严厉的语言才是管理班级的法宝，于是我总会端着严肃的表情面对一群天真的孩子，当他们不遵守课堂纪律或是乱讲话的时候，就会批评他们，吼他们。时间一长，孩子们便不敢在我面前吐露真心，面对捣乱的学生也无法及时地“对症下药”。每当此时我就越发急躁，总认为这是孩子们不听话，不遵守纪律。

可是慢慢地，我发现这并不是我要的“教育”，于是开始反思：面对一个“冷酷无情”的老师，学生们怎么会愉快地学习？自己都做不到一整节课全神贯注地听讲，又如何要求学生呢？更何况是一群被要求不能带电子产品进入校园的孩子们，他们无聊了，要是不说话、不吵闹，还能干什么？

于是我决定慢慢走近他们的内心，课下和孩子们打成一片，去了解他们喜欢的事情，肯定孩子们所做的每一件对的事情，及时发现他们身上的闪光点，给一个大大的赞或是时不时给予他们鼓励的话。我发现每次孩子们都很骄傲很开心，就决定继续用这样的方法。在此期间，我和韩同学之间发生的一件事情让我记忆深刻。

韩同学是我们班成绩排名比较靠后的一位学生，小时候由奶奶带着，所以一直被呵护甚至溺爱着，玩性很大。进入初中的他，性格发展比其他孩子略晚一点，他不认为这是小升初，甚至从他的角度看只是幼儿园换了一所学校而已，所以状况频出：课上坐不住，站队的时候也不好好站，午休期间更是各种捣乱，有时候一个简单的订书针可以玩一节课。好在这个孩子还是听话的，你在他旁边好好说，他都会听老师的，但是只要你不关注他，他就立马给你捣乱，这个孩子曾经在好长一段时间里都让我“手足无措”。

说实话，我曾经也想过要放弃他，觉得让他坐在教室的角落里安安静静地玩也不错。然而韩同学貌似突然长大了一般，有一天放学，我留下了几个数学题出错比较多的同学，帮他们把知识点再巩固一遍，韩同学凑到我面前说：“老师，我也想听。”我只是敷衍地回应了一声，内心的声音却是：“听吧，反正你也听不懂。”那是我第一次见到韩同学竟然可以这样安静地在我身边听我讲了二十分钟，好奇地问了一句：“你听懂了吗？”就是这么突然，韩同学完整地给我讲了一遍，虽然语言表达得并没有那么流利，但还是把复杂的计算结果算出来了，这要是放在成绩好的同学身上我一点都不惊讶，可这是韩同学呀！

就这一次，深切地让我感受到孩子们身上都是有无穷的潜能的。他们身上存在的缺点，是他们以前积攒起来的，但是学校教育的作用便是净化这些不好的东西，增强孩子们的心智。所以每每想到韩同学，我便心生愧疚，曾经对他的忽视也是我作为新老师存在的不足之处。

和孩子们在一起快一年了，我也感受到了他们由刚开始的相互抗拒，变为了现在的团结一致。孩子们原来一直都很懂事，只不过是我一直都没有好好地去发现。从优秀教师那里学来的方法，常常是照本宣科的模仿，结果可能并不好，还是要找到真正适合自己的教学模式。希望在不断摸索的过程中，我能处理好与学生之间的关系，有时候一个不起眼的小举动，就有可能伤害到学生，因而遇到事情一定要冷静地思考一下。

总之，学生的各方面都比我刚来到学校的时候有所进步，接下来我将会以更加饱满的状态投入到教育教学工作中，脚踏实地，不忘初心！

第四节　教学研究篇

“云＋端”架构下学生如何个性化作业

孙辉　聂隽

摘要：“云＋端”架构下学生个性化作业模式的构建是响应国家提出的减轻中小学生课业负担、利用信息化开展“一对一”教学等政策而进行的模式创新。该模式下，教师根据不同学生的性格特点、知识储备层次，开发富有个性的作业体系，利用For Class教学云平台和学生平板电脑、家长手机端等信息技术手段，通过数据分析，及时了解学生作业完成效果，并及时反馈、跟进指导。运用教学云平台与QQ、微信等社交软件，开展作业互评、教师点评、线上作业展评活动，调动学生学习的积极性。

关键词：云＋端；个性化作业；模式创新

云概念是基于“云计算”技术，实现各种终端设备之间的互联互通。“云＋端”架构下学生个性化作业模式的构建是响应国家提出的减轻中小学生课业负担、利用信息化开展“一对一”教学等政策而进行的模式创新。该模式是指学校教师利用教学云平台借助平板电脑、手机、电脑终端，开展个性化作业辅导，根据不同学生的性格特点、知识储备层次，开发富有个性的作业体系。

一、“云＋端”架构下学生个性化作业的设计原则

“云＋端”架构下学生个性化作业的设计应遵循以下原则：

（一）最近发展区原则

最近发展区理论是由苏联教育家维果茨基提出的儿童教育发展观。他认为学生的发展有两种水平：一种是学生的现有水平，指独立活动时所能达到的解决问题的水平；另一种是学生发展可能达到的水平，也就是通过教学所获得的潜力。两者之间的差异就是最近发展区。教学应着眼于学生的最近发展区，为学生提供带有难度的内容，调动学生的积极性，发挥其潜能，超越其最近发展区而达到下一发展阶段的水平，然后在此基础上进行下一个发展区的发展。传统的作业布置，教师往往以应试为主，采用题海战术，内容单一枯燥，学生作业量大，久而久之，学生会产生厌倦，对学习失去兴趣，抑制思维发展。因此，教师在利用“云＋端”布置作业时，应该充分考虑学生的最近发展区，借助网络优势，设计符合学生知识水平、兴趣爱好，且内容丰富、形式多样的作业，促进学生学科能力与学科素养的全面发展。

（二）以学生为主体的原则

陶行知先生说过：“先生的责任不在教……而在教学生学……教的法子必须根据学的法子。”当今社会信息化的高速发展，对人们的学习能力要求越来越高。作为教师，培养学生的学习能力、教会学生学习方法尤为重要。教师要让学生由“要我学”转变成为“我要学”“我会学”，成为学习的主体。因此，教师作业的设计要能够充分利用“云＋端”，通过趣味作业、个性化作业，激发学生主动学习的欲望。

（三）因材施教原则

由于学生认知水平、学习能力存在差异，要让每个孩子都获得成就感就必须遵循学生的个体差异，因材施教。根据教学内容设计难易适当、符合学生个体认知水平的作业，使每个学生都有不同程度的发展。

二、“云＋端”架构下学生个性化作业模式的实施过程

（一）根据学科特色，建立、完善数字化作业体系

学科教学中，不同学科各具特色：语文侧重阅读与写作，英语侧重听说读写，数学注重抽象思维与逻辑思维的培养，地理注重空间概念的建立等。个性化作业模式需要根据学科特色，建立、完善数字化作业体系，使其最大限度地实现不同学科的培养目标，促进学生学科核心素养的发展。比如暑假作业中的语文大阅读体系；Reading 英语拓展阅读——听说读写训练体系；数学“趣味新概念”体系；历史的解读历史名人故事；“行走 ××”地理视角看世界；生物与生活；等等。以 2017 年暑假语文作业为例，教师在长达八周的假期内，按照六年级和七年级的名著导读内容，给学生布置了阅读《假如给我三天光明》《绿山墙的安妮》《萤火虫小巷》《诺贝尔奖获得者与儿童对话》《草房子》《小鹰逆风飞行》《骆驼祥子》《朝花夕拾》八部文学作品，规定学生每周读完一本书，并安排在周六和周日进行检测。一次设置好 8 次作业的检测时间和内容，到了规定时间，系统就自行开放，无论身处何地，学生们都可以在互联网的帮助下，通过平板电脑进行阅读自主检测。检测题目按照阅读深度的不同由浅入深层层提高，采用类似于网络游戏的闯关模式，学生完成一关可以自行进入下一关，引导学生逐步深入阅读，学生在闯关阅读的游戏中还可以邀请同伴一起 PK，极大调动了学生的阅读积极性。

由于学生的认知水平、学习能力存在较大差异，任课教师根据学生不同的特点用 For Class 教学云平台将不同层次的学生分组、分层推送作业。比如，学科成绩较弱的同学，教师以推送基础练习作业为主，夯实基础知识；学习能力比较强的同学，教师以推送研究性作业为主，拓展学生视野，提高综合能力。教师可以提前设计好同组内同学作业竞赛模式，优秀作业可以获得教师的红花

或金币，也可以获得同学的虚拟奖励，学生在完成作业后会根据完成情况获得相应的奖励。因为同组学生水平相当，能够激发学生的竞争意识，调动学生的学习积极性。

如图：

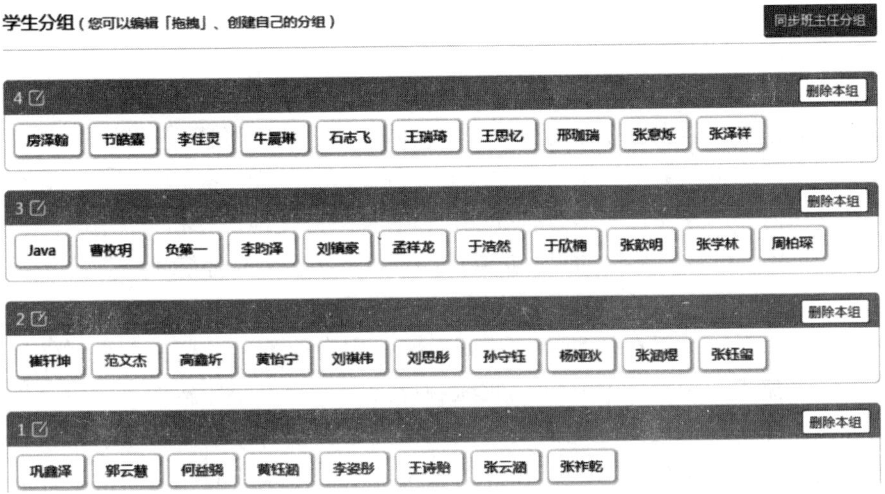

学生分组

（二）利用 For Class 教学云平台对学生作业完成情况进行数据统计

每次作业完成，教师端就会出现作业统计数据、总体完成情况、小组完成情况、单个题目的出错率等。教师根据数据分析学情，运用平台添加批注，上传相关知识点的微课，利用 QQ 群进行语音点评等跟进指导。

（三）利用 For Class 教学云平台开展学生互批、教师点评

教师以班级或年级为单位开展线上展评作业活动，分享带有老师、学生批注的作业。通过互联网，教师可以在任何一部电脑或智能手机上查看到学生的作业完成情况，及时对学生作业进行指导。教师通过对数据分析，能及时了解每一位同学的学习效果，答题速度，及时表扬作业完成效率高、正确率高的同学，充分调动学生自主学习的积极性。

三、“云＋端”架构下学生个性化作业模式的优势

（一）落实国家“减负”要求，激发学生学习兴趣

进一步贯彻国家对中小学提出的“减负”要求，在减轻学生课业负担的同时，通过个性化的作业方案，促进学生积极主动学习，激发学习兴趣。同时解决学生假期作业印刷的问题，既环保又高效。

（二）个性化作业是分层教学的需要

学校利用 For Class 教学云平台推荐学习资源，满足了“下要保底，上

不封顶”的分层教学需要。教师根据学生个体实际情况进行分组，有针对性地分发作业任务，既让学生“跳一跳够得着”收获自信，又能调动学生学习的积极性。学生通过自己的努力，可以学习更高层次的知识，激发了学生们的主动性。

（三）“云＋端”架构下学生个性化作业模式的构建，让学生的做和教师的批都变得更加自由和方便

传统作业的批阅，教师要面对一打打厚厚的作业本，不仅携带困难、数据统计也不够精准。学生也要面对试卷、作业本、错题本等纸质作业材料，既不好保存也不方便携带，更不利于错题的及时整理。“云＋端”架构下的个性化作业，无论身在何方，只要有网络、有终端，就可以很方便地进行相关操作，不仅携带方便，而且能让教师及时批阅，获取详细数据；让学生及时整理错题、保存资料。这样的作业模式让老师和学生的假期生活安排得更加自由、合理。

学生和教师可以在假期中安排好时间，完成此阶段的任务，随时做反馈和交流，避免了开学后大量作业的收缴和批阅。“云＋端”架构下学生个性化作业模式保证了学生假期任务的及时反馈，同时也使得假期作业更有实效性，比较有效地克服了学生消极应付作业的现象，教师对作业的布置和批改针对性加强且更加及时，能够较好地解决学生写了一个“月”，教师写了一个“阅”的假期作业顽疾。

（四）“云＋端”架构下个性化作业模式更有利于学生巩固知识、提高技能

传统作业模式，学生只能够通过回忆教师课堂讲授知识进行复习、巩固，缺少教师讲课过程的再现。学生听课效率有高有低，接受能力有强有弱，对于基础薄弱的同学，或因其他原因没有完全听懂教师所授知识点的学生，“云＋端”个性化作业模式中的“看微课做作业”功能就可以发挥优势了。这种作业模式既可以将作业题目插入在微课中，每播放一个知识点，就要求学生完成相关练习，回答正确才可以继续观看，否则就需要不断重复观看，这样有利于基础薄弱的同学的知识巩固；也可以将单个有难度的试题讲解视频制作成微课二维码，学生完成作业有困难时扫码查看知识讲解，再进一步完成作业。这种方式有利于优秀生的培养，更有利于不同层次学生的知识与技能巩固。

（五）个性化作业开发促进教师专业成长

在个性化作业的开发过程中，为了进一步了解学生心理特征，制订符合学生个性的、深受学生欢迎的作业体系，教师需要在不断拓展学科知识储备的基础上，加强心理学知识的学习，不断获取新的学科信息，开拓学科视野，这个过程必将促进教师的专业成长。趣味作业、个性化作业，不仅能激发学生主动学习的欲望，也督促教师在个性化作业的设计过程中不断丰富知识储备，促进

自身专业发展，在与学生交流中，切实做到知识上指导，生活上引导，有效促进学生的身心发展和品德修养的提高。

（本文刊发于2018年1月第1期《未来教育家》，
同年5月被《中国德育报》转载）

智能数字实验盘辅助论证式教学的实践研究
——以“绿色植物的呼吸作用”为例

高婧娟　赵玉亮

摘要：在《绿色植物的呼吸作用》一节中，运用Stephen E.Toulmin论证式教学模式，鼓励学生善于发现、勇于表达、勤于探究，通过智能数字实验盘整合实验装置、动态量化实验现象，学生体验科学概念的发现和建构，促进学生学习。

关键词：智能实验盘；论证式教学；科学探究

生物学教学主要通过生物观察、实验探究、现象分析等方式引导学生运用生物学知识、思维和方法发现和解决生活中的实际问题，通过探究和论证活动加深对生物学概念的理解，形成生物学思想。随着现代科学技术的发展，信息技术以仿真实验、智能数字实验、大数据分析等形式为中学生物学教学注入新的活力，下面结合具体案例谈一谈利用智能数字实验盘辅助论证式教学促进学生学习的实践研究。

一、论证式教学

生物学是研究生命现象和生命规律的基础学科，学生不仅要学习生物学知识体系，更要掌握认识自然现象和规律的思维方式和探究过程。课堂是学生学习的主阵地，也是教师培养学生的主阵地，课堂教学应以学习知识为载体，力求为思维而教。

论证是一种科学对话，呈现了根据资料提出问题、寻找证据辩驳主张、最终完善主张形成科学观点的动态过程，演绎了人们认识自然现象和规律的思维方式和探究过程，有利于提高生物学核心素养。20世纪下半叶，论证作为一种科学对话走进了课堂，Stephen E.Toulmin提出了论证模型。该模型下的论证式教学主要包括三个基本步骤：第一，搜集资料提出主张；第二，寻找证据辩驳主张；第三，修正和完善主张。为检验学生对主张的理解程度，教师在此基础上添加第四步，逆向论证。（详见图1）

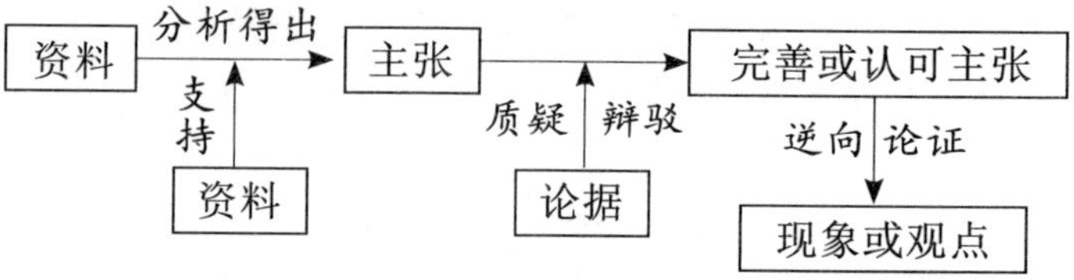

图 1　修改后的 Stephen E. Toulmin 的论证模式框架图

二、“绿色植物的呼吸作用”教材分析

《义务教育生物学课程标准（2011 年版）》对“绿色植物的呼吸作用”的要求是学生能描述绿色植物的呼吸作用。学生从身边蔬菜放久了不好吃、卧室不能放太多绿色植物等众多生活实例中了解植物呼吸作用可能会消耗营养物质和氧气等呼吸作用前概念。多数情况下每个案例仅仅关注呼吸作用的某一产物或某一原料，案例与案例之间没有形成联系，学生不能形成呼吸作用这一微观生命活动的动态变化模型，实现科学概念的建构。如何整合案例，帮助学生理解植物呼吸作用的前因后果，建构动态的呼吸作用模型是本节课的重点和难点。教材分别通过探究种子萌发吸收氧气的实验和探究种子萌发释放二氧化碳两个实验探究呼吸作用的原料和产物，通过观察蜡烛是否熄灭判断氧气是否减少，澄清石灰水是否变浑浊判断二氧化碳是否释放，这是定性的判断，耗时较长并且存在误差。

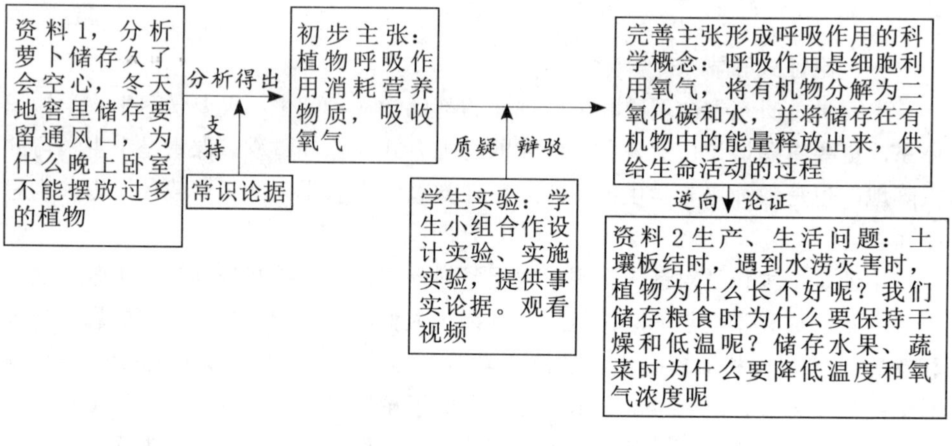

图 2　“绿色植物的呼吸作用”论证模式框架图

淄博柳泉中学搭建了专门的生物智能实验室，配置相应的智能数字实验盘。教学中使用的是新的（品牌）智能实验盘，这是一款功能强大、小巧轻便的数字

化实验系统，装备配置无线、精巧的传感器模块，可以实现无电缆、可移动的使用。通过实验盘可以精确采集环境中二氧化碳浓度、氧气浓度、温度、压强等信息，辅助生物课堂。基于此，“绿色植物的呼吸作用”一节运用论证式教学模式建立课堂主线，巧用智能数字实验盘实验创新整合呼吸作用装置，动态监测植物的呼吸作用。（具体设计思路详见图 2）

三、“绿色植物的呼吸作用”的论证教学设计

（一）提出主张 外显呼吸作用前概念

根据材料提出主张是论证式教学的第一步。教师需要精心准备与本节相关的阅读材料、图片、视频等资料，整合后呈现给学生。学生通过分析资料，初步提出自己的主张，教师通过分析学生的主张获得学生的知识前概念。

教师提供资料 1 并组织小组讨论：萝卜储存久了会空心、冬天地窖里储存要留通风口，为什么晚上卧室不能摆放过多的植物呢？

教师引导学生分析材料提出主张：植物呼吸作用消耗营养物质，吸收氧气。

教师引导学生思考：事实胜于雄辩，有没有直接的证据支持这一主张？我们能不能设计一个实验来提供证据呢？

（二）辩驳主张 修正前概念错误部分

为主张提供论据进行辩驳是论证式教学的第二步。教学需要引导学生寻找证据为自己辩驳，科学实验是获得经验事实、检验假说和理论最直观最重要的途径。

首先教师引导学生思考：我们想探究植物的呼吸作用需要什么实验材料呢？通过小组讨论使学生明白研究植物的呼吸作用要避免光合作用的干扰，最终得出可以用萌发的种子（没有叶片不能进行光合作用）作为实验材料。

其次教师引导学生思考：我们想探究植物的呼吸作用要怎么设计实验装置呢？通过小组讨论使学生明白研究呼吸作用不能受到外界空气的干扰，说出实验装置要密闭，各小组画出实验装置图。

最后教师引导学生思考：我们想探究植物的呼吸作用要怎么设计实验步骤呢？引导学生结合科学实验单一变量、对照、重复原则进行小组讨论，各小组依据科学实验的原则制订实验计划。

教师分发实验材料（塑料桶、萌发的种子、煮熟的种子、智能数字实验盘），并讲解示范智能数字实验盘的使用方法，学生使用实验材料根据小组的实验设计进行实验，记录实验结果，教师选取学生上台展示。同时，教师充分利用小组合作，选取优秀小组按照传统实验进行示范，观察实验现象。（详见图 3）

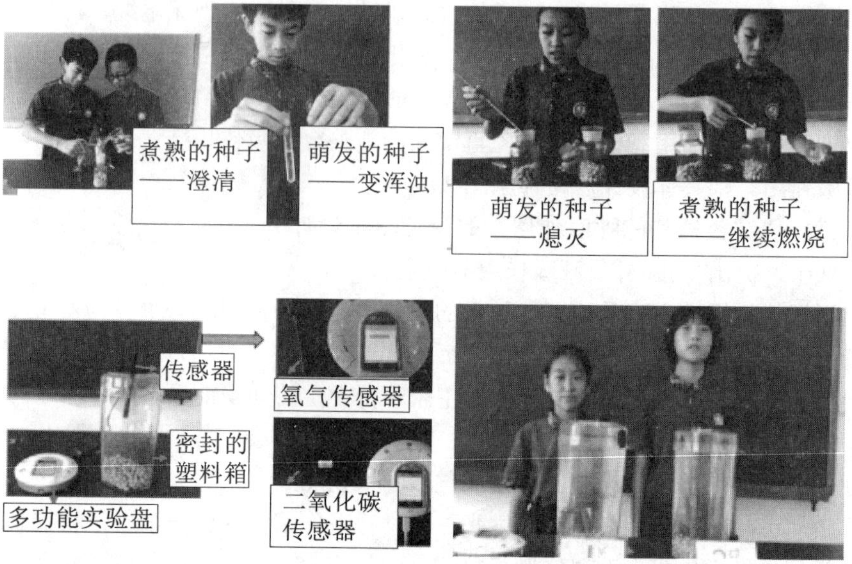

图 3　传统实验（上左 1 和上左 2）智能化实验（下左 1 和下左 2）

教师使用电脑现场汇总学生的数据结果，选取代表进行展示，引导学生自己分析实验结果，辩驳最初的主张，修正主张为萌发的种子能进行呼吸作用，呼吸作用可以消耗氧气、消耗有机物，释放二氧化碳和能量。（详见图 4、图 5）

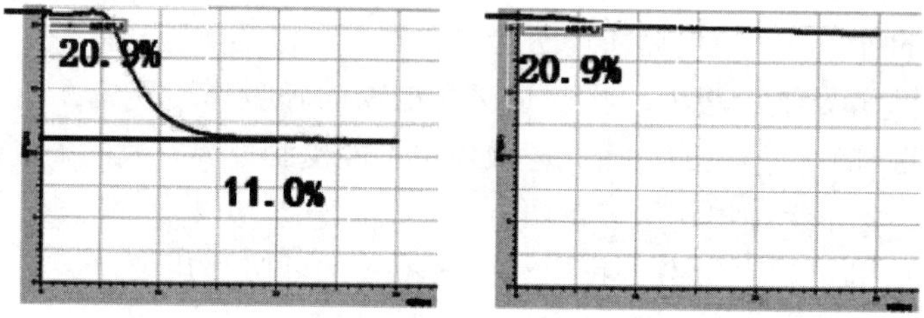

图 4　萌发的种子（左）和煮熟的种子（右）氧气含量变化（学生结果）

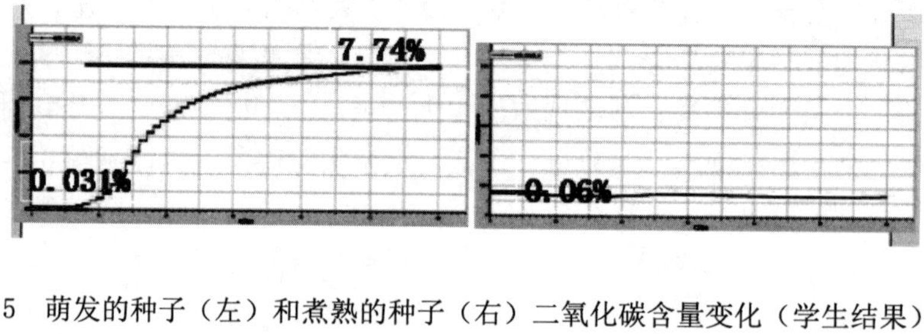

图 5　萌发的种子（左）和煮熟的种子（右）二氧化碳含量变化（学生结果）

（三）完善主张 形成科学概念

修正和完善主张是论证式教学的第三步，通过修正和完善使主张成为真正的科学概念。

教师提供呼吸作用视频（包含呼吸作用的介绍和意义）组织学生观看，学生通过观看视频，完善主张，能用自己的语言描述出呼吸作用是细胞利用氧气，将有机物分解为二氧化碳和水，并将储存在有机物中的能量释放出来，供给生命活动的过程，能理解并书写呼吸作用的反应式：

$$\underset{\text{（储存能量）}}{\text{有机物}} + \text{氧气} \longrightarrow \text{二氧化碳} + \text{水} + \text{能量}$$

同时，理解呼吸作用的本质是分解有机物，释放能量，最终将呼吸作用的主张升华为呼吸作用的科学概念。

（四）走进生活 逆向论证概念

课堂评价能检测课堂教学的完成程度，在论证式教学中，学生体验了像科学家一样的探索和发现新知的过程，是否能准确的掌握呼吸作用的科学概念、运用概念呢？教师在 Stephen E. Toulmin 论证模型的基础上，增添逆向论证概念。

教师提供的资料 2 提出土壤板结时、遇到水涝灾害时，植物为什么长不好呢？我们储存粮食时为什么要保持干燥和低温呢？储存水果、蔬菜时为什么要降低温度和氧浓度呢？并组织小组讨论。学生通过讨论以上问题，得出答案：土壤板结时、遇到水涝灾害时，植物的根得不到氧气，呼吸作用弱影响植物生长；储存粮食时保持干燥和低温，储存水果、蔬菜时降低温度和氧浓度能有效地降低植物的呼吸作用，减少有机物的消耗，保持产量和口感。学生通过解释生活现象，逆向论证了科学概念，深化了课堂的学习。

四、教学反思

（一）智能数字实验盘辅助生物教学的优势

智能数字实验盘的本质是数字化传感器的应用，能够快速图像化、数字化、动态化地呈现出实验结果。传统实验强调实验过程的规范性，以质性的验证性实验为准，着重引导学生分析实验原理。新时代生物学习强调探究性学习、深度学习，注重研究过程，传统实验往往不能满足学生需求，数字化实验可以弥补不足。利用数字化传感器设计实验仅仅需要计算机和传感器，价格便宜操作方便，观测指标清晰，有利于调动学生积极性，激发学生学习欲望。智能数字传感器能提高实验的灵敏度，提高了对学生动手能力和实验分析能力的要求，促进学生学习。在“绿色植物的呼吸作用”中，应用智能数字实验装置，简化了实验装置，操作简单便捷，并且动态化呈现氧气和二氧化碳浓度，学生能直观感受呼吸作用，更好地形成科学概念。智能数字实验装置凭借能个性化 DIY 的实验场景、呈现直观的实验现象、极大地缩短实验时间的优点在初中生物课堂中被广泛使用，培养了学生的学习兴趣。数字化实验能辅助开展传统实验器材和实验思路下无法开展的探究实验，促进学生的探究性学习。

（二）智能数字实验盘辅助生物教学的应用问题

尽管智能数字实验优点较多，但是经过一段时间智能数字实验辅助教学实践后，仍有问题存在。第一，信息化实验分析和传统实验技能培养的矛盾。信息化实验简化实验流程，数字化呈现实验结果，必然缩减了传统实验对学生实验操作的培养。如“绿色植物的呼吸作用”中，通过数字化实验三合一直接测得了萌发的种子 24 小时的氧气和二氧化碳、温度变化，传统实验中则分开进行，分别依据二氧化碳能使澄清石灰水变浑浊的特性和氧气减少后能使燃烧的蜡烛熄灭的原理设计实验操作进行检验，规范地培养学生的操作能力。数字化实验让学生直观地观察了实验现象但是缺乏了基本实验技能的培养。第二，实验结果数据化和实验现象平面化的矛盾。如“绿色植物的呼吸作用”中，通过数字传感器二氧化碳和氧气变化直接以数据形式呈现，学生对其印象不深，传统实验学生能直观看到二氧化碳通入的瞬间澄清石灰水变浑浊、燃烧的火柴瞬间熄灭，直观明显的实验现象冲击学生的感官，震撼人心、印象深刻。第三，授课时间短和探究延展多的矛盾。初中阶段生物学内容较多，安排的实验时间较短，数字化实验能让学生量化实验结果，在传统实验中被质性观察掩盖的“小秘密”就会暴露在学生面前，激发学生的探究欲望，但是课时时间有限，束缚了学生探究能力、创造能力的发展。如“绿色植物的呼吸作用”中，传统实验煮熟的种子不能进行呼吸作用释放二氧化碳引起澄清石灰水变浑浊，但是数字化实验能直观看到萌发的种子组二氧化碳浓度上升了，这是为什么呢？学生可以进行猜想，设计实验，继续探究。

（三）智能数字实验盘辅助生物教学的注意事项

在使用智能数字化实验辅助生物学教学时教师应注意以下几点。第一，多重考量，平衡数字化实验和传统实验的关系。数字化实验是传统实验的简化，必然以传统实验为基础。教师要有选择地开展数字化实验。在选择的过程中，应注意参照课程标准中对学生实验操作的要求，结合实验侧重点，选择合适的生物实验进行数字化处理，课程标准侧重实验操作的不能轻易数字化，侧重结果分析和数据处理的可以大胆改进实验，引导学生分析实验。第二，加强小组合作，平衡实验结果和实验现象的问题。生物学教学既要让学生学会基础知识，又要让学生感受到生物学的奇妙，提高学生学习生物学的积极性。教师要充分发挥小组合作、探究学习的学习方式的优势，通过“一课两法”，既有小组进行传统实验，又有小组进行数字化实验，通过小组交流合作，学生观察实验现象和分析实验结果一举两得。第三，完善生物学课程体系，基础课程和生物校本选修活动课程相结合。教师可以以生物学课程为阵地开展数字化教学设计，同时开展以数字化生物学为主题的校本课程和生物学兴趣社团等，引导学生深入探究，更好地促进学生探究能力的发展。

（本文刊发于2020年12月第28期《中学生物教学》）

信息技术下“个性化地理课堂”的教学思考
——以“地球与地球仪”复习课为例

聂隽

摘要：运用教学云平台的互动功能分发课前预习任务，引导学生观察生活中的地理现象，开展课前微课自学。运用教学云平台大数据分析功能，根据学生预习检测情况，有针对性地备课。教学过程中通过云平台分层布置学习任务，引导学生个性化学习，使教学更有效。利用思维导图软件帮助学生理清知识脉络、构建知识体系，更有利于学生综合思维能力和逻辑思维能力的培养。

关键词：教学云平台；微课预习；个性化；大数据；思维导图

随着教育部《教育信息化2.0行动计划》的颁布，信息技术支持下的学生个性化学习已成为广大地理教师应该面对和思考的问题。如何借助教育信息化开展适合每位学生的个性化学习，并培养学生的地理学科核心素养呢？下面笔者将结合“地球与地球仪”复习课谈一谈运用“云＋端”技术开展地理教学的几点思考。

一、核心概念界定

（一）“云＋端”

“云”就是基于网络的，用于存储数据、信息的信息服务平台。“端”就是终端，有硬件终端和软件终端之分。硬件终端就是计算机、手机、各种传感器及交互终端等；软件终端就是各种App、网页登录界面、软件终端程序等。“云＋端”就是联网计算机、手机或iPad等终端，能够通过互联网任意将共享的信息和资源按用户需求提供给其他联网计算机及其他终端设备。本课题组对于“云＋端”的定义为本校的教学云平台（笔者所用的云平台为“智慧云”，下同）和学生平板电脑终端、教师电脑终端。本课题的研究借助学生和教师平板电脑终端，利用智慧云平台推送的《AR地球》《思维导图》等App，研究课堂教学的个性化和学生学习的个性化培养。

（二）地理个性化教学

地理个性化教学是以学习者的个体差异为基础，以学生个性发展为目标，在遵循人本主义思想和多元智能理论的基础上，以课程计划、课程标准为指导，开展教学研究活动。这里包括了教师教学风格的个性化以及学生学习方式的个性化。

二、运用教学云平台和各类教学资源创设生活化情境

《义务教育地理课程标准（2011 年版）》指出，"要构建开放的地理课程，着眼于学生创新意识和实践能力的培养，充分重视校内外课程资源的开发利用"。

在"地球与地球仪"复习课的课前，笔者运用教学云平台推送任务单，引导学生观察与地球运动有关的生活现象，通过观看微课，让学生尝试做出解释，并上传到云平台。课堂上，学生自己也提出了一些反映地球运动的生活现象，如星体的移动、爬藤植物的缠绕方向、水中的漩涡现象等，教师适时引导，学生就这些生活中的地理现象积极讨论，加深了对地球运动的认识。之后笔者以在加拿大研学的学生与家长晚上联系时问候语的不同和澳大利亚教师 12 月份着夏装来访两个生活事件，引导学生分析产生差异的原因，引出地球自转和公转的地理意义。接着通过教学云平台推送"寻找飞往加拿大最短航线"这一情境问题，学生结合图文材料思考、探究，并将自己的答案通过云平台反馈给教师，教师通过教学云平台及时了解学生对经纬度（经纬线）知识的掌握情况。最后教师通过教学云平台展示加拿大、中国、澳大利亚三地冬至日昼夜长短的情况，学生通过比较，掌握了"昼夜长短变化"这一知识点。

借助教学云平台的推送和展示功能，引导学生运用地理知识解决生活实际问题，能让学生感受到地理知识的应用。

三、微课引导，先学后教，提高课堂效率

传统教学将教师的"教"与学生的"学"禁锢在课堂 40 分钟的有限时空内，限制了学生的自主学习，导致能力强的学生"吃不饱"，能力弱的学生"吃不了"。随着现代教育技术的发展，微课作为教学的新生事物，以其灵活性高、针对性强的特点，弥补了传统教学的不足。对于能力强的学生而言，可以通过微课提前学习，从而进一步拓展知识、提高能力；对于基础弱的学生而言，可以不受时间、空间的限制反复观看微课，弥补知识薄弱环节，从而跟上教学进度。课堂上，教师可以减少讲解的量，转而引导能力强的学生辅导基础弱的学生，实现"兵教兵"，同时增加课堂交流和展示的频次，这样有利于锻炼学生独立思考和表达的能力，也能增进学生互帮互助的意识。

在"地球与地球仪"复习课中，针对"俯视图经纬度的判断""地球公转运动产生的现象"等内容，笔者通过教学云平台展示提前录制的微课，引导学生自主复习。微课中归纳了俯视图经纬度的判断方法；提供了一些生活现象，用以引导学生观察、理解地球公转产生的地理现象。这样的方式更有利于学生学习兴趣的培养和对重难点知识的理解。

四、运用数据分析，关注学生个体差异，薄弱知识再强化，使教学有效

教师可通过教学云平台统计学生对情境问题的答题情况，针对不同学生寻找知识薄弱点，展开个性化辅导，提升教学有效性。以“地球与地球仪”复习课为例，笔者录制了由浅入深不同层次的四节微课，传到教学云平台，并设计了课前预习检测。学生课前观看微课，完成检测题。图 1 为在教学云平台上展示的四节微课，图 2 为学生答题统计情况。

图 1　教学云平台上展示的微课

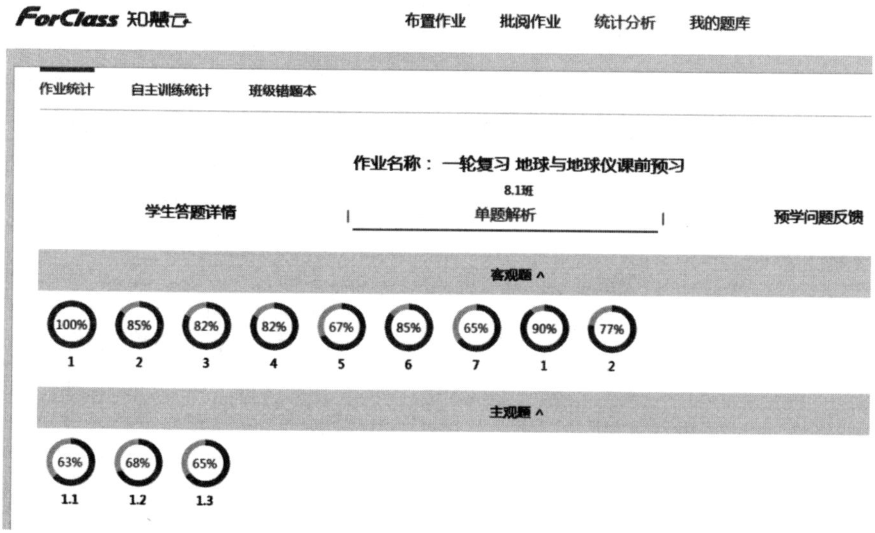

图 2　课前检测答题情况

笔者根据学生预习检测情况，确定薄弱知识点，进行差异化教学设计，用不同层次的课堂练习当堂训练，使训练更有针对性。

以本节课为例，课堂上笔者先从教学云平台调出课前预习检测的统计数据，对学生答题情况进行总体点评，找出错率较高的问题，让学生以小组为单位交流讨论。对于讨论结果，笔者也进行点评，并对表现优秀的学生进行表扬。

之后笔者利用教学云平台推送分层练习，学生下载并当堂作答。将不同层次学生的试题分屏展示，并选择3位对应层次的学生进行板演、交流，笔者适时点拨。这样便有效避免了学生因水平不同，题目相同而产生的同质化问题，实现差异化教学，促进学生个性化发展，使教学更有针对性和实效性。

五、利用思维导图，理清知识脉络，构建知识体系

思维导图的层次隶属关系非常清晰，教师引导学生绘制思维导图可以帮助学生进行信息的加工和整合。本节课笔者通过教学云平台推送《思维导图》软件，学生运用该软件将“地球与地球仪”的知识进行梳理，形成知识框架。

学生借助思维导图将“地球与地球仪”一节中的经线与纬线、经度与纬度、地球运动的地理意义等知识进行梳理，找出它们之间的联系，促进学生地理综合思维能力的提升。

笔者利用智慧云的“屏幕查看”功能，选取四位学生的作品进行对比展示，并由其他学生点评。通过学生互评、教师点评，找出了学生知识架构中存在的问题，使教师及时了解学生对本节内容的理解和认识程度，学生也能够自我反思、获得启发，重新梳理知识体系，进而培养学生的综合思维和逻辑思维。

信息技术飞速发展，各种先进的教学软件、教学云平台、数据统计等为课堂教学插上了飞翔的翅膀。但作为教师，也要清醒地认识到，课堂教学的根本改变关键是教师的教学思想的改变，而不是单纯地依靠技术的变革，教师只有将技术与课堂教学完美结合，信息技术才能真正助力课堂教学，才能真正提高课堂效率，促进学生发展。

（本文刊发于2020年8月第15期《中学地理教学参考》）

初中生物学运用论证式教学策略进行思维教学的实践研究
——以“肺与外界的气体交换”为例

高婧娟

摘要：在生物学课堂中运用论证式教学策略，针对性培养学生敢于质疑、善于探究、学会表达等理性思维，是一种思维的教学。实现了教师教“思维”、学生学“思维”，促进了生物学核心素养的形成。

关键词：论证式教学；思维教学

一、论证式教学策略与思维教学

核心素养是学生需要具备的、适应终身发展和社会发展的必备品格和关键能力，包括文化基础、自主发展和社会参与。其中，文化基础中的科学精神体现了学生的思维方式。学生应具有理性思维，敢于质疑、善于探究、学会表达。当今社会，信息快速传播，知识快速增长，充满未知，形成良好的理性思维能帮助学生应对社会的发展。思维的培养需要借助知识的载体，课堂是传播知识、提升思维的主要阵地，生物学课堂应该以思维教学为主。

如何在生物学教学中培养学生的理性思维，让学生敢于质疑、善于探究、学会表达呢？我不禁想到了20世纪下半叶最有影响力的哲学家Stephen E. Toulmin提出的论证模型，也包括寻找资料提出主张、寻找论据辩驳主张、修正和完善主张三个基本步骤。让学生像科学家和演说家一样体验的探究的乐趣，从而有针对性地培养学生的质疑能力、探究能力、表达能力，促进理性思维的发展和提升。

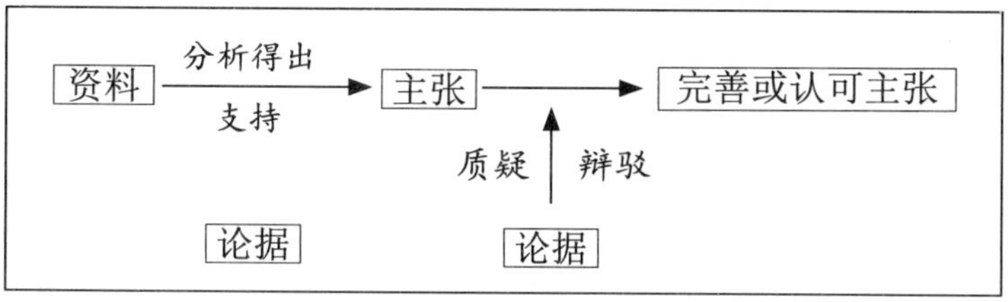

图1 Stephen E. Toulmin的论证模式

二、“肺与外界的气体交换”教材分析

《课程标准》对本节课的要求是概述发生在肺部及组织细胞处的气体交换过程，“肺与外界的气体交换”是其中的一部分。本节内容学生能直观地体验呼气和吸气时胸腔的变化，数据上测量呼气和吸气时胸围的变化，容易理解。但是，学生通常以为主动吸气造成胸腔体积增大，呼气造成胸腔体积减小。这是学生前概念中错误的部分，需要予以纠正，也是本节课的难点。调动学生积极性，主动

探究、主动寻找资料，主动纠正前概念，是学习本节课的突破口。运用论证式教学策略可以突显知识主线，促进学生思考，提升学生的理性思维能力。

三、"肺与外界的气体交换"的论证式教学策略应用

目前，常见的论证式教学策略有四个基本步骤：提出问题，提出观点，提出质疑，辩驳观点。"肺与外界的气体交换"一节，学生需要根据呼气和吸气时的生活经验，提出初步的主张，经过科学的演示实验和体验，修正前概念中错误的部分，从而得出正确的科学概念。具体阐述如下。

（一）对吸气和呼气时胸腔体积变化的探索

教师提出问题：吸气和呼气时，胸廓横向有什么变化？

教师提供阅读材料 1 并组织学生感受：用手按在胸部两侧，深深地吸气，你可以感觉到你的肋骨向哪里运动吗？再深深地呼气，你又会感觉到你的肋骨向哪里运动？

教师引导学生说出：吸气时，肋骨向上向外运动，胸廓变大；呼气时，肋骨向下向内运动，胸廓变小。

教师引导学生思考：有没有什么直接的证据支持这一主张？

教师引导学生测量学生的胸围差并得出结论：吸气时胸围增大，呼气时胸围减小。

教师引导学生质疑：胸围差能完全代表胸腔体积的变化吗？

教师提供阅读材料 2 并组织学生感受：把手放在腹部，你可以感受到吸气时腹部膨大，呼气时腹部缩小吗？这是为什么？

教师引导学生用自己的语言描述主张：吸气时，肋骨向上向外运动，膈肌顶端向下，胸腔体积变大；呼气时，肋骨向下向里运动，膈肌顶端回升，胸腔体积变大。

下图为探究吸气和呼气时胸腔体积变化的教学流程。

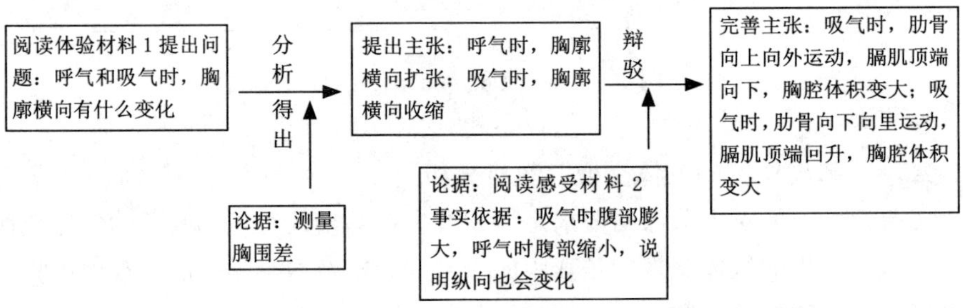

图 2　探究吸气和呼气时胸腔体积变化的教学流程

（二）对吸气和呼气时胸腔体积变化因果关系的探索

教师引导学生针对主张提出质疑：是胸腔容积增大导致吸气，还是吸气时胸腔容积增大？

反驳证据 1：教师引导学生观看演示实验，分析胸腔体积变化与呼气和吸气的因果关系。

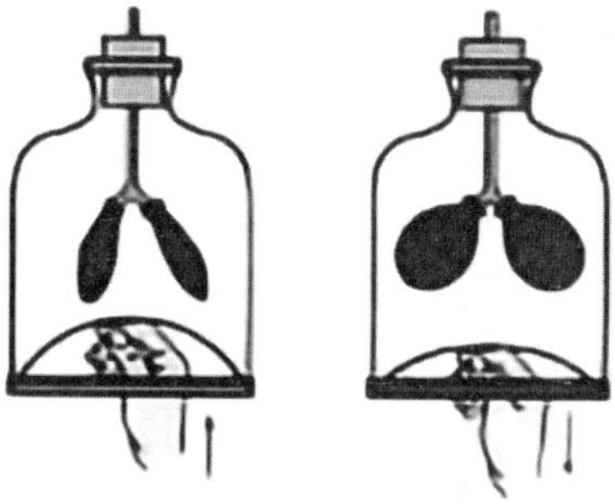

图 3　模拟膈肌的运动

演示实验：如图 3。玻璃模拟胸廓，玻璃管模拟器官、支气管，气球模拟肺，橡皮膜模拟膈肌。操作：一只手拿着模型，另一只手向上推橡皮膜，再放松橡皮膜，观察气球体积的变化和橡皮膜位置的变换。

教师演示实验，学生观看得出向上推动橡皮膜时，气球体积变小，再放松橡皮膜时，气球体积变大的结论。从而分析得出，膈肌收缩下降，胸腔上下径变大，胸腔体积变大，吸气；膈肌舒张顶端回升，胸腔上下径减小，胸腔体积减小，呼气。

反驳证据 2：学生课前动手自己制作模型模拟胸廓的横向变化与呼气和吸气的关系，小组展示发言。使用材料：矿泉水瓶、吸管、气球、胶水等。

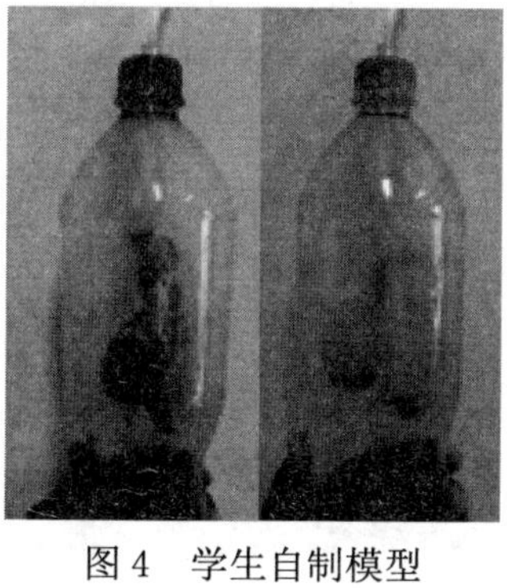

图 4　学生自制模型

学生进行展示并讨论得出：肋骨间肌肉收缩，肋骨向上向外，胸腔体积变大，吸气；肋骨间肌肉舒张，肋骨向下向里，胸腔体积减小，呼气。

教师引导学生修正主张：胸腔容积增大导致吸气，胸腔容积减小导致呼气。详细表述为：肋骨间肌肉收缩，肋骨向上向外，前后左右增大，膈肌收缩下降，胸腔上下径变大，胸腔体积变大，吸气；肋骨间肌肉舒张，肋骨向下向里，前后左右减小，膈肌舒张顶端回升，胸腔上下径减小，胸腔体积减小，呼气。

下图是探究吸气和呼气时胸腔体积变化因果关系的教学流程。

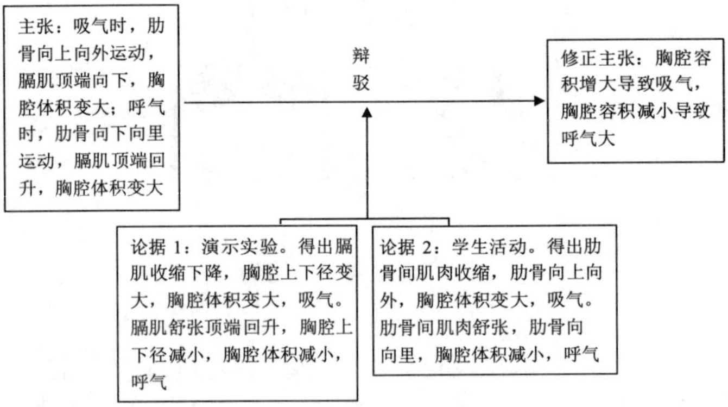

图 5　探究吸气和呼气时胸腔体积变化因果关系的教学流程

四、论证式教学应用的反思

（一）学会提问，培养学生的逻辑思维

好的问题是探究的开始，关系到探究的价值。教师提供材料，学生根据阅读材料提出问题。这个过程使学生可以学会辨别材料呈现的主要问题，避免了盲目性，掌握提问能力。

（二）学会质疑，培养学生的批判性思维

进行论证式教学，能引导学生根据材料进行辩驳。我的主张是什么？如何提出？有没有特例？如果有，特例是什么？这是一个有依据、有逻辑的思维过程，在这个过程中，学生可以进行思维的碰撞、主动学习。在寻找证据和说服同伴的过程中思维逐渐严谨，提高了批判性思维。

（三）学会搜集资料，培养学生的主动性

以小组或个人为组织形式，学生能为小组或个人发表观点进行辩驳，学生为支持或辩驳主张主动寻找资料，激发了学生学习的主动性。同时，可以尽最大可能调动学生的知识储备，使思维综合。

（本文刊发于 2019 年 5 月第 5 期《中学生物学》）

初中历史课堂如何开展活动教学

刘璐

摘要：随着初中历史新课程改革的推进，培养初中生包括唯物史观、时空观念、史料实证、历史解释、家国情怀在内的历史学科核心素养成为初中历史教学的最终目的。而根据初一学生的学情，采用“活动教学”有利于激发学生学习历史的兴趣，培养学生的历史学科核心素养和各种历史学科学习能力。因此，本文以《明朝对外关系》为例，浅论如何让历史课堂“活”起来。

关键词：活动教学；历史课堂；历史学科核心素养

少年智，则国智；少年强，则国强。初中历史课程作为一门具有思想性、人文性和综合性的基础学科，对于提高学生的人文素养，促进学生的全面发展，引导学生树立正确的世界观、人生观、价值观，培养实现“中国梦”的接班人具有重要意义。因此，初一历史教学的首要目标是“激发学生学习历史的兴趣，使学生学会基本的学科方法”。而历史课堂是历史教学的“主阵地”，如何通过历史课堂培养学生阅读、理解、表达、感知、认识历史的能力，是每一位初中历史教师值得深思的问题。

初中历史教学应结合初一学生的认知发展水平和已有的知识经验展开，初一学生具有活泼好动、对新鲜事物充满好奇感以及强烈的参与感等特点，又基于初一历史教学对于知识的记忆要求不高，因此“满堂灌式”的历史课堂已经不适应现在的时代要求和学情。根据初一历史的教学目标，当今的历史教学首先要做到的是初一历史课堂的趣味性和故事性，为学生提供充分参与历史活动的机会，帮助他们在自主思考与合作交流过程中获得广泛的历史活动经验。教师要努力利用各种图文材料、音视频材料创设鲜活情境，帮助学生“走进”一段历史，尽可能多地了解历史的客观现象（了解史实）；巧妙设计问题或活动，任务驱动学生进行深入思考，展开问题探究学习或体验活动，形成对历史的理解和认识（形成史识）；进而感悟历史升华情感（提升史感）。

“活动教学”是指以《初中历史课程标准（2011年版）》为纲，在教师的指导下通过史料教学、情景教学、小组合作、体验活动等方式，旨在调动学生参与历史课堂的积极性、激发学生学习历史的兴趣，让历史课堂富有“历史味道”并“活”起来的新型历史教学方法。在一年的历史教学过程中，笔者通过认真听课、反复钻研、用心总结，将“活动教学”用于自己的历史课堂中，取得了不错的效果，现以《明朝对外关系》的两个主要活动为例，加以说明与分析。

活动一：

通过“品读人物、英雄对话”，品读民族英雄戚继光。

教师：戚继光英勇善战、毫不退缩，请同学们结合课本第五页第一自然段，根据地图说出戚继光先后平定了哪些地方的倭患。

学生：台州九战九捷平定了浙东地区的倭患，随后南下到福建和广东，东南沿海地区的倭患基本解除。

教师：为了更深入地了解戚继光，课前老师为戚继光设计了一个人物档案（内容包括戚继光的职业、个人性格、知识才能、著名诗句等），请同学们品读戚继光的人物档案，同桌之间相互交流，说说戚继光身上有什么值得学习的地方。

学生：爱国主义精神、坚持不懈……

教师：他誓死捍卫国家安全，面对困难毫不退缩的坚强意志都值得我们学习。戚继光戎马一生，战功卓著，他的英明与岁月同辉，与山河同在。

【活动设计意图与说明】

“感悟戚继光的人物精神”是本节课学生要掌握的难点之一，而人物精神的感悟需要通过人物特点、人物性格等来体现，需要有材料进行支撑，因此设计“品读人物”这一活动，旨在让学生通过了解戚继光的事迹与阅读相关材料来感悟戚继光的人物精神。

教师：戚继光组建的戚家军以岳家军为原型。现在，我们邀请到了岳飞与戚继光做客《英雄对话》栏目，请两位同学分别扮演一下岳飞、戚继光，根据老师的提示，看看两位英雄进行了怎样的交流。

学生：戚继光领导的战争是反对外来侵略的战争，所以戚继光是民族英雄。

教师：戚继光领导的抗倭战争是一场反侵略的战争，戚继光是我国历史上的民族英雄。无论是抗金英雄岳飞还是民族英雄戚继光，都推动了我们中华民族的进步与发展。

【活动设计意图与说明】

岳飞打败的是金军主力，属于民族之间的战争，所以岳飞是抗金英雄。基于之前学生对“岳飞是抗金英雄”这一知识点的学习，设计此活动对比戚继光与岳飞，并得出结论：戚继光反抗的是外来侵略者，所以是民族英雄。设计本次活动，旨在让学生在活动中学会用类比思维收获知识。

活动二：

通过扮演小记者，开展“我话郑和下西洋”活动，学习“郑和下西洋”相关知识（活动内容分为“放飞想象”“畅所欲言”“领略盛况”“感悟历史”“火眼金睛”五个板块）。

【布置任务、小组合作】

教师：同学们想不想知道关于“郑和下西洋”更多的故事？

学生：想。

教师：老师看到了同学们求知的眼神。我们一起穿越时空回到大明王朝，化身随行小记者，跟随郑和一起重下西洋——我话郑和下西洋。课前老师将同学们分成了记者一队、记者二队和记者三队，请同学们分别以记者一、二、三队的身份，根据老师划分的报道任务和报道素材，结合课本上的内容，小组合作，完成报道。时间 5 分钟，5 分钟后，小组展示。

学生：……（热烈讨论中）

【放飞想象】

教师：请记者一队的小记者们带我们放飞想象，完成报道，说说郑和在路上会遇到什么，准备了什么。

学生：恶劣天气、巨大风浪、海盗、迷失方向、缺少物资……因此郑和准备了很多的粮食，配备了许多随行人员；为了不迷失方向，还带去了指南针；最重要的是建造了一艘宝船，还将船队排兵布阵，摆成易于指挥的“飞燕阵”。

【畅所欲言】

教师：郑和下西洋会遇到各种艰难险阻，为了应对这些艰难险阻还要做充分的准备，那郑和为什么还要下西洋？请同学们畅所欲言，谈谈你的看法。

学生：寻找消失的建文帝，宣扬国威，交换物资，加强经济文化交流……

【领略盛况】

教师：确定目标、准备就绪，郑和的船队扬帆起航。请记者二队的小记者上台展示，完成报道，带我们领略盛况。

学生：我是记者 ________，我会这样报道郑和下西洋的盛况：1405—1433 年，郑和先后七次下西洋，整合的船队从刘家港出发，沿途经过 30 多个国家和地区，最远到达红海沿岸与非洲东海岸。

教师：当郑和遇到西方的航海家，我们有什么优势？

学生：时间长、次数多、规模大、范围广，可以说是世界航海史上的空前壮举。

【感悟历史】

教师：在明成祖的大力支持和郑和的卓越指挥下，郑和七次下西洋，让更多的地方知道古老的东方有一个国家叫中国。郑和远洋为世界航海事业以及中国、亚非地区的发展作出了怎样的贡献？请记者三队的同学带我们一起感悟历史。

学生：郑和的船队从刘家港（西太平洋）出发，最远到达非洲东海岸与红海沿岸（印度洋），开创了西太平洋与印度洋之间的亚非海上交通线，为人类航海事业作出了伟大贡献。通过郑和下西洋，明朝给西洋各国带去了许多先进的文化和技术，西洋各国向明朝展示了许多珍禽异兽、奇珍异宝，增进了当时中国与亚非国家的了解和友好往来。

【火眼金睛】

教师：通过记者们的努力，不知道同学们有没有炼就一双火眼金睛，让我们检验一下自己的学习成果，请同学们在平板电脑上找出错误并改正。

学生：……（平板电脑改错，学生展示）

【活动设计意图与说明】

郑和下西洋是本节课的重点，为了使学生更好地掌握本节课的重点，将“活动教学”更好地贯彻在历史教学中，激发学生的学习兴趣，针对“郑和下西洋”的目的、经过、影响，在这一活动下又设计了五个小活动，让学生们在活动中收获历史、感悟历史。

历史学科核心素养的培养是初中历史教学的最终目的。结合本节课的教学实践，可以明显地感觉到：通过“活动教学”，引导学生进行自主学习、小组合作，一方面既减轻了教师的教学负担；另一方面，活动的设计既激发了学生学习历史的兴趣，又在活动课中掌握了知识，有利于学生对历史知识的理解。

（本文刊发于 2021 年 6 月第 12 期《中学历史教学参考》）

生物家庭实验，劳动教育的点睛之笔

高婧娟　王娜

2019 年末新冠疫情来袭，新学期学生开始了以上直播课为主的在线学习。我所任教的科目是生物学学科，生物学是一门探究性的实验学科，学生不仅要掌握学科的知识体系，还要掌握基本的实验技能和探究能力。在直播课开始前，我们一直在思考如何兼顾学生知识学习又能锻炼学生动手能力呢？于是，我们几个志同道合的老师申请了微信公众号“柳泉生物圈”，开设了家庭实验专栏。到如今，这个专栏已经成为学生劳动教育的小世界。

一、初心和缘起

扫地、拖地、擦桌子、整理衣服、做志愿者已经成为初中学生的一日常规，部分学生已经拥有了拿手好菜，在基本劳动技能方面有了一定的基础，如果还是一味地培训学生的家务技能，不仅较为枯燥，而且无法凸显劳动技能在初中的进阶发展。初中学生正处于青春期，是大脑发育的黄金时期，如果对学生的劳动教育仅仅停留在日常家务劳动上，就显得大材小用。初中学习科目较多，课业负担较大，我们能否将劳动教育融合在学科知识中，在夯实学生基础的同时培养更高层次的劳动技能和劳动精神？在这个问题的驱动下，我们开始尝试开展“生物家庭实验”辅助劳动教育微课题研究，让学生在家庭中寻找实验材料、设计和完成简单的生物实验活动，旨在让学生体验科学家发现的过程，获得职业体验，掌握更高层次的劳动技能，领会不断探索、不轻言放弃、不怕吃苦的劳动精神，同时又能提高学生的生物学核心素养。

二、方法与案例

“生物家庭实验”主要以家庭能完成的简易实验为主，利用寒暑假期间以“生物创意大赛”活动形式面向全体学生征集“生物家庭实验”案例。我们通过对“生物家庭实验”的深层次劳动教育进行了探索，主要包括以下过程：第一，教师前期对活动进行宣传、说明参加流程，发布一篇生物家庭实验教师示范案例，对探究实验做出规范；第二，引导有参加意向的学生进群交流，搭配指导老师负责指导学生实验设计和实施、撰写实验报告等；第三，根据学生作品选择优秀的符合学术规范的实验报告，并通过公共号进行展播。通过一年半的实践过程，我们成功举办了两届“生物创意大赛”，收集到了许多学生作品，提高学生科学探究能力的同时，对学生进行劳动教育。“生物家庭实验”如何培养劳动教育呢？我将结合案例进行分析。

案例一：凉皮制作（作者张同学）

张同学表示作为新时代中学生不能只做一个单纯的“吃货”，更要做“智慧美食家”。在生活中处处有生物学知识。那么做凉皮的过程中有哪些生物学知识呢？跟我们生物学课本中的哪个实验有关呢？带着这样的问题，张同学录制视频，与大家一起来学做凉皮。

通过制作凉皮，他巧妙分离了面粉中的蛋白质和淀粉，并讲解了舌尖上的科学。张同学掌握了称量、和面、洗面、蒸煮等劳动技能，同时将生物学知识运用到生活中，寓教于乐，在生活中学习。

案例二：四种家禽孵化实验（作者孙同学和乔同学）

孙同学和乔同学通过前段时间的生物学学习，对生物学、对生命产生了极大的兴趣和探究欲望。由于从小喜欢动物，两位同学共同商定开展家禽孵化实验，孵化鹌鹑、鸡、鸭、鹅 4 种家禽，观察孵化过程，感受小生命诞生的奇迹。他们摆放种蛋，将 15 枚鹌鹑蛋、6 枚鸡蛋、6 枚鸭蛋、6 枚鹅蛋摆放在孵化器中，调节温度到 37.8℃，开始孵化。每天向孵化器中加水 30 ～ 50 毫升，5 ～ 8 天后进行照蛋，观察种蛋孵化情况。

观察结果：①鹌鹑成功孵化。从第 17 天开始，1 只鹌鹑开始啄壳孵化出来，第 18 天更多鹌鹑孵化出壳。最终 15 枚鹌鹑蛋成功孵化出 8 只鹌鹑。检查未孵化的鹌鹑蛋，有 4 枚属于未受精的蛋，3 枚为死胎。②小鸡成功孵化。第 20 天，开始有小鸡啄壳，第 21 天、22 天，小鸡陆续啄壳孵化出来。6 枚鸡蛋共孵化出 4 只小鸡，2 枚属于未受精的蛋。③小鸭成功孵化。第 27 天，小鸭开始啄壳出壳，第28天，陆续有小鸭出生。④小鹅成功孵化。第29天，2只小鹅开始啄壳，第30天，2只小鹅出生。另外4枚鹅蛋未孵化成功，经检查，2枚属于未受精的蛋，2枚属于孵化早期死胎。经统计孵化出鹌鹑8只、小鸡4只、小鸭5只、小鹅2只，一定范围内鸟卵体积越大孵化时间越长。

通过长达一个多月的四种家禽孵化家庭实验案例，两位同学查阅资料寻找孵化方法、挑选和购买种蛋、进行每日的孵化管理和实验现象记录，从自己的兴趣出发，体验家禽孵化的生产劳动，掌握了孵化和饲养小动物的劳动技能，提升了坚持不懈、持之以恒的劳动品质。

案例三：三种植物种子发芽实验（作者孙同学）

孙同学根据所学种子萌发的知识，围绕植物种子发芽，进行了3组对照实验：①对不同植物种子（花生、黄豆、绿豆）的发芽进行比较。②研究温度（24℃、30℃）对种子发芽的影响。③研究光照（光照下、黑暗中）对植物发芽的影响。

观察结果：①绿豆发芽最快，10小时露白，1天后芽已经很长了。黄豆、花生发芽较慢，2天开始发芽。②30℃环境下，植物种子发芽较快，24℃环境下，植物种子发芽较慢。这说明，在一定的温度范围内，随着气温的升高，种子发芽速度加快。③光照条件下的绿豆幼苗，叶片变为绿色；黑暗条件下的绿豆幼苗，叶片仍然为黄色。这说明光照能够促进叶绿素的产生，使叶片变绿，从而进行光合作用。

以上实验是对课本内容的拓展和延伸，孙同学带着问题出发反复设计、反复思考，这个过程中他像科学家一样思考、求证，在掌握如何萌发种子、种植和管理植物的劳动技能的同时，更学会了通过实验求证问题的方法论。

案例四：探究酵母菌在不同温度下的发酵情况（作者曹同学）

曹同学对馒头、面包等发酵产品非常感兴趣，查找资料后发现面粉发酵是酵母菌的作用，并由此提出问题：酵母菌在什么温度下的发酵情况最好？依据平时发面都是在室内进行的，作出假设：酵母菌在25～30℃下发酵得最好。取0.8g酵母菌、80g面粉、1g绵白糖和40mL（冷）清水（秋、冬用温水，春、夏用冷水）（比例：1∶100∶1/80∶50），先用温水把酵母和绵白糖化开，再倒入面粉，充分搅拌成面团后，把面团分成等量的4小块。在4个容器上分别贴上标签，将4小块面团分别放置在4个容器中，记录好面团在小烧杯内所占的体积（大约在20mm处），然后盖上保鲜膜。贴有标签的容器分别放在冰箱（7℃）、室内（25℃）、水浴装置一号（35℃）、水浴装置二号（50℃）内，每隔一小时观察并做记录，共观察3小时。最终发现酵母菌在25～30℃下发酵得最好。

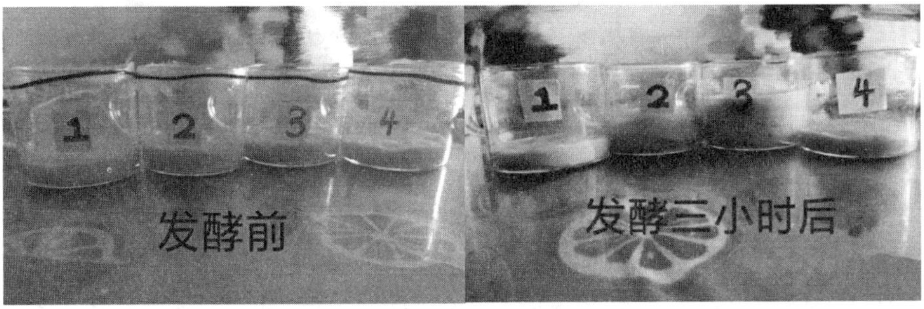

图 1　发酵实验示意图

通过发酵实验，曹同学掌握了酵母菌发酵原理和最佳温度，掌握了馒头、面包等酵母菌发酵产品的制作方法，学会了用科学知识解释生活现象，将劳动教育与科学教育融合在一起。

三、感悟与提升

开展家庭实验以来，我们收到了无数的学生作品，主要集中在植物类，如探究种子萌发、植株生长等；动物类，如探究小动物孵化和饲养、动物学习行为等；微生物类，如馒头制作、酸奶制作、泡菜等。还有部分以微视频或者图文编辑的形式搜集资料，从科学知识角度认识和分析生活想象。

举办家庭实验作为劳动教育的点睛之笔有以下的优点：

第一，劳动教育改变常规的家务教育和农事劳动，学生带着问题以求证的精神动手实验，充分调动了学生的好奇心和积极性，让学生主动投入劳动，体验劳动发现的过程，尊重劳动、热爱劳动。

第二，学生进行了科学家的角色体验，体会科学探究的艰辛不易，学会了质疑求证、坚持不懈、热爱科学，认识到了科学知识对社会的重要价值，并积极发挥主体作用，担当社会责任。

第三，通过动手实验，身心参与、手脑并用，开拓了学生认识生活的方法论，引导学生发现问题、追求真理、全面发展。

（本文刊发于 2021 年 5 月第 5 期《班主任之友》）

拨动地球，转出精彩
——“地球公转产生的昼夜长短变化”教学设计

王学宵　李景霞　孟江涛

一、创新整合点

本微课程设计的创新点主要体现在将重点内容生活化、形象化、可视化和趣味化。生活化体现在最大程度地降低了知识的难度，成功地将抽象复杂的知识转化成为和学生生活密切相关的现象，实现了抽象知识生活化。形象化体现在充分尊重了学生的主体地位和教师的引导作用，引导学生观看动画，边看边学，实现了知识的形象化、生动化。可视化主要体现在充分利用了智慧云平台“一对一”的互动功能，将学生做题的情况变成可视化的数据，有利于教师有的放矢地进行讲解，提高了学习的效率。趣味化体现在导入的趣味性、过程趣味化、巩固趣味化和收获趣味化，使整个学习变得生动有趣。引导学生在生活中发现地理问题、理解其形成的地理背景。学习对生活有用的地理，学以致用，回馈生活，多方面、多角度加深知识理解，培养学生综合思维和地理实践力，更好地促进学生自我发展。

二、教材分析

本内容取自鲁教版五四制教材六年级上册课本第一章第二节。本部分内容主要讲述地球公转产生的昼夜长短变化，它既是本单元教学的重点，本教材的教学难点，又是学习后面知识的重要基础，所以如何激发学生兴趣、突破难点尤为重要。学习本部分内容需要调动学生的空间想象能力，并多次进行动态与静态思维的转换。针对知识特点，需要采用从生活现象中发现问题，提出疑问的导入方式，意在把抽象知识和学生生活建立联系，从而激发学生的学习动机，提高学习兴趣。微课主体部分利用动画演示，引导学生列表总结，建立立体、动态的知识观，最后利用所学知识，解释课前提出的疑问，让学生领略地理学习的魅力。整体设计思路是降低难度，从学生切身感受的生活现象入手，化无形为有形，化抽象为生动。

三、学情分析

学生刚刚进入初中阶段，逻辑思维和空间想象能力还有待于进一步发展，面对知识容量的剧增和对经纬线、经纬网、地球自转等抽象知识的学习，往往会对地理学习产生一种恐惧心理，而且地球公转本身是更加抽象的知识，所以学生在本部分知识的学习中遇到的困难主要是难以把抽象性的知识和生动活泼的现实联系起来，从而很难将知识充分理解并运用到生活中。因此，对于本部分内容的处理，一是有意识地将教学中的一些难点问题进行简化处理，二是本节课尽量采用直观、形象的教学手段，把抽象的内容直观化，并让学生在愉快、轻松的氛围中参与学习。课堂实践也表明，这样的教学方法学生比较容易接受，也更能激发学生对课堂的参与性。

四、教学目标

（一）知识技能：理解地球公转过程中昼夜长短变化规律；掌握同一地点，不同时刻昼夜长短变化规律；深化理解同一时刻，不同地点昼夜长短的比较。

（二）过程方法：通过搜集淄博市、广州市相关日期日出、日落和昼长的信息，并分析信息背后的规律，对不同季节日出时间差异的解释，培养学生利用地理知识解释生活现象，提升生活品味的能力。

（三）情感态度价值观：通过搜集地理信息和解释生活困惑，培养学生地理综合思维能力和社会实践能力。

五、教学过程

（一）课前自主学习任务单

通过观看教学视频或阅读教材，或分析提供的学习资源自学，完成下列学习任务。

任务一：

小组合作，通过网络，查阅表格中淄博市各日期的日出、日落时间及昼长。

日期	日出时间	日落时间	昼长
1月5日			
2月16日			
3月20日			
4月7日			
5月18日			
6月21日			
7月8日			
8月19日			
9月22日			
10月11日			
11月15日			
12月20日			

任务二：

把上述日期用不同颜色标注到地球公转轨道图中的相应位置，结合数据总结淄博市昼夜长短的变化规律。

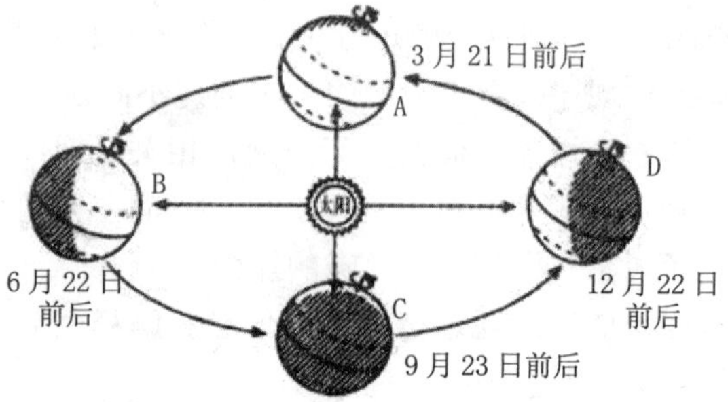

思考：为什么昼夜长短会有这样的变化规律呢？是不是北半球的其他地方昼夜长短也有这样的变化规律呢？

任务三：

观看微课资源1，结合上图完成下表。

位置	节气和日期	太阳直射点的位置	昼夜长短情况
A			
B			
C			
D			

任务四：

观看微课资源1，依据上图，完成下列表格，并总结北半球各地昼夜长短随地球公转的变化规律。

位置变化	昼夜长短变化
A—B	
B—C	
C—D	
D—A	

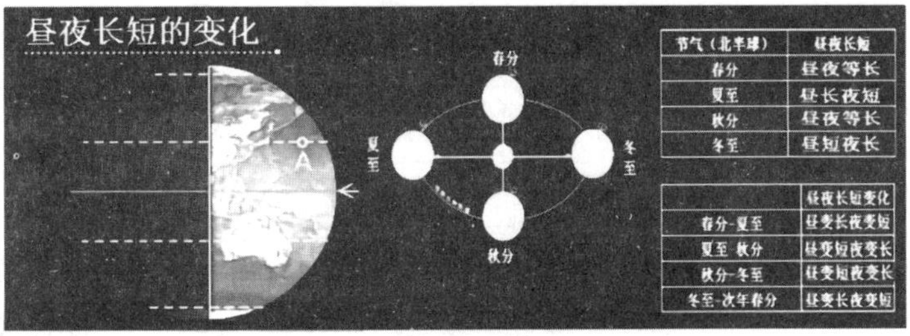

微课资源 1 中导入采用两个动画人物对话，提出问题：为什么当日（4 月 20 日）六点起床天已经非常亮了，但是寒假的时候同样是六点钟起床，天还是很黑的呢？学习过程：观看动画，黄线代表白昼，绿线代表黑夜，观察春分、夏至的昼夜长短状况，用同样的方法自主解决秋分、冬至的昼夜长短状况，进而以北半球为例总结四个节气的昼夜长短状况，完成任务三。接下来分段总结昼夜长短变化情况，具体方法：在北半球任取一点 A，以 A 点为例观察北半球昼夜长短变化情况，首先观看春分至夏至期间，北半球昼夜长短的变化情况，然后引导利用相同的学习方法分析总结夏至至秋分北半球的昼夜长短变化情况，最后自主完成秋分至冬至，以及冬至至次年春分北半球昼夜长短的变化规律，完成任务四，从而全面掌握同一地点、不同时刻昼夜长短的变化规律。运用学到的知识解决导入时提出的问题，从而解决生活中的疑问，学习对生活有用的地理知识。

任务五：

完成推送到智慧云平台的相关练习题，结合做题情况观看微课资源 2。

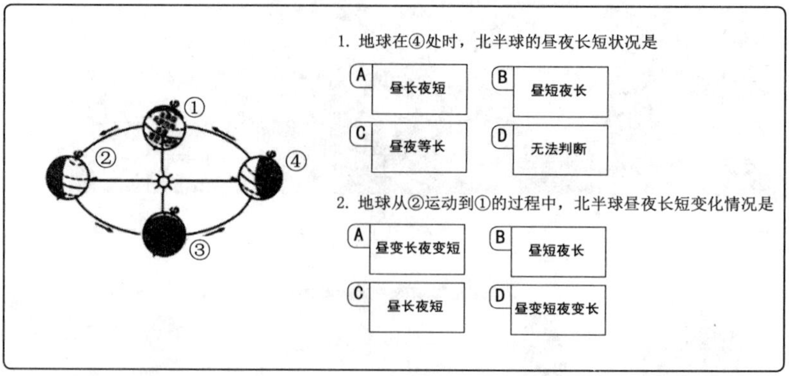

（二）课堂学习任务单

1. 课时检测

（1）北京天安门的五星红旗每天都与太阳同时升起，下列日期中升旗时间最早的是（　）

A. 1 月 10 日　　　　B. 4 月 18 日

C. 6 月 20 日　　　　D. 9 月 23 日

（2）下列节日中淄博市日落时间最早的是（　）

A. 三八妇女节　　　　B. 五一劳动节

C. 六一儿童节　　　　D. 十一国庆节

（3）下列节日中，北京昼长和夜长相差最小的是（　）

A. 十一国庆节　　　　B. 八一建军节

C. 五一劳动节　　　　D. 春节

（4）从地球公转示意图中，选出符合“北半球各地昼长夜短，且白昼越来越长，黑夜越来越短”的位置范围（　）

A. A—B 之间　　　　B. B—C 之间

C. C—D 之间　　　　D. D—A 之间

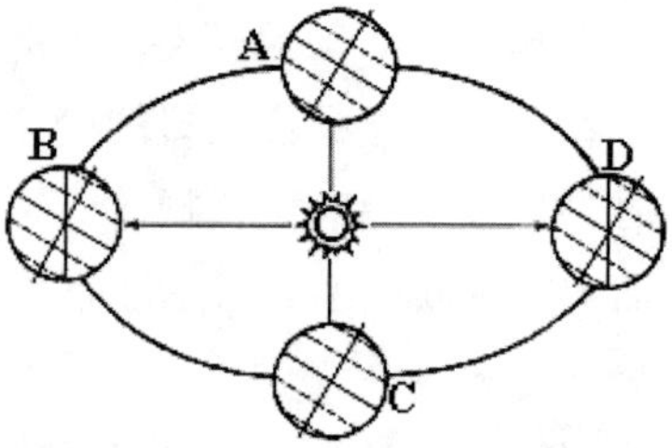

课时检测的实现，主要按照推送精选习题、完成练习题目、查看习题反馈、答疑解惑四个步骤进行，教师针对知识点精选习题，利用智慧云平台推送给学生；学生利用学到的知识完成教师推送的练习题目；教师查看智慧云平台数据，掌握学生答题的正确率，选取出错率较高的题目；对出错率较高的题目进行重点答疑解惑，并提供变式练习，进一步巩固知识。课前观看微课，课上做推送的练习题，根据学生的做题反馈情况，采用合作学习，答疑解惑的形式，使学生进一步掌握同一地点、不同时刻昼夜长短的变化规律，进而时空转移、理解递进，学习同一时刻不同地点昼夜长短的差异。

2. 进阶作业

（1）结合“课前自主学习任务单”中学生搜集到的淄博市日出、日落及昼长数据，小组合作，现场查阅广州各日期的日出、日落及昼长信息，并对比淄博市和广州市各月同一天日出、日落时刻及昼长的差异，归纳同一时刻、不同地点昼夜长短的差异。

日期	日出时间	日落时间	昼长
1 月 5 日			
2 月 16 日			
3 月 20 日			
4 月 7 日			
5 月 18 日			
6 月 21 日			
7 月 8 日			
8 月 19 日			
9 月 22 日			
10 月 11 日			
11 月 15 日			
12 月 20 日			

（2）比较 A、B 两点的昼夜长短状况，并说明依据。

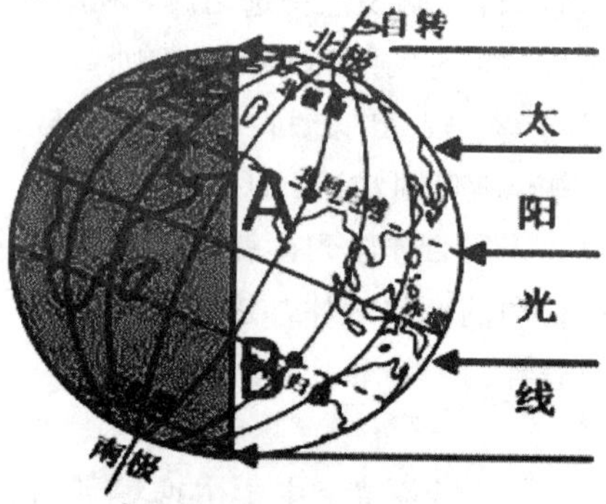

3. 协作探究，学以致用

（1）在山东，同样是17:10放学，冬天时已经夜幕沉沉，而夏天时还艳阳高照。这是为什么呢？

（2）为什么南极科考站大多选择在 2 月份建站？

小组竞赛：每个小组搜集生活中与本节知识相关的地理现象，自由选择任一小组解释分析。本竞赛采取小组积分制，每成功解答一个提问积 5 分，对优胜小组进行激励和表扬。

4. 展示准备

（1）用思维导图梳理盘点个人学习收获。

（2）小组内交流个人学习收获，并迅速整理出本组协作学习成果的要点。

（3）小组竞赛中的优胜小组代表率先展示学习成果，然后利用电脑随机点名的方式，在其他小组中抽取一至两名小组代表展示小组交流成果。

5. 课后作业

小组协作整理开学初教师布置的、每天正午影长（杆长 1 米）的观测数据，初步分析淄博市正午影长的变化规律，并有步骤地完成下节课的“课前自主学习任务单”。

六、教学反思

（一）结合学情，不宜挖掘过深

针对学生的年龄特点和知识接受能力，对知识的讲解不宜挖掘过深，引导学生掌握地理现象和一般规律，不需要过度挖掘背后的原理。

（二）设置情境，提升学生兴趣

根据这节课的实施效果，可以看出设置情境、联系学生生活，对于提升学生兴趣、激发学习动机的作用非常明显。

（三）注重生成，不必机械记忆

引导学生动手动脑，积极观察总结，参与知识的生成过程更有利于学生理解和掌握知识。

（四）活学活用，解释地理现象

引导学生利用学习到的知识来解决生活中的实际问题，更有利于维持学生对地理学习的持久动机，让我们的课堂更加生动活泼。

七、设计亮点

（一）在"课前自主学习任务单"中，任务一和任务二是设计的第一个亮点。

任务一：小组合作，通过网络，查阅表格中淄博市各日期的日出日落时间及昼长。

任务二：把上述日期用不同颜色标注到地球公转轨道图中的相应位置，结合数据总结淄博市昼夜长短的变化规律。

目的：引导学生查阅数据，总结规律，为学习和理解知识做好铺垫。

（二）在"课堂学习任务单"中，进阶作业、协作探究、课后作业环节是设计的第二个亮点。

在进阶作业环节，查阅广州相关信息，进而与淄博市的相关数据进行对比，并归纳同一时刻、不同地点昼夜长短的差异。

在协作探究环节，增设小组竞赛，让每个小组搜集生活中与本节课知识相关的地理现象，自由选择任一小组解释分析，目的是回馈生活，多方面加深对知识的理解，培养知识运用能力。

在课后作业环节中，小组协作整理开学初教师布置的任务，每天正午影长（杆长 1 米）的观测数据，初步分析淄博市正午影长的变化规律，为后面的学习做好知识铺垫。

（本文刊发于 2019 年 2 月第 3-4 期《中国信息技术教育》）

借函数图像之"表" 探几何图形之"里"
——以北京 2018 年中考卷第 24 题为例

孙即忠 孙前华

运用描点画函数图象的实验方法进行几何探究，在历次中考试题中并不多见，北京 2018 年中考数学卷第 24 题让我们眼前一亮。

一、原题呈现

如图 1，Q 是$\overset{\frown}{AB}$与弦 AB 所围成的图形的内部的一定点，P 是弦 AB 上一动点，连接 PQ 并延长交$\overset{\frown}{AB}$于点 C，连接 AC。已知 $AB = 6\text{cm}$，设 A，P 两点间的距离为 $x\text{cm}$，P，C 两点间的距离为 $y_1\text{cm}$，A，C 两点间的距离为 $y_2\text{cm}$。

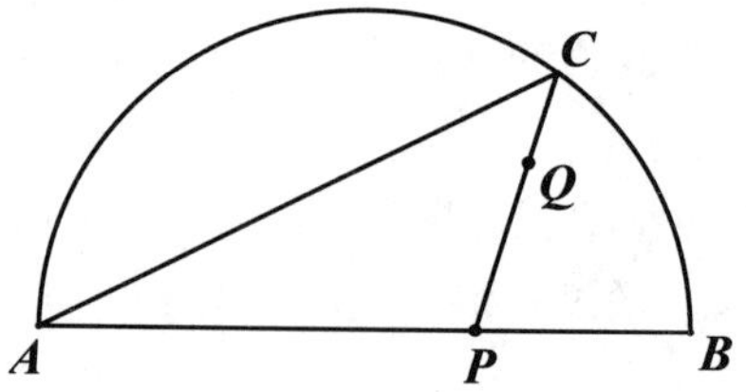

图 1

小腾根据学习函数的经验，分别对函数 y_1，y_2，随自变量 x 的变化而变化的规律进行了探究。

下面是小腾的探究过程，请补充完整：

（1）按照下表中自变量 x 的值进行取点、画图、测量，分别得到了 y_1，y_2 与 x 的几组对应值；

x/cm	0	1	2	3	4	5	6
y_1/cm	5.62	4.67	3.76		2.65	3.18	4.37
y_2/cm	5.62	5.59	5.53	5.42	5.19	4.73	4.11

（2）在同一平面直角坐标系 xOy 中，描出补全后的表中各组数值所对应的点（x，y_1），（x，y_2），并画出函数 y_1，y_2 的图象；

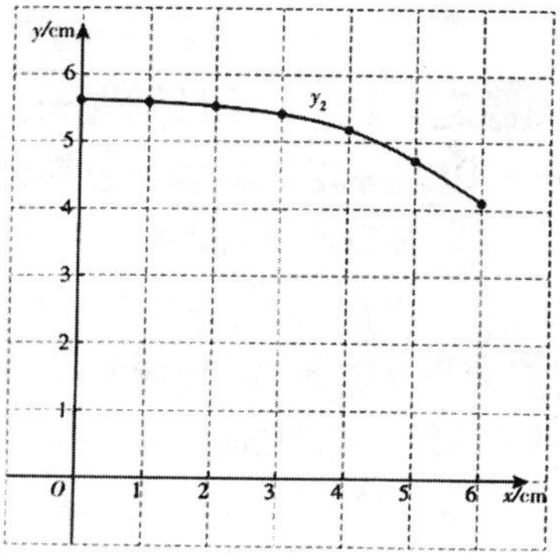

图 2

（3）结合函数图象，解决问题：当△APC为等腰三角形时，AP的长度约为_____cm。

二、试题特色解读

本题既不是普通的函数问题，也不是一般的几何探究，命题者把函数图象与几何探究巧妙结合，充分体现了对学生数学核心素养的培养，笔者认为这是本题最成功的亮点之处。

（一）渗透信息技术应用，体现数学实验活动

题目的开场白：“Q是$\overset{\frown}{AB}$与弦AB所围成的图形的内部的一定点”，这一条件增加了几分神秘感，如果命题者立刻问，动点P在AB上移动，AP为何值时△APC为等腰三角形？这样本题探究的方式不但“此路不通”，而且会把考题变为人人听腻了的“通俗歌曲”。

题目由动点P引发的函数开始，交代了同一个自变量“A，P两点间的距离x”，对应两个因变量“P，C两点间的距离y_1”与“A，C两点间的距离y_2”，以“小腾”“进行取点、画图、测量”的方法，体现命题者重视数学实验活动对学生素养的提高，这是寓意深刻的考题引领。通过“测量”“分别得到了y_1，y_2与x的几组对应值”，渗透运用信息技术手段进行几何探究的方法，列表给出两组（x，y_1），（x，y_2）的数值，为进一步描点画函数图象进行几何探究奠定了基础。

（二）发挥函数应用价值，创新数形结合意识

根据数学实验活动对应获得表格数值后，绝大部分学生能准确地根据（x，y_1）的数值，模仿y_2的图象描点画出函数y_1的图象（如图3），这体现出命题者设置的第（1）（2）问是面向全体学生，很好地设计了考题的基础梯度。

第（3）问是由函数图象到几何探究的精彩升华。首先，由函数图象的直观性，一般学生都会发现函数图象y_1与y_2的交点M_3，由此得出$y_1=y_2$，即图1中的$AC=PC$，从坐标系中读出此时x的数值，就会得到第一种等腰三角形的位置关系。

本题巧妙地设计了把实验数据通过函数图像这个载体来刻画几何线段相等，深刻地挖掘出函数图象的价值，意在关注学生对函数图象的应用意识这一核心素养。

其次，从题目表格填空知，当$x=3$时，$y_1=3$（这里应该有AB为直径的条件，后面分析），学生会联想到$AP=PC=3$，等腰三角形第二种情况的探究也水到渠成。

接下来会出现学生的分化：第一种情况的学生对本题的探究会就此停止；第二种稍有些思考的学生会关注表格中的数值，试图找出等腰三角形第三种情景，但是仅从表格找规律比较抽象，有一定难度，并且数值观察不够准确；第三种函

数图象与几何结合意识较好的学生，会发现点 M_1 在直线 $y = x$ 上，而直线 $y = x$ 与 y_2 的交点 M_2 对应几何图形中的 $AP = AC$ 的情景，至此，由函数图象看出满足条件的三点 M_1，M_2，M_3，对应得出 x 的三个数值，完美地探究了当△ APC 为等腰三角形时 AP 的三种情况。

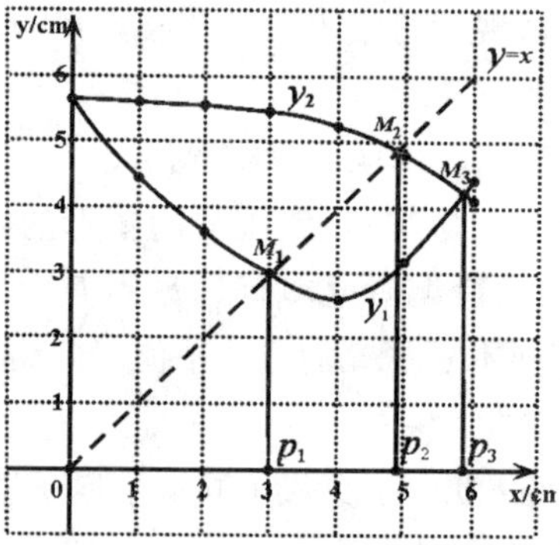

图 3

本题通过数学实验测量，描点画图，从函数图象中探究几何位置关系，这是一种数形结合的创新尝试。命题者用这种智慧启发我们，教师如何通过数形结合的教学活动培养学生的创新意识。

题目解答告一段落，并不意味着探究结束，为什么会有如此三种位置？定点 Q 是弓形区域内的任意一点吗？

（三）蕴含图形内在规律，意在培养几何直观

经历了"实验"获取数据，"猜测"函数图象，"推理"几何位置之后，我们运用几何画板等手段可以引导学生上升为"验证"阶段。

情景一（如图 4），AC 的垂直平分线一定与 AB 有交点，若动点 P 恰好过这一交点，则有 $AP = PC$，此时△ APC 是以 AP，PC 为腰的等腰三角形。

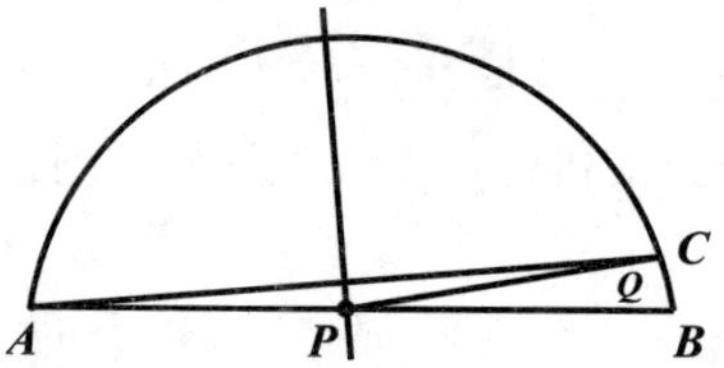

图 4

情景二（如图 5），由于 $AC < AB$，以 A 为圆心，AC 长为半径画弧交 AB 于点 P，此时有 $AC = AP$，使△ APC 是以 AC，AP 为腰的等腰三角形。

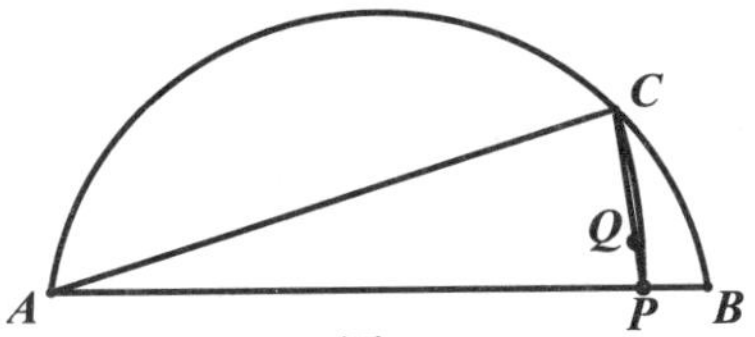

图 5

情景三（如图 6），直线 PQ 随着动点 P 的运动，与 $\overset{\frown}{AB}$ 的交点 C，一定会过 AP 的垂直平分线，此时有 $AC=PC$，即△ APC 是以 AC，PC 为腰的等腰三角形。

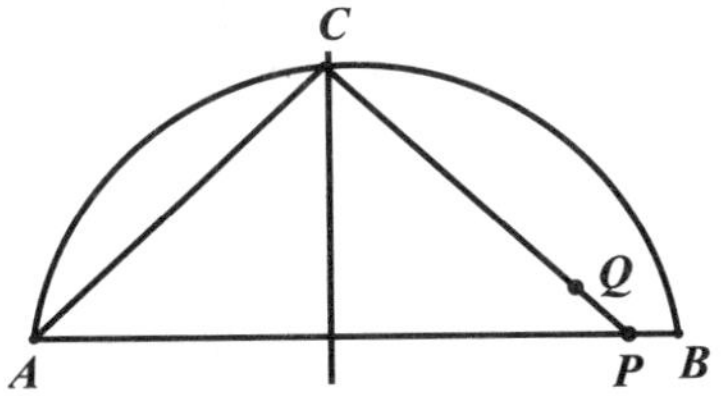

图 6

实际上题目的图 1 中，要保证△ APC 同时有三种情况的等腰三角形，点 Q 必须在如图 7 的阴影 S_1 内部（其中 $\overset{\frown}{AB}$ 是劣弧或半圆，点 C 为弦 AB 的中垂线与 $\overset{\frown}{AB}$ 的交点），点 Q 在弓形 S_2 的内部不再有 $AC=PC$ 这种情景的等腰三角形，只有另外两种情况。对于 $\overset{\frown}{AB}$ 为优弧的情况，△ APC 也不会同时有三种情况的等腰三角形，大家可以自己尝试探究。

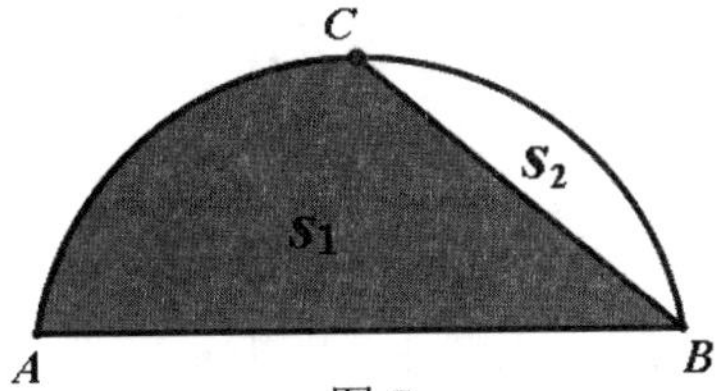

图 7

本题经历了“实验、猜测、推理、验证”的活动环节，既体现了数学实验的探究性，又充分彰显出函数的应用价值，题目的设计关注了画函数图象的完整过程，将学生日常学习活动经验浓缩于试题中，意欲引导学生要善于从函数图象中发现几何位置特征，关注学生基本活动经验的积累，注重学生几何直观与推理能力的培养。

三、题目条件商榷

题目第（2）中"补全表中各组数值所对应的点（x，y_1）"，出题者本意是当 $x=3$ 时，$y_1=3$，即若 $\overset{\frown}{AB}$ 是半圆，动点 P 运动到圆心时，AP 与 PC 都是圆半径。然而已知条件并没有说明 $\overset{\frown}{AB}$ 是半圆，如图 8，若 $\overset{\frown}{ACB}$ 为劣弧（$\overset{\frown}{ADB}$ 是半圆），弦 $AB=6$，点 P 运动到 AB 的一半时，$AP=PD=3$，而 $PC<PD$，即 $PC<3$，此时不会有 $AP=PC$。因此，笔者认为题目应有"$\overset{\frown}{AB}$ 是半圆"这一条件。

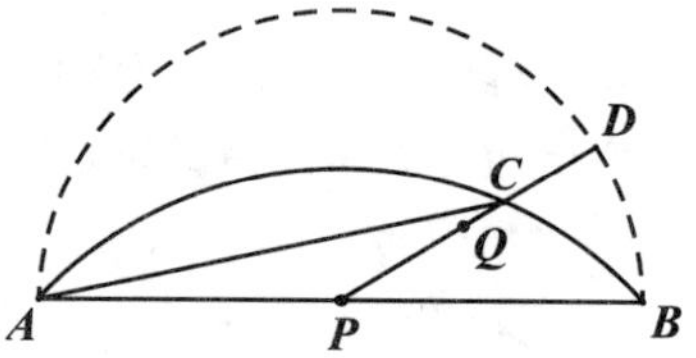

图 8

四、教学启示

（一）教师应充分认识到数学实验活动的重要性

《义务教育数学课程标准（2011 年版）》强调"课程内容的组织要重视过程，处理好过程与结果的关系；要重视直观，处理好直观与抽象的关系"。反思我们的教学，经常不给学生充分的体验过程，更不注重设置数学实验活动，认为学生经历"观察、实验、猜测"这类活动价值不大、耽误时间，重视推理与结论的应用，只为更快地提高成绩，忽视学生的数学体验过程，这种急功近利的做法违背了数学学习的本意，不注重提高学生基本活动经验这一素养。因此，在今后的教学中，教师要重视学生的数学实验活动，设计让学生动手测量、手工制作、实物或教具演示等环节，引导学生运用几何画板、图形计算器等信息技术进行有效的几何探究。

（二）鼓励学生运用函数图象进行几何探究

初中生对函数的学习是初次接触，一般都有畏难的心理，大多数学生对函数的认知仅仅局限于函数解析式，对函数的本质是两个变量之间的对应关系理解不深刻，应用函数解决实际问题的意识几乎没有，更不用说把几何问题转化为函数模型的技能。

函数图像以其直观性便于学生理解，围绕图象对几何问题展开逻辑推理，既能发挥函数图像的价值，又是对几何推理的提升。北京 2018 年中考卷这道题目给了我们一个很好的启发，对于几何动点探究问题，要对题目有比较深刻的理解，不仅要把握好特殊位置的形状与数量关系，还要就一般情况多进行动态化的探究。教师通过引导学生采用取值、描点、画图，运用函数实验进行探究，既能培养学生的直观想象这一核心素养，又能提高学生对几何探究问题的深刻理解，充分落实课程标准要求的“要特别注重发展学生的应用意识和创新意识”，对此类数学活动我们应积极尝试，填补教学实践的空白。

（本文刊发于 2018 年 8 月第 23 期《中学数学教学参考》）

图形全等的运用与拓展

孙即忠　王君贤

一、课标要求与教学目标

《义务教育数学课程标准（2011 年版）》（以下简称《课标》）要求掌握三个基本事实：“两边及其夹角分别相等的两个三角形全等”“两角及其夹边分别相等的两个三角形全等”“三边分别相等的两个三角形全等”。证明定理“两角分别相等且其中一组等角的对边相等的两个三角形全等”，探索并证明角平分线的性质定理。

根据《课标》提出的“体会通过合情推理探索数学结论，运用演绎推理加以证明的过程，在多种形式的数学活动中，发展合情推理与演绎推理的能力”，对本节复习课设计以下教学目标：

1. 培养学生合理构造三角形全等解决问题的能力；

2. 使学生经历“探索——发现——猜想——证明”的过程，体会合情推理与演绎推理在几何证明中的运用。

二、典型例题教学示例

本节典型问题引领学生运用构造全等三角形的方法，对对角互补的四边形中的三条线段之间的关系进行探究。

（一）基础梳理，方法归纳

例题：如图 1，已知四边形 $ABCD$ 中，$\angle BAD=\angle BCD=90^\circ$，连接 AC，AC 平分 $\angle BAD$。

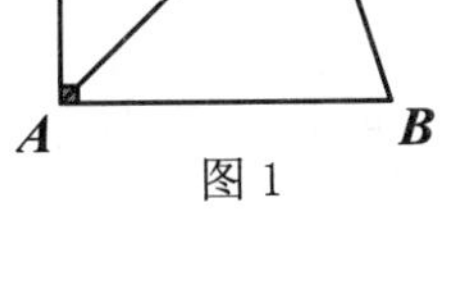

图 1

（1）求证：$CD=CB$。

（2）试探究 AD，AB，AC 之间的数量关系。

教学示范：题目的已知条件是学生熟悉的直角和角平分线的知识，低起点有利于调动学生的学习兴趣。针对第（1）问，教师首先问：如图 1，已知 AC 平分 $\angle BAD$，点 C 在 AC 上，能由角平分线性质直接得出 $CD=CB$ 吗？为什么？设问的意图是让学生判别 CD，CB 不满足角平分线性质的条件，需要设法构造全等三角形证明，学生独立思考后能较快通过（如图 2）做 $CE\perp AB$，$CF\perp AD$，证得 $\triangle CEB\cong\triangle CFD$，因此 $CD=CB$。

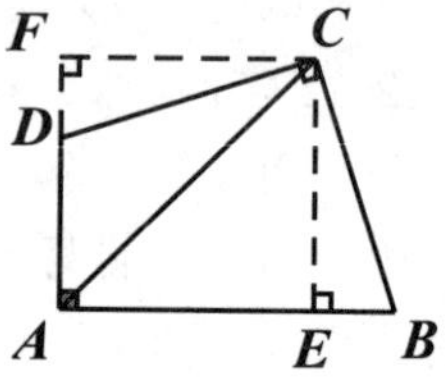

图 2

事实上，题目条件改为一般的 $\angle BAD+\angle BCD=180°$，不论用上述双垂直或用四点共圆等方法均可证得 $CD=CB$，教师应给予学生积极的肯定。在四边形 $ABCD$ 中，$AD\neq AB$，下列三个条件：（1）$\angle BAD+\angle BCD=180°$；（2）$AC$ 平分 $\angle BAD$；（3）$CD=CB$，即四边形的邻边相等、对角互补、角平分线，已知其中两个条件可以推得第三个，本文不做推证，以下探究直接用由（1）（2）得（3）的结论。

第（2）问探究三条线段之间的数量关系有多种方法，学生讨论后，教师请学生展示思路，指导学生梳理如下方法：

方法 1：如图 2，做双垂直，由 $\triangle CEB\cong\triangle CFD$ 得 $BE=DF$，还可证得 $AE=AF$，所以 $AB+AD=AE+BE+AD=AF+(DF+AD)=2AF$，在 $\mathrm{Rt}\triangle ACF$ 中，$AC=\sqrt{2}AF$，所以 $AB+AD=\sqrt{2}AC$。

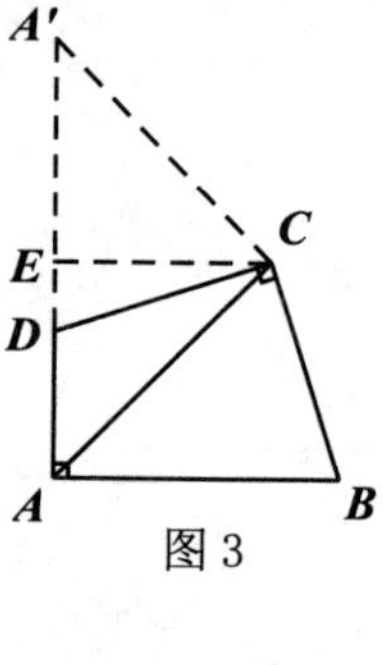

图 3

方法 2：如图 3，AC 平分直角$\angle BAD$，出现了 $45°$ 的特殊角，可联想到什么三角形？构造等腰直角三角形，即延长 AD 到 A' 使 $DA'=AB$，由第（1）问结论可证得$\triangle ABC\cong\triangle A'DC$，在等腰直角$\triangle ACA'$中，$AA'=\sqrt{2}AC$，由 $AA'=AD+DA'=AD+AB$，得 $AB+AD=\sqrt{2}AC$。此图又可理解为$\triangle A'DC$ 是由$\triangle ABC$ 绕着点 C 旋转生成。

方法 3：如图 4，在 AB 上截取 $AD'=AD$，易得$\triangle ADC\cong\triangle AD'C$，由 $CD=CB$，知$\triangle CD'B$ 为等腰三角形，做 $CE\perp AB$，则 $D'E=EB$，所以 $AB+AD=AD'+D'B+AD'=2AD'+2D'E=2(AD'+D'E)=2AE$，因为 $AC=\sqrt{2}AE$，所以 $AB+AD=\sqrt{2}AC$。

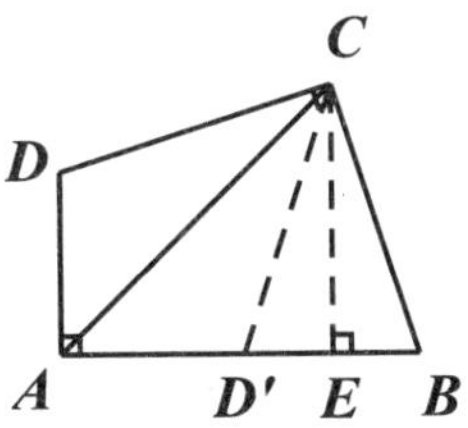

图 4

以上构造全等的方法分别称为双垂直、旋转与截长补短构造法。下面通过探究不同条件下四边形三条线段之间的数量关系，进一步培养学生运用这三种方法进行推理的能力。

设计意图：《课标》指出“借助几何直观可以把复杂的数学问题变得简明、形象，有助于探索解决问题的思路，预测结果”。例题的设置意在从简单的基本图形入手，帮助学生归纳梳理构造全等三角形解决问题的方法，锻炼学生联系基本图形探索同一命题的不同思路的能力，提高学生对几何证明的兴趣。

（二）变式拓展，深度学习

变式 1：如图 5，已知四边形 $ABCD$ 中，$\angle BAD=120°$，$\angle BCD=60°$，连接 AC，AC 平分$\angle BAD$。试探究 AD，AB，AC 之间的数量关系。

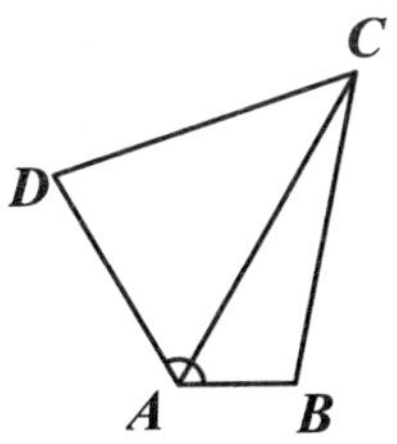

图 5

旋转构造法教学示范：教师应让学生充分地观察几何图形的特点，鼓励学生通过测量、直观推测等方法去猜想 AD，AB，AC 之间的数量关系。$\angle BAD$ 被 AC

平分成两个 60° 的角，遇见特殊角联想特殊三角形，如图 6，延长 AD 到点 A'，使 $DA' = AB$，由 $CD = CB$，得$\triangle ABC \cong \triangle A'DC$，由此得到$\triangle A'AC$ 为等边三角形，所以 $A'A = AC$，可推得 $AB + AD = AC$。这种构造全等的方法实质上与将$\triangle ABC$ 绕着点 C 顺时针旋转 60° 得$\triangle A'DC$ 效果是一致的。

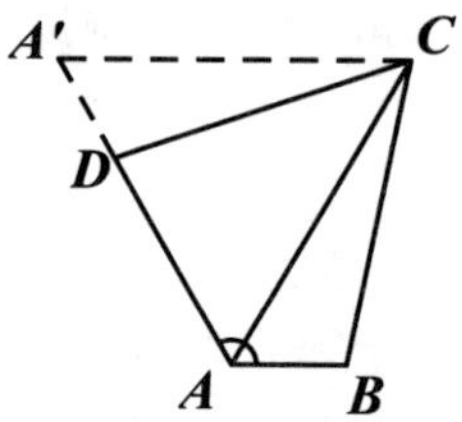

图 6

设计意图：变式 1 与例题的四边形对角互补都是特殊角，结论相仿但是 AC 之前的系数不同，激发学生进一步探究一般对角互补情况下，四边形对应的三条线段又会是怎样的关系。

变式 2：如图 7，已知四边形 $ABCD$ 中，$\angle BAD + \angle BCD = 180°$，连接 AC，AC 平分$\angle BAD$，$\angle BAD = 2\alpha$。

求证：$AB + AD = 2AC\cos\alpha$。

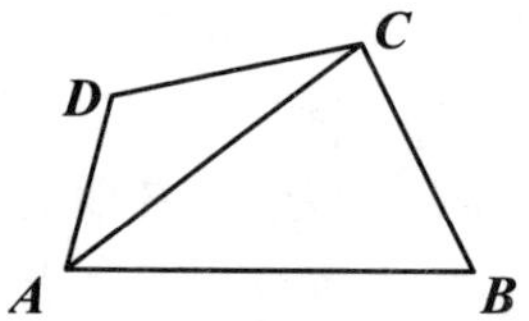

图 7

截长补短构造法教学示范：教师以问题引导学生：（1）仿照例题方法 3，如何在四边形边上截长补短构造全等？（延长 AD 到点 B'，使 $AB' = AB$）（2）如图 8，新做出的$\triangle DCB'$ 是什么三角形？为什么？（等腰三角形，由 $AB' = AB$ 及 AC 平分$\angle BAD$ 可证得$\triangle ABC \cong \triangle AB'C$，所以 $CB = CB'$，又因为 $CD = CB$，所以 $CD = CB'$）（3）欲探究的 AD，AB，AC 数量关系等式中有 $\cos\alpha$，你联想到用什么方法去探究？（做 $CE \perp AB'$，构造直角三角形。由 $AE = AD + DE = AD + \frac{1}{2}(AB - AD) = \frac{1}{2}(AB + AD)$，又因为 $AE = AC\cos\alpha$，所以 $AB + AD = 2AC\cos\alpha$）

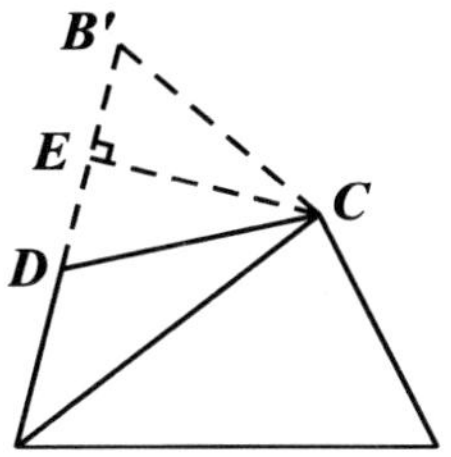

图 8

探究结束，教师引导学生用语言表述结论：对角互补且其中一内角被对角线平分的四边形中，该内角的两边长之和等于这条对角线长的 2 倍与该内角的半角余弦之积。这样的语言表述训练有利于学生思想认识的升华。

设计意图：变式 2 的四边形对角互补的条件更具有一般性，设置形式不再是探索三边关系，而是直接给出需要证明的结论，意图是让学生将主要精力集中在如何找到一般条件下三条线段的等量关系。问题的条件从特殊到一般，探究的结论更具有一般性，使学生感悟特殊与一般的辩证关系，深刻体会抓住解决问题的本质方法，体验如何在多变的几何图形中构造全等三角形去解决变中不变的道理。

变式 3：如图 9，$\angle C'AG$ 是四边形 $AC'BD$ 的外角，$\angle C'AG=\alpha$，连接 AB，$C'D$，AC' 平分 $\angle BAG$，$\angle BC'D=\angle BAD$，$AB>AD$。

求证：（1）$C'B=C'D$；（2）$AB-AD=2AC'\cos\alpha$。

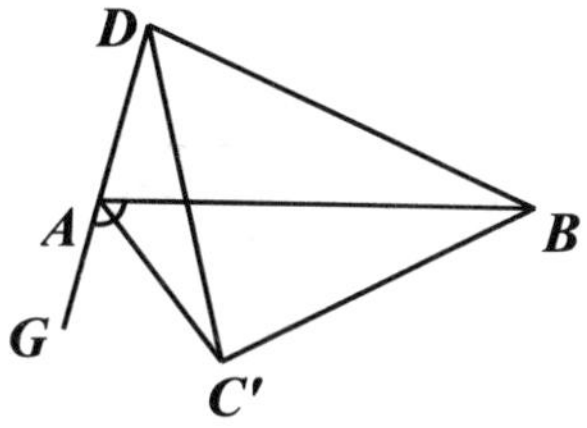

图 9

题目生成过程展示：如图 10，教师引导学生：由变式 2 知四边形 $ABCD$ 共圆，做点 C 关于圆心 O 的对称点 C'，则 $\angle BCD+\angle BC'D=180°$，因此，原四边形 $ABCD$ 对角互补变为 $\angle BC'D=\angle BAD$，原结论 $CD=CB$ 由对称性得 $C'B=C'D$，从而可得 $\angle C'DB=\angle C'BD$，又由 $\angle C'DB=\angle C'AB$，$\angle C'BD=\angle C'AG$，所以 $\angle C'AB=\angle C'AG$，即 AC' 平分 $\angle BAG$，原线段 AC 变为 AC'，继续探究四边形 $AC'BD$ 中的 AB，AD，AC' 之间的关系会有什么变化。

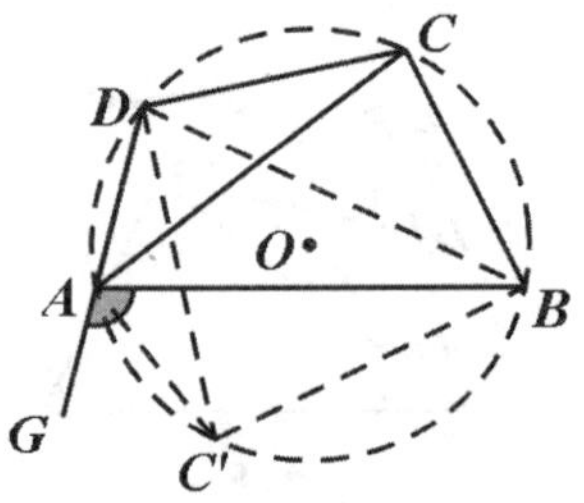

图 10

双垂直构造法教学示范：教师点拨（1）请同学们对比变式 3 与变式 2 的条件有什么区别？（变式 3 是将变式 2 中的四边形对角互补条件变为四边形一边所对的同侧两个角相等，角平分线条件也有区别）（2）满足$\angle BC'D=\angle BAD$的四边形有什么特点？（知 A、B、C、D 四点共圆）（3）如图 11，由 AC' 平分$\angle BAG$ 你能推得 $C'B=C'D$ 吗？（根据圆内接四边形外角性质及同弧上圆周角相等可推得）（4）模仿例题方法 1 做“双垂直”，如何研究线段的数量关系证得第（2）问？（如图 11，可证得$\triangle AC'E\cong\triangle AC'F$，所以 $AE=AF$，又可证得$\triangle C'BE\cong\triangle C'DF$，所以 $BE=DF$，即 $AB-AE=AD+AF$，因此 $AB-AD=AE+AF=2AF$，而 $AF=AC'\cos\alpha$，所以 $AB-AD=2AC'\cos\alpha$）

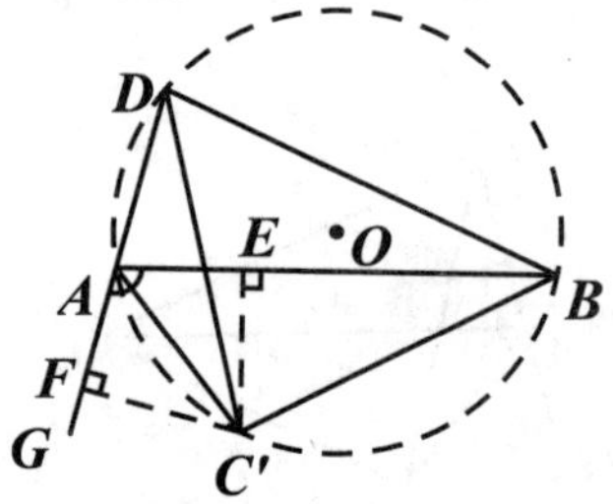

图 11

设计意图：变式 3 是在变式 2 的基础上主动变换点 C 的位置后，发现三条线段的关系由原来的“和”变为“差”，这种结论的形式美为学生展示了几何图形变化的丰富内涵，学生通过深度学习培养了探索精神，发展了创新意识。

三、设计说明

全等三角形是平面几何的基础性核心内容，在教学中不仅要关注如何培养学生运用全等的性质解决问题的能力，更要重视引导学生感悟探究过程中体现的数学思想和方法。本文呈现顺序是，以四边形对角是两个直角的特殊情况探究为例，归纳常见的三种构造全等的方法，再以三个变式进一步探究一般条件下的结论。纵线是问题的条件由特殊到一般的逐层深入，横线是训练学生利用三种构造法构造全等三角形解决问题，意图引导学生主动概括归纳全等的方法，用变式探究帮助学生寻找新的知识增长点。

（本文刊发于2021年2月第5期《中学数学教学参考》）

利用气压传感器自制浮力产生原因演示实验装置

宋霞 高嵩

摘要：实验是物理学科的基础，在初中物理《浮力》一节中，浮力产生原因一直是学生理解的难点，为满足教学需要，借助压强计U形管左右液面高度差间接反映液体压强的原理，利用气压传感器自制浮力产生原因的演示装置，借助气压传感器输出的电压信号间接反映浸在液体中的物体所受压力的情况，帮助学生建立压力差的概念，经过设计和改进在课堂上取得了良好的教学效果。

关键词：自制教具；浮力产生原因；压力差；气压传感器

实验是物理学科的基础，物理课堂运用实验进行教学是必不可少的。《义务教育物理课程标准（2011年版）》在实施建议中提到：“要发挥实验在物理教学中的重要作用，需要正确认识实验教学目标，合理开发实验教学资源。”初中物理浮力，涉及力与运动、密度、压强等知识，一直是初中物理教学的重点也是难点。《义务教育物理课程标准（2011年版）》在内容要求中指出：“通过实验，认识浮力。探究浮力大小与哪些因素有关。”教学过程中发现学生对“深度”对浮力大小的影响存在错误的前概念，认为“物体浸没液体中的深度越深，所受浮力一定越大”。要想使学生明确影响浮力大小的因素，对浮力产生原因的理解尤为重要。在教学过程中，结合压强知识使学生理解浮力产生的原因是什么，利用浮力产生原因演示实验可以帮助学生建立压力差的概念，有助于学生从根源上理解影响浮力大小的因素。目前有很多教师通过自制浮力产生原因的教具进行教学，如孙立萍、胡均宇利用玻璃杯（打孔）、塑料泡沫、圆珠笔芯制作的趣味浮力产生原因的演示教具；李云魁将有机玻璃规则切割后和橡皮膜制作的浮力产生原因演示教具；陈雅琴用大塑料容器（打孔）配合两面不同材料的教具演示浮力产生的原因；杨丽丽利用塑料板和木板切割组合制作了浮力演示器。这些自制教具效果明显，但很多需要专业的切割工具和黏合材料，不易制作，教师常用的浮力产生原因讲解方式要么理论性太强，要么演示实验器材涉及复杂受力分析，学生很难理解。因此，为满足教学需求，利用气压传感器自制浮力产生原因演示装置能够将物体所受的压力转变成模拟电信号，帮助学生建立压力差的概念。

一、常见浮力产生原因教学形式

在浮力产生原因教学中，比较常见的讲解方式有以下几种：

（一）利用教材的资料进行理论分析

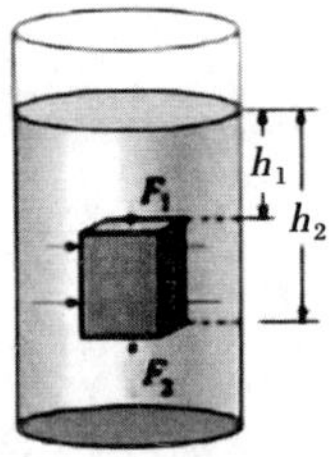

图 1

人教版初中物理教材中，关于浮力产生的原因是这样给出的：浸在液体中的物体受到液体压强的作用，上下两个表面所处液体的深度不同，受到的液体压强不同，压力也就不同，下表面受到的压力大于上表面受到的压力，而周围四个面所处的深度相同，所受到液体的压力相同，由于两两相对，压力的合力为零。因此浮力产生的原因是浸在液体中的物体上下表面的压力差。该方法的缺点是：图1只是一个理论模型，初中学生很难想象一个浸在液体中的物体的受力情况，单凭推理分析来理解浮力产生的原因对初中学生来讲有些困难。

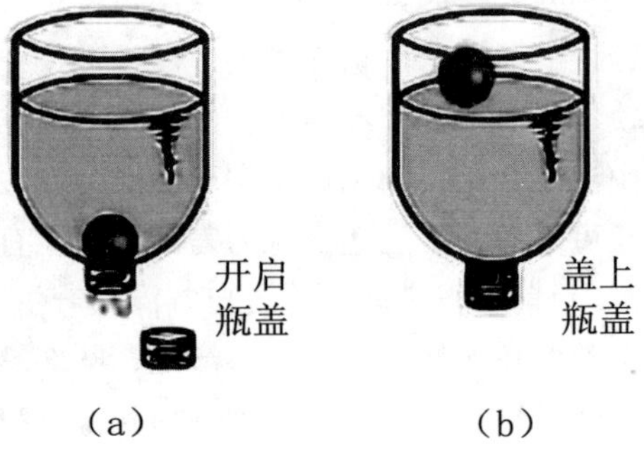

图 2

（二）乒乓球演示实验

乒乓球放在去底的塑料瓶瓶口处，向瓶内快速注水，乒乓球在瓶口处，如图2（a），盖上瓶盖或用手堵住瓶口，乒乓球就会上浮，如图2（b）。该方法的不足之处是：对塑料瓶有一定要求，若乒乓球放入后瓶口缝隙太大，水会从瓶口快速流出，不方便演示。在解释原因时，教师需要借助受力分析解释浮力产生的原因，但瓶口是曲面的，对初中学生来说曲面的受力分析太难，另外，盖上瓶盖后瓶口处会有一定的空气，这部分空气也是导致乒乓球上升的原因之一，这些都增加了教学的难度。

二、自制教具设计及改进过程

纯理论的受力分析使学生很难理解浮力产生的原因，如果能让学生看到浸入液体中的物体所受压力的变化，并能将受到的压力情况外显出来，就能形象、直观地帮助学生理解浮力产生的原因。传感器是一种检测装置，能感受到被测量的信息，并能将感受到的信息转换成电信号。

自制教具所需材料：压力传感器两个、易拉罐一个、显示装置（电压表）两个、导线若干、开关一个、电源。

（一）传感器的选择

利用传感器加外部显示装置，如图 3 所示，在一物体的上下表面各贴一个压力传感器，通过外部显示装置反映上下表面所受压力情况。但在选择压力传感器时，笔者发现，实验所要测得的压强范围为 100 ～ 2000Pa，市面上的压力传感器检测到的最小压强为 0.5MP，不适合演示实验。

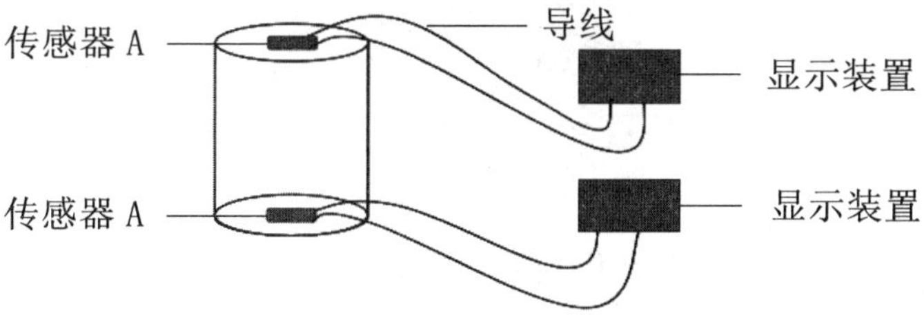

图 3　最初设计简图

通过压强计，从图 4 认识到，深入水中的橡皮膜探头由于水的压力作用使得橡皮膜凹陷变形，导致橡皮管和 U 形管左侧内的空气被压缩，使气体压强增大，从而通过 U 形管左右液面的高度差（单位：厘米）间接反映压强的大小。基于此原理，笔者对之前的设计进行了改进，换用气压传感器［如图 5（型号：0-5KP XGZP6857）］反映液体压强随深度的变化情况。初步设想如图 6 所示，将一根塑料管的一端与气压传感器相连，另一端浸入水中后，随浸入深度的增加，管内气体被压缩，压强增大，此变化通过气压传感器后会输出电压信号，该信号通过外接电压表就可以被观察到，电压表指针的偏转程度能够间接反映塑料管在水中深度改变时所受压强的情况。

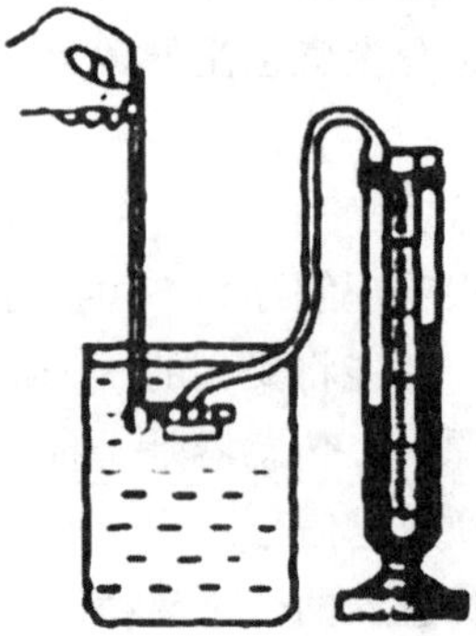

图4　压强计

图5　气压传感器（型号：0-5KP XGZP6857）

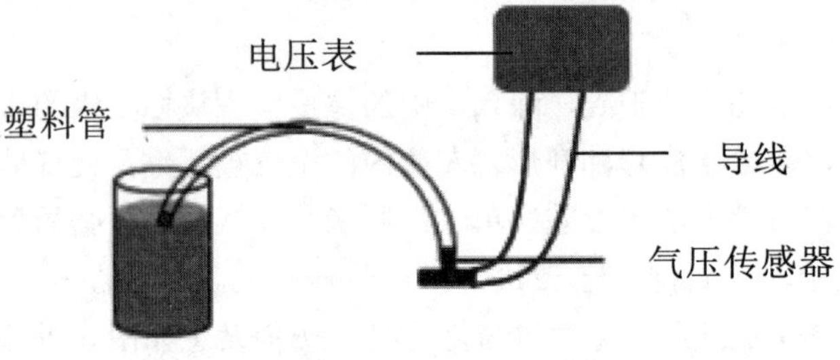

图6　气压传感器设计简图

（二）改进后的电路设计及其他电路元件的选择

电路设计如图7，考虑到八年级下学期学生还未接触过电压表，选择数字显示模块（如图8）显示气压传感器输出的电压值，课前通过微课让学生理解浸入液体中物体所受液体压力的大小与电压数值是一一对应的。气压传感器的输出电压为 0.5 ～ 4.5V，这里选用了 5V 的剃须刀充电器接入电路作为提供电源的装置，使用时将充电器的插头插入普通插排即可。

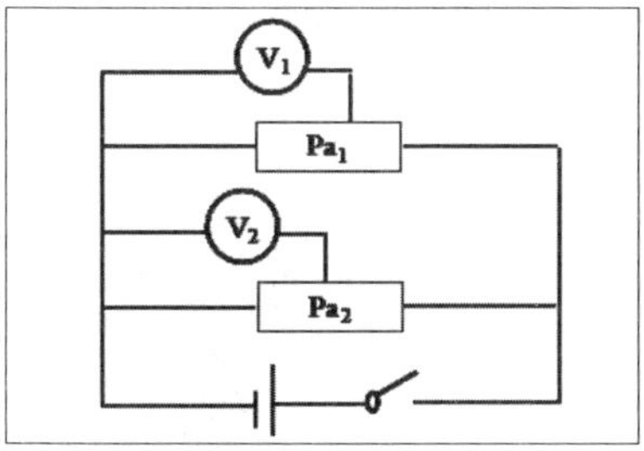

图 7　设计电路图

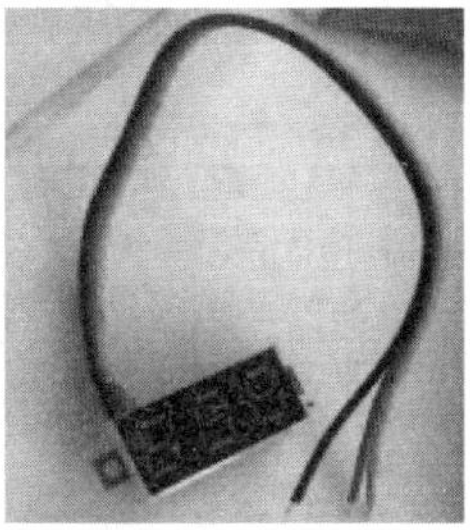

图 8　数字显示模块

（三）改进后的实验器材准备与组装

所需材料包括：学生实验电路板一个、易拉罐、塑料管、气压传感器（型号：0-5KP XGZP6857）两个、数字显示模块两个、开关、5V 充电器、导线若干、热熔胶、1000mL 烧杯、清水。

改进后的装置简图如图 9 所示，易拉罐上下两个底打孔，侧面打两个孔，将两根塑料管按图 9 所示插入易拉罐的孔内，塑料管和气压传感器相连，气压传感器与数字显示装置通过导线相连。操作时，将易拉罐如图 9 所示竖直放置，轻轻浸没于水中，数字模块显示电压值，上方数字模块的数字大于下方数字模块的数字。为了演示侧壁所受压力的合力为零，将易拉罐水平放置，并转一圈，两个数字显示模块的数字是近乎相等的，这里需要说明的是，该气压传感器非常灵敏，易拉罐不能保证完全水平放置，因此水平放置后两个数字显示模块的数字不一定是完全相等的，在实验误差允许范围内是合理的。这一系列操作是为了说明，浮力产生的原因是浸在液体中的物体上下表面的压力差。

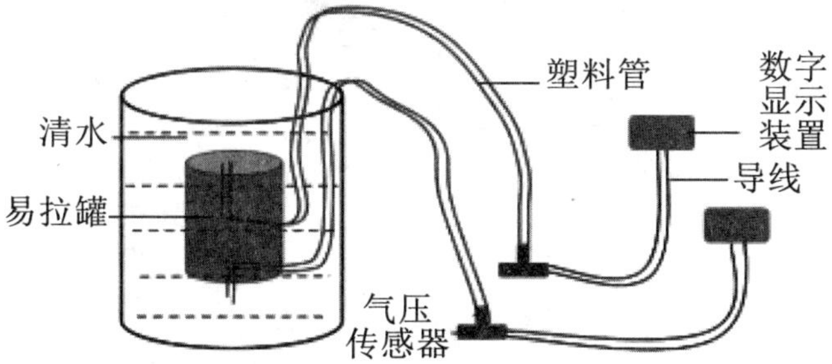

图 9　改进后的仪器简图

需要说明两点，由于数字显示模块较小，演示时可以借助投屏软件或摄像头将显示的数字投到屏幕上以方便学生观察数字的变化；闭合开关后易拉罐未放入水中时，数字显示模块上的数字不是零，这是由于放入水中前塑料管与大气是连通的，此时的数字是大气压强导致的，需要向学生说明。

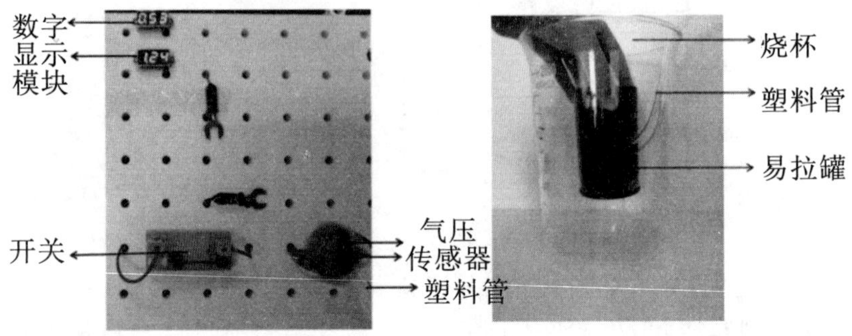

图 10　自制教具实物

（四）自制教具的使用效果

课上将数字显示模块利用摄像头投屏，教师操作进行演示。

表 1　自制教具演示效果表

操作	课堂投屏展示效果	实验目的
将易拉罐竖直放入水中	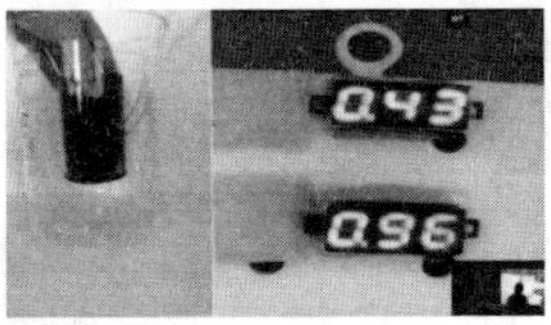	通过显示上表面电压信号（0.43V）和下表面的电压信号（0.96V）明确浸入液体中的物体上下表面的压力不同，存在压力差，且下方受到的压力大于上方受到的压力（0.43V＜0.96V）

（续表）

操作	课堂投屏展示效果	实验目的
将易拉罐水平放入水中	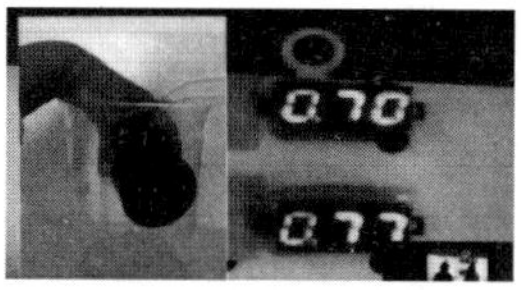	通过显示的电压信号（相对的两个侧面：0.70V ≈ 0.77V）明确浸入液体中的物体相对的两个侧壁所受压力大小相等
水平转一圈		通过显示的电压信号（相对的两个侧面：0.77V = 0.77V）明确浸入液体中的物体侧壁所受压力的合力为零

三、自制教具的优点

（一）变静态想象为动态演示，化抽象为具体

通过自制教具演示，学生不仅看到了一个真实的物体放入水中的情境，同时通过数字显示模块显示的模拟电压看到了浸入水中的物体不同的表面所受到压力的情况，课程不再是学生仅凭想象分析一个放入水中物体的受力情况，也不再是教师板画抽象讲解，打破了传统教学的抽象，同时激发了学生的好奇心，增加了课堂教学的趣味性。

（二）操作简易、携带方便、造价低

课前通过微课动画的形式向学生介绍自制教具各部分的功能，调动学习本节课的热情。课上演示时只需要将易拉罐放入水中并变换方向，学生观察实验现象即可。整套装置小巧轻便，便于教师携带进入课堂演示。整套实验装置除了传感器和塑料管需要购买之外，其他材料均可在中学物理实验室获得，一个气压传感器价格在 25 元左右，与市面上的浮力产生原因的演示器材相比该套器材造价更低。

四、教学反思与感悟

本节课浮力产生原因演示实验，实验现象明显，学生参与度高，通过实验使

学生建立压力差的概念，为后面探究影响浮力大小因素的实验打下了基础，在探究实验结束后引导学生用浮力产生原因解释影响浮力大小的因素，将本节课的知识融会贯通且学会灵活运用，深化学生对知识的理解。本节课的自制教具对课堂教学起到了一定的促进作用。

（一）增强了知识的趣味性

学生课前通过微课动画预习自制教具的原理，产生疑问和好奇，课上师生配合演示操作解决疑问，在观察和思考中学习知识，自制教具直观、生动，能够唤起学生的兴趣，学生课上站立观察的眼神和动作体现了自制教具对他们的吸引力，课后学生拿着仪器反复询问观察，教师解答疑惑，增加了师生之间的交流，开拓了学生的视野。

（二）为培养学生的科学素养打下了情感基础

自制教具不仅在学生学习知识上架起了桥梁，对学生非智力因素的培养也起到了很好的促进作用。教师身先士卒的创造精神能够感染学生，为培养学生严谨的科学态度和探索精神打下了情感基础。

（三）提升了教师自身魅力和职业幸福感

自制教具的出现增加了教师的创造魅力，教师自身的创造性是吸引学生学习和创造的源泉。自制教具的成功演示，收获的是学生对知识渴望的眼神和学习物理的热情，有助于提升教师的职业幸福感。

教学过程是不断探索发现的过程，物理教师要有探索和创新的精神，若一味地按照课本的内容照本宣科，教学效果会大打折扣。只有深入挖掘教材，充分了解学生，将两者有效配合才能取得良好的教学效果。物理源于生活，教师应该充分挖掘生活中的素材，深刻了解每个实验的原理，留心发现实验的不足，创新改造，这样不仅能够激发学生学习物理的热情，还能增加教师自身的教学魅力，课堂的教学效果自然也就有新的转变。

（本文刊发于 2020 年 3 月第 3 期《物理教学》）

搭载"云＋端"技术，创设互动高效课堂
——"旅行计划 DIY"教学设计

焦玲玲

一、应用创新点

本节课使用学生自带终端、智慧黑板，结合 FEG 未来教育个性化教与学系统，开展通过互联网搜索信息、结合生活实际整合信息、课堂交流表达信息、随堂练

习构建信息的学生自主学习的过程。

总结创新点如下：

（一）学生在自带终端上自主操作、思考答题、完成任务，提升知识整合的能力。

（二）教师在智慧黑板上标注重点、查看学生端、分析讲解，展现综合素质。

（三）课堂中教师引领学生自主探究学习，学生自我叙述，表达感想，体现学生的主体地位，提升学生综合表达的能力。

（四）课题设计整合多学科的知识，结合生活实际，提升学生自主生活的能力。

二、教材分析

本节课是泰山出版社信息技术初一年级上册第一单元第一节的内容。课程重点在于利用搜索引擎开展信息搜索，培养学生的信息获取能力。本节课在整个初中信息技术课程架构中起基本技术支持的作用，学生熟练掌握本节知识，能够为以后各个模块的资源搜索提供有力的帮助，并且为学生日常的学习和生活提供信息获取的技术帮助。

三、学情分析

学生在小学阶段已经学习了3年的信息技术课程，大部分学生已经掌握了浏览网站、搜索信息的技术，所以本节课的重点不在于技术的教授，而在于任务的理解和获取信息的整合加工能力培养。

四、教学目标

（一）知识与技能目标

理解关键词的作用、能根据任务提取合适的关键词。

（二）过程与方法目标

熟练使用搜索引擎搜索关键词，获取相关信息。

（三）情感态度与价值观目标

培养学生信息整合的能力，结合实际使用获取到的信息，思考获取到的信息并展示表达。

五、教学环境与准备

互动黑板、学生每人自带终端、云教学平台、教室无线覆盖。

六、教学过程

（一）情景导入

教师：请同学们看屏幕，我们这节课的课题中有一个特殊的词——

学生：DIY。

教师：你们知道DIY是什么意思吗？

学生：动手制作。

教师：这节课我们来自己动手制作——

学生：旅行计划。

教师：请看屏幕，老师给大家准备了我们国家的旅游地图，呈现了我们祖国的美景，你们想去哪里呢？

学生：哈尔滨、青岛、三亚……

教师：老师听到很多不同的答案，我们就分东西南北四个不同的方位选择四个有代表的旅游城市。

学生：好。

教师：东边选择一个沿海的城市，在我们山东的东边——

学生：青岛。

教师：西边一个非常有文化底蕴的城市——

学生：西安。

教师：北边有名的冰城——

学生：哈尔滨。

教师：南边阳光最充足的地方，海南的最南端——

学生：三亚。

教师：我们分东西南北四个方位选择了四个有代表的城市，分别是——

学生：青岛、西安、三亚、哈尔滨。

设计意图：呈现中国旅游地图，引导学生分东西南北四个方位选择四个旅游城市，开启旅行计划的设计。使用红色笔触在智慧黑板上圈画城市位置，构建中国疆土蓝图，为学生探寻南北温差的差别，东西温差持平做铺垫。

（二）任务分配

教师：我们根据教室布局，每两排同学为一个大组，分别到四个城市去旅行。

按照教室布局分为四组，以对应选择的四个旅游城市作为目的地，分别完成旅行计划的设计。

（三）自主探究

教师：同学们都知道自己的目的地之后，就要来准备旅行所需要的物品。如何能够准备旅行合适的衣服和物品呢？需要羽绒服还是短袖？需不需要带雨伞？

学生：上网搜索目的地天气情况。

教师：旅行计划第一步，查询目的地的天气，准备合适的衣物。该如何查询？

学生：打开 IE 浏览器，登录百度，搜索。

教师：下面请同学们，打开 IE 浏览器，登录百度，搜索目的地 7 天的天气情况。

学生：启动浏览器，按照分组的目的地自主查询。

教师：同学们搜索到目的地的天气情况后，思考：

1.7 天中以（　　）天气为主。

2. 最高气温一般在（　　）左右。

3. 自己需要准备（　　）的衣服。

学生根据天气和气温的呈现，总结 7 天的天气情况，思考需要准备的衣物。

教师：下面我们通过几个活动，请同学介绍他（她）通过浏览网站获取的信息。

（1）以题目的形式，统计目的地的天气情况。

（2）在题目中以天气符号的形式呈现，考察了学生通过获取到的信息，结合地理天气的理解，进行知识整合。

（3）采用填空的形式，统计目的地的最高气温。

（4）锻炼学生对数字的感知能力，并进行最高气温的对比，让学生感知南北气温差异。

（5）采用填空的形式，让学生选择合适的衣物。

设计意图：根据气温，进行上衣、下身、外套以及备用物品的准备，锻炼学生自己搭配衣服、整理物品的能力。

教师：旅行计划第二步，访问目的地的旅游网站介绍，找出该地必去的三个景点。

学生：启动浏览器，按照分组的目的地自主查询，一边浏览网页一边记录景点。

教师：请同学关闭自己的浏览器，老师屏幕上呈现了多个旅游景点，请同学们选择自己目的地的景点进行圈画，并标注上自己目的地的名称。

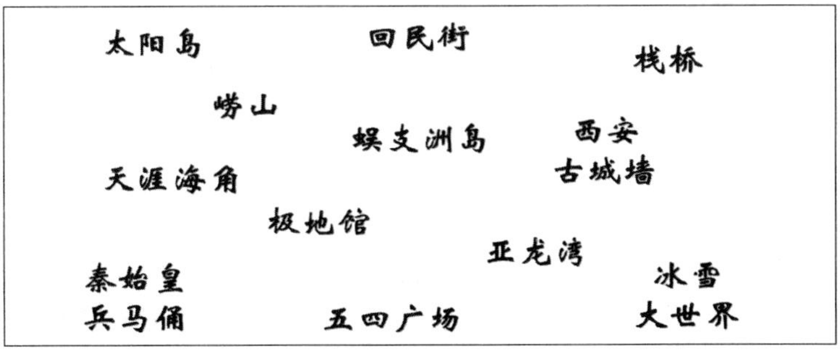

利用教师端查看屏幕功能，浏览学生的操作。智慧黑板分别呈现四个小组代表同学的屏幕。

设计意图：和学生一起点评、修改，并点赞给予鼓励。锻炼学生信息汇总的能力。

（四）能力提升

教师：同学们，四个旅游目的地的主要景点都呈现出来了，通过了解，你最想去哪个地方？

学生：……

教师：不同的声音呈现，老师准备了一个投票活动，请大家选择自己想去的目的地。

学生：在终端上自主选择投票。

教师：老师看到选择三亚的人比较多，我随机请一位同学说一说选择三亚的理由。

学生：我喜欢大海，我想去海边。

教师：哈尔滨虽然冷，也有不少同学钟情于它，说一说你的理由。

学生：哈尔滨有冰雪大世界，我感觉冰雕非常美，想去看看。

教师：还有选择西安的同学，说一说你的理由

学生：西安是十三朝古都，非常具有文化气息。

设计意图：培养学生信息加工的能力，以及整合生活知识、整理语言并表述的能力，提升学生的综合素养。

（五）知识巩固

教师：我们通过网络搜索，了解到目的地的天气情况，准备了旅行的物品，并查找了目的地的旅游景点。下面我们利用几个选择题，巩固本节课的知识。

学生：在终端上自主完成选择题并提交。

设计意图：结合本节课的实际操作，帮助学生构建本节课的知识体系。通过授课平台数据的即时分析，强调易错率较高的知识点，加深理解。

（六）课堂小结

教师：这节课我们一起到了四个目的地进行旅游，搜索到目的地的天气情况，并准备了我们的旅游物品，搜索到四个目的地的主要景点方便我们去旅行。下一步我们应该怎么去目的地呢？

学生：地图。

教师：下节课我们一起探索旅行路线的设计。

设计意图：总结本节课的知识及任务，结合旅行实际，引出旅行计划的下一步，提出任务，承接下节课，让学生开展课下思考，建立完整的知识体系。

七、教学反思

淄博柳泉中学为提升课堂效率，适应新形势下的“云+端”教学模式，建校伊始就确立使用云教学平台和学生自带终端（BYOD）开展互动课堂的特色教学。一年来，老师们与时俱进，扎实学习，探索运用，学校也邀请了专家进行指导，

解疑释惑，使老师们能更好地将平板电脑教学与传统教学模式融合为一体，开拓了学生学习的时空，激发了他们的学习兴趣，较好地带动了教学质量的提高。作为信息技术教师，更应该尝试新技术，创设互动高效的课堂。

这是一节体现教师预设性、学生自主性、师生互动性、课堂生成性的生动灵活的课堂。“云＋端”技术的使用，助力课堂生动灵活，学生自主学习，师生随时交互，数据即时反馈。

“云＋端”教学模式的特点是“高效、互动、开放、个性化”，它打破了“师讲生听”的传统教学模式，变为课前学生利用云平台自主预习，课中学生利用自带终端自主探索、互动交流，课下学生进行知识梳理、自主练习的自主学习的过程。“云＋端”教学模式还可以增强师生的交流时效性和个性化，教师可以给学生共享任何形式的资源和习题，学生也可以把自己的困惑随时与教师单独交流，真正体现了“跨时空”的教与学。

（本文刊发于2018年4月第8期《中国信息技术教育》）

思政学科开发与利用公共危机事件资源的原则与策略
——以新冠肺炎疫情为例

杨立冬　崔焰昌

摘要：公共危机事件中蕴含着丰富的教学资源，也是一种潜在的课程资源。如果在公共危机事件结束之后进行课程资源的开发，往往会错失最佳的情感共鸣期，也无法解决学生在危机过程中面临的迷茫与困惑。本文以新冠肺炎疫情为背景，以思政学科为例，结合舆情分析，尝试提出并分析将进行中的公共危机事件开发成课程资源所遵循的五个基本原则和六种开发策略。

关键词：公共危机事件；课程资源；思政学科；原则与策略

课程资源是课程设计与实施过程中不可缺少的基本要素。《初中思想品德课程标准（2011年）》中指出，“课程资源既包括学校内的教育资源，也包括学校外的各类社会机构和各种教育渠道所蕴含的各种教育资源，教师可以根据教学目标的需要，开发、选择一切可以利用的课程资源。”

公共危机事件是一种危及全体社会成员整体生活和共同利益的突发性和灾难性事件。它具有突发性强、时间紧迫、影响大、震撼程度高等特点，能引起社会的高度关注和广泛参与。学生置身其中记忆深、感悟强、参与广，容易引起情感共鸣，激发学生的爱国情感和增强学生的公民意识、国家意识。但是因公共危机事件中信息量大、信息获取渠道多，真假难辨，很多人容易受不良信息误导，尤其是中学生，处在世界观、人生观、价值观形成的关键时期，很容易被不良情绪影响，产生偏激的价值观念和行为，还有部分中学生缺少信息的辨识能力，容易产生人生的困惑和迷茫。所以，把公共危机事件作为课程资源，在教学中开发与利用，可以正确引导学生的思想，传播主流价值，帮助学生形成正确的价值观念。

公共危机事件课程资源开发的难点在于素材内容复杂多样，材料与学科知识的结合、材料与学科素养的融合较难把握，总结此次新冠肺炎疫情事件中的教学实践和经验，我们认为公共危机事件作为一种课程资源在思政学科中可以通过以下方式进行开发利用。

一、开发利用遵循的基本原则

（一）政治性原则

政治性是思政学科最显著的特点。要求教师和学生能够认同国家的政治体制和执政方针，能够将时代精神和价值贯彻到课程资源中去。

这类社会资源经常被别有用心的势力歪曲、放大、断章取义，公共危机事件往往面临一些未知和突发局面，不可避免会出现一些不当的治理手段成为舆论焦点，成为这些势力攻击我国政治体制的借口。失误当然需要反思，但反思的目的是促进危机的解决而不是一味地指责和谩骂。开发课程资源的教师要有高度的政治敏感性，避免因为片面的批判、质疑而阻碍危机的处理。不管是 2003 年“非典”疫情、2008 年汶川地震、还是 2019 年底的新冠肺炎疫情，事实证明，社会各界万众一心是度过危机的关键因素。教师要具有高度的政治觉悟，把握当下主流意识，顾全大局、抓大放小，引导学生树立正确的世界观、人生观与价值观。

（二）教育性原则

德国著名教育家赫尔巴特在德育教学原则中指出，教学是道德教育的基本途径。教学如果没有进行道德教育，就只是一种没有目的手段；道德教育如果没有教学，就是一种失去了手段的目的。这也揭示了智育与德育的内在联系。“非典”疫情、汶川地震、新冠肺炎疫情事件中都蕴含了丰富的教学资源，但只有通过教学，才能将其中的价值真正传达给学生。教育性原则要求教师在开发课程资源时，要避免新闻化和娱乐化，避免盲目追求热点事件，要结合学科素养要求来提炼教学主题，在筛选、组织课程资源时要时刻围绕教育性这条主线来挖掘素材，要设计必要的教学互动，避免成为新闻播报式的罗列或者相声段子般的堆砌。

（三）适应性原则

教学的适应性原则是指教师选取的教学内容、方法要与学生已有的知识基础、年龄特点、身心发展特征等相适应。教师对公共危机事件课程资源的选取和使用要符合学生的认知水平和身心发展特点。舆论中的热点话题不一定都适合学生去讨论，要先评估学生是否有足够的知识储备和心理接受能力。还有危机事件中涉及的一些政治智慧或执政措施，有些可能比较严肃，有些可能比较敏感，哪些需要学生质疑讨论、哪些需要认同遵守，需要教师提前做好权衡。

（四）时效性原则

教学的时效性是指教师要在有效的时间段内，收集疫情的相关信息，寻找可利用的学科资源，精挑细选、分类整理，为教学提供有效的资源支撑。纵然在疫情结束之后，事件也可以作为课程资源学习和讨论，但是如果能在疫情发生过程中就将相关的资源引入课程中来，就能引发学生强烈的情感共鸣，从而实现更深刻的教育意义。

时效性原则要求思政教师要把握疫情发生的时效性特点，发挥时效性的功能。及时跟进危机中的正能量和主流意识，及时解决学生身处公共危机中面临的迷茫与困惑，及时引导学生借助危机的考验树立正确的世界观、人生观和价值观。

（五）真实性原则

真实性原则，即客观性原则。就是要以事实为基础和依据来捕捉疫情新闻，用辩证唯物主义和历史唯物主义的方法如实地反映客观事物的本来面目。坚持疫情事件的真实性，首先要做到具体事件真实准确，这是最基本的要求，它包含三个层次的内容：构成疫情事件新闻的基本要素准确无误；疫情事件所引用的材料内容必须真实；疫情事件使用的数据必须准确，而且要做到全面、客观、实事求是。

思政教师遵循真实性原则的更高要求是做到本质真实，尽可能全面、深刻地反映疫情事件所体现的内在品质和规律，在疫情事件的整体上、宏观上和本质上把握传递教育教学的真实性。

二、开发与利用的策略

（一）立足学科素养，提炼教学主题

开发课程资源首先要考虑“教什么”。公共危机事件往往会牵动社会方方面面，有轰轰烈烈的英勇事迹，也有自私自利的无耻闹剧；有制度优势的集中表现，也有某些环节上的失误；有主流正能量的宣扬，也有意识形态上的偏见与挖苦；有国家立场，也有个人利益等。这些社会资源都是潜在的课程资源，如果没有一个明确的目标引领，在开发利用的过程中，会使各种素材缺乏统一的指向，从而偏离学科目标和教学目标。作为思政教师，应该从培养学科素养的角度去提炼教学主题，去筛选、组织各类资源。

注重核心素养的培养是素质教育的又一次升华。随着时代的发展与进步，核心素养的培养成为思政学科教学的首要目标。思政学科的特点在于不仅注重传授思想道德方面的知识，而且更注重对学生的道德培养和价值观的引领。中学思政学科以提高学生的政治认同、科学精神、法治意识、公共参与为基本的学科素养，根据不同的年级和阶段会有具体的细化和差异。面对此次疫情，思政教师可以根据整个初中阶段的教学年级和教学内容整理划分为生命篇、义务篇、自由篇、主人篇、集体篇等不同的教学主题，联系目前抗击疫情的现状，深入挖掘疫情防控中的爱国主义、集体主义、生命教育、法治教育、责任与担当、英雄主义等教学元素，引导和帮助学生培植战“疫”精神疫苗。以学科素养为立足点，深挖学科战“疫”元素，不断提升学生的学科核心素养。

（二）基于客观事实，组织案例素材

思政课教学过程中，教师经常会选取一定的典型案例，通过创设情境开展教学。公共危机事件中会涌现各种各样的素材案例，筛选和开发这些资源要基于客观事实。有时候为了达到更好的教学效果，有些教师会适度美化或修改一些案例。笔者认为这些美化和修改并非一点不可取，但不能违背基本事实。首先，公共危机事件并不同于一般的案例教学，其本身就是真实的，对教学来说具有更强烈的代入感。其次，公共危机事件本身就能衍生出丰富的资源，再刻意杜撰一些案例的必要性并不大，而且一旦传播开来，杜撰部分很容易被断章取义，引发舆论热议。再次，学生也可能掌握了比教师更多的信息，教师开发的案例一旦“穿帮”，无疑会大大削弱其说服力。

网络环境中信息表达的多元化、片段化、“草根”化，使得真实的东西很容易被掩盖。教师需要综合多渠道的信息，核实信息来源，梳理论据与数据，批判性地思考所获得的信息，并把批判性思考的方法传授给学生。

总之，在教学中教师所使用的案例既不是凭空编造出来讲道理的故事，也不是为了教学而故意美化的素材，尤其是道听途说来的故事更要进行核实。我们要基于疫情事例的真实性、客观性，选取的内容要真实、数字要准确、资料要权威可靠，这样的案例才更有代表性和说服力。

（三）关注舆情发展，把握政治方向

思政课是对中学生进行政治素养教育的前沿阵地，思政教师肩负着引领学生树立正确的政治方向、政治立场和政治观点的重要任务。信息技术的进步促进了自媒体的发展，信息的来源更加多样，信息的发布更加及时，信息的内容更加多元，但也导致立场与利益纠葛交错，理智和非理智因素混杂难辨，事件反转令人措手不及。作为教师在开发课程资源时不能只关注热点事件的“热闹”，还要根据舆情发展的基本规律对当前事件作初步判断，对下一步发展作出预判，避免因信息不对称造成事件反转，让教学陷入尴尬之地。

中学生的社会阅历相对较少、公共生活参与程度较低，如果无法从主流媒体上获取消息或不能及时得到准确、全面的消息，容易对国家的政治立场、政策的实施或者政治体系等缺少感情和意识上的归属感，以及缺少与政治体系保持一致的价值取向和相应的行为活动。作为思政教师，既要时刻关注疫情的舆论发展趋势，又要给学生传递准确、权威的信息，最大限度地避免或减少不准确的报道对学生产生不良影响，要掌握舆论的主动权。

（四）察觉社会情绪，引导情感共鸣

个体在成长过程中，回不断地从与周围人的交往中习得如何表达和体验情绪。在这一过程中，个体所在的社会环境、文化和道德规范等，均成为情绪表达与理解不可忽视的影响因素。危机事件中整个社会的情绪高度紧张，个人情感与整个社会情绪相辉相映。一些微小的社会事件会被社会情绪无限放大，既可以形成众志成城的民族激情，也可能成为网络暴力的宣泄口。教师需要对选用的资源产生的影响作出必要的评估，要意识到我们传递到学生那里的情感可能会延绵到社会上从而造成意想不到的影响。

比如新冠肺炎疫情期间个别武汉居民因对配送物资不满意与志愿者发生的冲突，互联网上对“方方日记”的讨论等，教师在处理这类资源时，不能简单地将其置于日常道德框架下去评判，而需要通过角色转换、情景模拟等教学手段让学生学会去理解并尊重这些差异。既要将积极的情绪传达给学生，又要尊重、理解当事人的真实的哪怕负面的心理情绪。当然更要注意到抗“疫”期间广大人民群众发扬的“困中作乐”、积极向上的心态，让学生学会如何更好地面对困难和灾难。

作为专门培养学生爱国情感的学科，思政教师应该了解危机的特点和发展规律，了解人们在危机中的反应心理，用科学理论阐释危机事件，用危机案例增进理性认识，这样才能瞄准中学生的思想共鸣点、情感触发点，既重“理论教化”，又重“观念内化”，让学生真学真懂、真信真用。

（五）尊重多元价值，挖掘人性光辉

不同阶层和不同的利益群体对事件有不同的认知和诉求是正常的情形。沧海横流，方显本色。人性在灾难面前尽显无遗，但每个人的人生背景不同，在危机中的反应也不同。有人勇敢向前、有人胆怯退缩；有人自私自利、有人无私忘我；有人自律自觉、有人欺上瞒下；有人品格高尚、有人低下卑劣。作为课程资源，仅仅产生一种赞同或否定的观点是不够的，还要对产生观点的土壤作必要的分析。让学生理解多元价值的产生，接受多元价值的存在。

作为思政教师，在引导学生尊重多元价值的同时，还要能把握社会价值的主旋律，选择正确的价值方向。我们可以选取积极向上的典型的人物，尤其是“草根典型”，让学生知道平凡的普通人虽然可能不会做什么轰轰烈烈的大事，但是小人物身上散发的人性光芒更加耀眼。从而给学生思想上带来启发、精神上带来升华、行动上带来借鉴。

（六）传递国家意志，规范社会参与

新冠肺炎疫情中，中西方不同的政治体制、文化氛围产生了不同的抗“疫”效果。我国的制度优势、党的执政理念得到了实践的再次证明。这是引导学生增强中国特色社会主义道路自信、理论自信、制度自信、文化自信的绝好案例，同时也是我国文化输出、民族复兴的伟大契机。

这次疫情席卷全球，面对那些曾经挖苦嘲笑、傲慢歧视我国的某些国家，我们要不要提供防疫帮助？在开发这些课程资源时，不能仅仅从个人情感方面去考虑，而要向学生传达国家的战略考虑和国家意志。对外，国家意志代表着所有公民的集体诉求；对内，国家意志往往需要通过每个公民的言行体现出来。所以贯彻国家意志也是思想政治学科首先要达成的教学目标。

在传递国家意志的同时也要提高学生的公民意识，规范学生的社会参与。一是引导学生正视疫情。要学会用全面、辩证、长远的眼光看待我国的发展，变压力为动力、善于化危为机。二是引导学生理性发声。网络信息错综复杂，学会辨别真假信息，不信谣不传谣，传播正能量，弘扬主旋律。三是引导学生尊重科学。面对疫情，科学防范是关键。用科学有效的疫情防控知识来做好自身防护。四是引导学生尊重生命。人与自然是相互依存，相互统一的。我们要敬畏自然、尊重生命，建立人与自然的命运共同体。五是引导学生自觉自律。受疫情影响，学生主要以线上直播学习为主，引导学生自觉服从学校安排，增强自律意识，加强自我约束。

思政教师肩负立德树人的根本任务。如何抓住疫情契机，开发、利用、选择好课程资源，讲清每一个事例蕴含的道理、让每一个数据闪烁耀眼的光芒、让疫情案例成为政治课堂上鲜活的案例，显得尤为重要。我们要遵循开发利用的基本原则，掌握基本的策略，用科学理论武装学生的头脑，用正确的思想引领学生，用主流的价值涵育学生，努力让学生把内化思想外化为增强“四个意识”、坚定“四个自信”、做到“两个维护”的实际行动。

（本文刊发于2020年8月第24期《中学政治教学参考》）

第六章 “爱与欣赏”教育实证研究师生问卷调查分析

第一节 “爱与欣赏”调查 SPSS 分析报告（学生卷）

一、报告分析说明

SPSSAU 分析方法选择

数据类型是每类分析方法的基石，区分好数据类型，便可以找到合适的分析方法。基本统计名词概念，有助于理解分析结果指标意义。

数据分两类，定量和定类，区别为数字大小是否具有比较意义。

定量：数字有比较意义，比如数字越大代表满意度越高，量表为典型定量数据。

定类：数字无比较意义，比如性别，1 代表男，2 代表女。

1. 对本次问卷题目类型进行区分

题目	题型	类型	样本量
1. 你参加过学校组织的公益活动吗	多选题	—	2025
1-1. 在活动中，你感受到了什么	问答题	—	1422
2. 当你说道“我爱我的祖国”的时候，你脑海中能够想象到的场景是	单选题	定类	2025
3. 如果遇到有同学违反了学校纪律，普通科任老师（不包括班主任）通常会	单选题	定类	2025
4. 老师很信任我	单选题	定量	2025
5. 老师总是能够理解我们这个年龄的学生的心思	单选题	定量	2025
6. 当老师严厉地教导我时，我能理解老师的用心	单选题	定量	2025
7. 班主任很关心我	单选题	定量	2025
7-1. 班主任很关心我，体现在哪些方面	问答题	—	1934
8. 老师们很少和我交流除学习以外的事情	单选题	定量	2025
9. 我们学校开展的文体活动很丰富	单选题	定量	2025
10. 我们的课外活动经常被用来学习	单选题	定量	2025
11. 请将以下课程按你重视的程度进行排序，只排前三位	排序题	—	466
12. 请将以下社团按你喜欢的程度排序，只排前三位	排序题	—	1559
12-1. 你喜欢学校社团的原因是什么	单选题	定类	263
13. 你认为影响你在这门课上表现的最主要的原因是	单选题	定类	2025
14. 你从老师那里得到的最大收获是	单选题	定类	2025
15. 老师经常向你们推荐的读物是	单选题	定类	2025

（续表）

题目	题型	类型	样本量
16. 你认为学校老师最重视你们哪些方面的发展？限选三项，并根据重要程度从高到低进行排序	多选题	—	2025
17. 你觉得你现在的班主任最喜欢什么样的学生	单选题	定类	2025
18. 你认为你在课堂上能够得到的发言的机会	单选题	定量	2025
19. 课堂上，即使我说的观点有问题，老师也能耐心听我讲完，不会打断我	单选题	定量	2025
20. 老师会使用生动的例子讲解知识，让我容易理解	单选题	定量	2025
21. 你更喜欢或适合的学习方式	单选题	定类	2025
21-1. 在课堂小组合作的过程中，你通常是如何与同学分享的	问答题	—	808
22. 对于你所在小组的积分，你的态度是	单选题	定量	2025
23. 日常教学中，请按照采取合作学习占比例多少，对各学科进行排序	排序题	—	466
24. 按照任课教师对你关心关注的程度对各学科进行排序	排序题	—	1559
25. 你上一次受到老师表扬是什么时候	单选题	定类	2025
26. 请用几句话概括归纳出你们学校的主要特点	问答题	—	2025
27. 目前你最需要学校在哪些方面对你的成长提供帮助	问答题	—	2025

2. 根据题目类型选用分析方法

SPSSAU 建议：先描述想研究什么，用一句话描述，话里面拆开成 X 和 Y；然后结合 X 与 Y 的数据类型，选择对应的分析方法。

<table>
<tr><th>分析方法</th><th>功能介绍</th><th>一句话说明</th><th>数据类型</th></tr>
<tr><td>信度</td><td>可靠性</td><td>数据真实吗</td><td>定量</td></tr>
<tr><td>效度</td><td>有效性</td><td>数据有效吗</td><td>定量</td></tr>
<tr><td>频数</td><td>百分比</td><td>男女比例分别多少</td><td>定类</td></tr>
<tr><td rowspan="2">相关</td><td rowspan="2">相关关系</td><td rowspan="2">身高 X 和体重 Y 有没有关系</td><td>X（（定量）【可选】</td></tr>
<tr><td>Y（定量）【可选】</td></tr>
<tr><td rowspan="2">回归</td><td rowspan="2">影响关系</td><td rowspan="2">身高 X 影响体重 Y 吗</td><td>Y（定量）</td></tr>
<tr><td>X（定量 / 定类）</td></tr>
<tr><td>多重响应</td><td>百分比</td><td>多选题的选择比例情况如何</td><td>多选题选项</td></tr>
</table>

3. 其他类型的题目分析方法

（1）排序题

排序题记分规则。排序题的选项平均综合得分是由系统根据所有填写者对选项的排序情况自动计算得出的，它反映了选项的综合排名情况，得分越高表示综合排序越靠前。计算方法为：选项平均综合得分＝ Σ（频数 × 权值）/ 本题填写次数。

权值由选项被排列的位置决定。例如有 3 个选项参与排序，那排在第一个位置的权值为 3，第二个位置权值为 2，第三个位置权值为 1。

例如一个题目共被填写 12 次，选项 A 被选中并排在第一位置 2 次，第二位置 4 次，第三位置 6 次，那么选项 A 的平均综合得分＝（2×3 ＋ 4×2 ＋ 6×1）/（2 ＋ 4 ＋ 6）≈ 1.67。

注意：这里的分数和选项的个数是有关系的。比如有 3 个选项来进行排序，排第一位的得分就是 3 分。有 30 个选项，排第一位的得分就是 30 分，且这个分数不受“请选择第 × 项来排序”的影响。

（2）问答题

对关键字进行分析。

4. 其他说明

问卷中有反向计分的题目（如题目 8 和题目 10），所以需要先转换才能进行分析。

二、信度分析

（一）Cronbach 信度分析

名称	校正项总计相关性（CITC）	项已删除的 α 系数	Cronbach α 系数
4. 老师很信任我	0.605	0.792	0.817
5. 老师总是能够理解我们这个年龄的学生的心思	0.635	0.788	
6. 当老师严厉地教导我时，我能理解老师的用心	0.651	0.789	
7. 班主任很关心我	0.643	0.788	
8. 老师们很少和我交流除学习以外的事情	0.294	0.827	
9. 我们学校开展的文体活动很丰富	0.573	0.796	
10. 我们的课外活动经常被用来学习	0.269	0.834	
18. 你认为你在课堂上能够得到的发言的机会	0.469	0.804	
19. 课堂上，即使我说的观点有问题，老师也能耐心听我讲完，不会打断我	0.571	0.795	
20. 老师会使用生动的例子讲解知识，让我容易理解	0.627	0.793	
22. 对于你所在小组的积分，你的态度是	0.329	0.815	
标准化 Cronbach α 系数：0.844			

信度是指测验结果的一致性、稳定性及可靠性，一般多以内部一致性来表示该测验信度的高低。信度系数越高则表示该测验的结果越一致、稳定与可靠。克朗巴哈阿尔法信度系数是目前最常用的信度系数。

从上表可知：信度系数值为0.817，大于0.8，因而说明研究数据信度质量高。针对“项已删除的 α 系数”，任意题项被删除后，信度系数并不会有明显的上升，因此说明题项不应该被删除处理。

针对“校正项总计相关性（CITC）”，题目8“老师们很少和我交流除学习以外的事情”对应的CITC值为0.2～0.3，说明其与其余分析项之间的相关关系较弱，如果是正式数据分析可考虑对此项进行删除处理。题目10“我们的课外活动经常被用来学习”对应的CITC值为0.2～0.3，说明其与其余分析项之间的相关关系较弱，如果是正式数据分析可考虑对此项进行删除处理。题目22“对于你所在小组的积分，你的态度是”对应的CITC值为0.3～0.4，如果是正式数据分析删除此项或者保留此项均可。综上所述，研究数据信度系数值高于0.8，综合说明数据信度质量高，可用于进一步分析。

Cronbach 信度分析（简化格式）

项数	样本量	Cronbach α 系数
11	2025	0.817

信度系数在0.8以上表明内在一致性程度好，0.7～0.8为较好，0.6～0.7为还可以接受，在0.6以下说明研究数据信度质量比较差。保留项信度系数值为0.817，大于0.8，因而说明研究的数据信度质量高。

（二）效度分析

效度分析结果

名称	因子载荷系数		共同度（公因子方差）
	因子 1	因子 2	
4. 老师很信任我	**0.723**	0.124	0.538
5. 老师总是能够理解我们这个年龄的学生的心思	**0.761**	0.114	0.592
6. 当老师严厉地教导我时，我能理解老师的用心	**0.781**	0.105	0.621
7. 班主任很关心我	**0.769**	0.112	0.604
8. 老师们很少和我交流除学习以外的事情	0.117	**0.771**	0.608
9. 我们学校开展的文体活动很丰富	**0.648**	0.212	0.465
10. 我们的课外活动经常被用来学习	0.093	**0.780**	0.618
18. 你认为你在课堂上能够得到的发言的机会	**0.519**	0.258	*0.336*
19. 课堂上，即使我说的观点有问题，老师也能耐心听我讲完，不会打断我	**0.684**	0.145	0.489
20. 老师会使用生动的例子讲解知识，让我容易理解	**0.740**	0.136	0.566
22. 对于你所在小组的积分你的态度是	**0.500**	-0.134	*0.268*
特征根值（旋转前）	4.546	1.158	—
方差解释率 %（旋转前）	41.330%	10.526%	—
累积方差解释率 %（旋转前）	41.330%	51.856%	—
特征根值（旋转后）	4.280	1.424	—
方差解释率 %（旋转后）	38.909%	12.947%	—
累积方差解释率 %（旋转后）	38.909%	51.856%	—
KMO 值	0.911		—
巴特球形值	7123.981		—
d*f*	55		—
p 值	0.000		—
备注：表格中数字若有字体变化：黑体表示载荷系数绝对值大于 0.4，斜体表示共同度（公因子方差）小于 0.4			

效度研究用于分析研究项是否合理、有意义，效度分析使用因子分析这种数据分析方法进行研究，分别通过 KMO 值、共同度、方差解释率值、因子载荷系数值等指标进行综合分析，以验证出数据的效度水平情况。KMO 值用于判断是否有效度，共同度值用于排除不合理的研究项，方差解释率值用于说明信息提取水平，

因子载荷系数用于衡量因子（维度）和题项对应关系。从上表可知，通常情况下，一个维度对应 4 ～ 7 个研究项较为合理（当前超过 8 个），维度自动设置为题目 2。针对共同度而言，共涉及题目 18“你认为你在课堂上能够得到的发言的机会”，题目 22“对于你所在小组的积分的态度是”2 项，它们对应的共同度值小于 0.4，说明研究项信息无法被有效地表达。因此应该将这 2 项删除，删除之后再次进行分析。

效度分析结果（修改后）

名称	因子载荷系数		共同度（公因子方差）
	因子 1	因子 2	
4. 老师很信任我	**0.738**	0.091	0.552
5. 老师总是能够理解我们这个年龄的学生的心思	**0.776**	0.102	0.612
6. 当老师严厉地教导我时，我能理解老师的用心	**0.798**	0.086	0.644
7. 班主任很关心我	**0.782**	0.086	0.620
8. 老师们很少和我交流除学习以外的事情	0.127	**0.771**	0.610
9. 我们学校开展的文体活动很丰富	**0.653**	0.223	0.477
10. 我们的课外活动经常被用来学习	0.106	**0.805**	0.660
19. 课堂上，即使我说的观点有问题，老师也能耐心听我讲完，不会打断我	**0.698**	0.112	0.499
20. 老师会使用生动的例子讲解知识，让我容易理解	**0.747**	0.116	0.571
特征根值（旋转前）	4.112	1.133	—
方差解释率 %（旋转前）	45.685%	12.594%	—
累积方差解释率 %（旋转前）	45.685%	58.280%	—
特征根值（旋转后）	3.894	1.352	—
方差解释率 %（旋转后）	43.262%	15.017%	—
累积方差解释率 %（旋转后）	43.262%	58.280%	—
KMO 值	0.895		—
巴特球形值	6265.766		—
df	36		—
p 值	0.000		—
备注：表格中数字若有字体变化：黑体表示载荷系数绝对值大于 0.4，斜体表示共同度（公因子方差）小于 0.4			

从上表可知，所有研究项对应的共同度值均高于 0.4，说明研究项信息可以被有效地提取。另外，KMO 值为 0.895，大于 0.6，意味着数据具有效度。另外，2 个因子的方差解释率值分别是 43.262% 和 15.017%，旋转后累积方差解释率为 58.280% > 50%。意味着研究项的信息量可以有效地被提取出来。结合因子载荷系数，去确认因子（维度）和研究项对应关系，题目 8 与题目 10 为反向题，因此因子（维度）分配与预期相符。因子载荷系数绝对值大于 0.4 时即说明选项和因子有对应关系。

KMO 和 Bartlett 的检验

KMO 值		0.895
Bartlett 球形度检验	近似卡方	6265.766
	df	36
	p 值	0.000

KMO 统计量是用于比较变量间简单相关系数和偏相关系数的指标，其取值在 0 和 1 之间。当所有变量间的简单相关系数平方和远远大于偏相关系数平方和时，KMO 值接近 1。KMO 值越接近于 1，意味着变量间的相关性越强，原有变量越适合作因子分析；当所有变量间的简单相关系数平方和接近 0 时，KMO 值接近 0。KMO 值越接近于 0，意味着变量间的相关性越弱。

Kaiser 给出了常用的 KMO 度量标准：0.9 以上表示非常适合；0.8 以上表示适合；0.7 以上表示一般；0.6 以上表示不太适合；0.6 以下表示极不适合。当 KMO 越接近 1 时，说明结构效度越高。

使用 KMO 和 Bartlett 检验进行效度验证，从上表可以看出：KMO 值为 0.895，KMO 值大于 0.8，研究数据效度非常好。

三、频数分析

题目 2. 当你说“我爱我的祖国”的时候，你脑海中能够想象到的场景是：

选项	频数	百分比	累计百分比
A. 课文学过的情境	120	5.93%	5.93%
B. 升旗仪式	1204	59.46%	65.38%
C. 看过的爱国主义影片	627	30.96%	96.35%
D. 老师对我说过的话	74	3.65%	100.00%
合计	2025	100.00%	

从上表可知，样本中 59.46% 会选择“升旗仪式”。另外“看过的爱国主义影片”样本的比例是 30.96%。

题目 3. 如果遇到有同学违反了学校纪律，普通科任老师（不包括班主任）通常会：

选项	频数	百分比	累计百分比
A. 当场批评教育	568	28.05%	28.05%
B. 向班主任告状	144	7.11%	35.16%
C. 找教导处、政教处、德育处解决	28	1.38%	36.54%
D. 置之不理	8	0.40%	36.94%
E. 教师会私下与我谈心，指出不足，帮我制订解决措施	1209	59.70%	96.64%
F. 其他	68	3.36%	100.00%
合计	2025	100.00%	

从上表可知，对于“如果遇到有同学违反了学校纪律，普通科任老师（不包括班主任）通常会”来讲，“教师会私下与我谈心，指出不足，帮我制订解决措

施”的占比最高，为 59.70%。

题目 13. 你认为影响你在这门课上表现的最主要的原因是：

选项	频数	百分比	累计百分比
A. 教材内容的趣味性	694	34.27%	34.27%
B. 老师的教学方式	631	31.16%	65.43%
C. 课程内容的难易程度	283	13.98%	79.41%
D. 这门课在升学考试中的地位	149	7.36%	86.77%
E. 老师的人格魅力	115	5.68%	92.44%
F. 其他	153	7.56%	100.00%
合计	2025	100.00%	

从上表可知，“你认为影响你在这门课上表现的最主要的原因是”的样本分布中，选择“教材内容的趣味性”“老师的教学方式”的超过了 3 成，比例分别是 34.27% 和 31.16%。

题目 14. 你从老师那里得到的最大收获是：

选项	频数	百分比	累计百分比
A. 书本知识	438	21.63%	21.63%
B. 做人的道理	687	33.93%	55.56%
C. 学习方法	730	36.05%	91.60%
D. 兴趣爱好	113	5.58%	97.19%
E. 没有收获	7	0.35%	97.53%
F. 其他	50	2.47%	100.00%
合计	2025	100.00%	

从上表可知，对于“你从老师那里得到的最大收获”来讲，“学习方法”占比最高，为 36.05%，其次是“做人的道理”，样本比例为 33.93%。

题目 15. 老师经常向你们推荐的读物是：

选项	频数	百分比	累计百分比
A. 学习辅导书	86	4.25%	4.25%
B. 文学艺术作品	1136	56.10%	60.35%
C. 关于爱的影视、音乐作品	156	7.70%	68.05%
D. 没有推荐过	511	25.23%	93.28%
E. 其他	136	6.72%	100.00%
合计	2025	100.00%	

从上表可知，“老师经常向你们推荐的读物”的样本分布中，大部分样本为“文学艺术作品”，比例是 56.10%。

题目 17. 你觉得你现在的班主任最喜欢什么样的学生？

选项	频数	百分比	累计百分比
A. 对所有学生都一视同仁	1863	92.00%	92.00%
B. 只喜欢学习好的学生	96	4.74%	96.74%
C. 只喜欢家庭背景好的学生	8	0.40%	97.14%
D. 只喜欢听话、不违反纪律的学生	58	2.86%	100.00%
合计	2025	100.00%	

从上表可知，“你觉得你现在的班主任最喜欢什么样的学生”的样本分布中，大部分样本为“对所有学生都一视同仁”，比例是 92.00%。

题目 21. 你更喜欢或适合的学习方式是：

选项	频数	百分比	累计百分比
A. 自主学习	382	18.86%	18.86%
B. 教师讲解	835	41.23%	60.10%
C. 小组合作互助	263	12.99%	73.09%
D. 教师帮助下的小组合作学习	545	26.91%	100.00%
合计	2025	100.00%	

从上表可知，“你更喜欢或适合的学习方式”的样本分布中，“教师讲解”占比相对较大，比例是 41.23%。

题目 25. 你上一次受到老师表扬是什么时候？

选项	频数	百分比	累计百分比
A. 两天前	1303	64.35%	64.35%
B. 一个月前	237	11.70%	76.05%
C. 两个月前	34	1.68%	77.73%
D. 半年以前	25	1.23%	78.96%
E. 不记得了	426	21.04%	100.00%
合计	2025	100.00%	

从上表可知，“你上一次受到老师表扬是什么时候”的样本分布中，“两天前”占比相对较大，比例是 64.35%。

四、相关分析

如果呈现出显著性，即结果右上角有＊号，此时说明有关系；反之则没有关系；有了关系之后，关系的紧密程度直接看相关系数大小即可。一般0.7以上说明关系非常紧密；0.4～0.7说明关系紧密；0.2～0.4说明关系一般。

如果说相关系数值小于0.2，但是依然呈现出显著性（右上角有＊号，1个＊号叫0.05水平显著，2个＊号叫0.01水平显著；显著是指相关系数的出现具有统计学意义普遍存在的，而不是偶然出现），说明关系较弱，但依然是有相关关系。

题目之间的相关性根据颜色深浅进行标注，颜色较深表示关系密切，相反则关系较弱。例如题目4“老师很信任我”与题目5、题目6、题目7、题目20的相关系数分别为0.539、0.549、0.593、0.424，相关系数为0.4～0.7，说明关系紧密；与题目8、题目9、题目18、题目19、题目22的相关系数为0.2～0.4，说明关系一般；与题目10相关系数小于0.2，且右上角带有＊号，说明关系较弱，但依然有相关关系。

Pearson 相关 - 详细格式												
	题号	题目 4	题目 5	题目 6	题目 7	题目 8	题目 9	题目 10	题目 18	题目 19	题目 20	题目 22
4. 老师很信任我	相关系数	1										
5. 老师总是能够理解我们这个年龄的学生的心思	相关系数	0.539**	1									
6. 当老师严厉地教导我时，我能理解老师的用心	相关系数	0.549**	0.603**	1								
7. 班主任很关心我	相关系数	0.593**	0.565**	0.581**	1							
8. 老师们很少和我交流除学习以外的事情	相关系数	0.207**	0.180**	0.165**	0.205**	1						
9. 我们学校开展的文体活动的很丰富	相关系数	0.383**	0.434**	0.483**	0.416**	0.169**	1					
10. 我们的课外活动经常被用来学习	相关系数	0.140**	0.181**	0.178**	0.146**	0.279**	0.237**	1				
18. 你认为你在课堂上能够得到的发言的机会	相关系数	0.368**	0.328**	0.347**	0.374**	0.213**	0.299**	0.147**	1			
19. 课堂上，即使我说的观点有问题，老师也能耐心听我讲完，不会打断我	相关系数	0.397**	0.458**	0.447**	0.433**	0.162**	0.449**	0.161**	0.367**	1		
20. 老师会使用生动的例子讲解知识，让我容易理解	相关系数	0.424**	0.480**	0.508**	0.502**	0.172**	0.499**	0.171**	0.380**	0.577**	1	
22. 对于你所在小组的积分，你的态度是	相关系数	0.253**	0.295**	0.286**	0.285**	0.061**	0.284**	0.054*	0.195**	0.232**	0.288**	1

* $p < 0.05$ ** $p < 0.01$

五、回归分析

根据相关度分析我们可以看到题目 10、题目 18、题目 22 这 3 项与其他题目相关度一般。因此回归分析只分析相关度比较密切的题目。

由于自变量大于 5，所以采用逐步回归的方法进行回归分析。回归分析会自动剔除对因变量（如题目 4）没有显著影响的自变量，因此在有多个自变量时采用这一分析方法是较为合适的。

对题目 4“老师很信任我”进行逐步回归分析。

从下表可知，R 平方值为 0.447，5 个自变量可以解释因变量（题目 4）的 44.7% 变化原因。而且模型通过 F 检验（$F = 326.416$，$p = 0.000 < 0.05$），说明模型有效。另外，针对模型的多重共线性进行检验发现，模型中 VIF 值均小于 5，意味着不存在共线性问题；并且 D-W 值在数字 2 附近，因而说明模型不存在自相关性，样本数据之间并没有关联关系，模型较好。最终具体分析可知，题目 5、题目 6、题目 7、题目 8、题目 9 会对题目 4 产生显著的正向影响关系。

逐步回归分析结果 （$n = 2025$）

	非标准化系数		标准化系数	t	p	VIF	R^2	调整 R^2	F
	B	标准误	Beta						
常数	0.309	0.037	—	8.431	0.000**	—	0.447	0.446	$F(5, 2019) = 326.416$, $p = 0.000$
5. 老师总是能够理解我们这个年龄的学生的心思	0.170	0.020	0.189	8.430	0.000**	1.844			
6. 当老师严厉地教导我时，我能理解老师的用心	0.212	0.023	0.206	9.082	0.000**	1.870			
7. 班主任很关心我	0.314	0.021	0.325	14.790	0.000**	1.761			
8. 老师们很少和我交流除学习以外的事情	0.041	0.011	0.061	3.570	0.000**	1.055			
19. 课堂上，即使我说的观点有问题，老师也能耐心听我讲完，不会打断我	0.068	0.020	0.068	3.473	0.001**	1.386			
因变量：4. 老师很信任我									
D-W 值：1.975									
* $p < 0.05$ ** $p < 0.01$									

对题目 5“老师总是能够理解我们这个年龄的学生的心思”进行逐步回归分析：

逐步回归分析结果 （$n = 2025$）

	非标准化系数		标准化系数	t	p	VIF	R^2	调整 R^2	F
	B	标准误	Beta						
常数	0.109	0.036	—	3.059	0.002**	—	0.483	0.482	$F(6,\ 2018) = 314.292$，$p = 0.000$
4. 老师很信任我	0.194	0.024	0.174	8.222	0.000**	1.743			
6. 当老师严厉地教导我时，我理解老师的用心	0.323	0.025	0.280	12.697	0.000**	1.904			
7. 班主任很关心我	0.201	0.024	0.187	8.395	0.000**	1.931			
9. 我们学校开展的文体活动很丰富	0.082	0.024	0.069	3.462	0.001**	1.532			
19. 课堂上，即使我说的观点有问题，老师也能耐心听我讲完，不会打断我	0.123	0.023	0.110	5.330	0.000**	1.653			
20. 老师会使用生动的例子讲解知识，让我容易理解	0.092	0.028	0.073	3.313	0.001**	1.870			
因变量：5. 老师总是能够理解我们这个年龄的学生的心思									
D-W 值：1.958									
* $p < 0.05$ ** $p < 0.01$									

从上表可知，R 平方值为 0.483，意味着 6 个自变量可以解释因变量（题目 5）的 48.3% 变化原因。而且模型通过 F 检验（$F = 314.292$，$p = 0.000 < 0.05$），说明模型有效。另外，针对模型的多重共线性进行检验发现，模型中 VIF 值均小于 5，意味着不存在着共线性问题；并且 $D\text{-}W$ 值在数字 2 附近，因而说明模型不存在自相关性，样本数据之间并没有关联关系，模型较好。最终具体分析可知，题目 4、题目 6、题目 7、题目 9、题目 19、题目 20 会对题目 5 产生显著的正向影响关系。

通过以上两组数据的分析，可以看出题目 4、题目 5、题目 6、题目 7、题目 9、题目 19 这 6 项之间产生显著的正向影响关系。

六、多重响应分析

多重响应用于多选题分析，分析多选题各项的选择比例情况等。共涉及两个名词，分别是响应率和普及率，其中响应率用于对比各个选项的相对选择比例情况，普及率用于某项的选择普及情况，二者的区别在于被除数不一样。比如有 100 个样本，平均每个样本选择 3 项，则总共 100 个样本共选择了 300 个选项。以及对于某个选项共有 60 个样本选择，则响应率＝60/300＝20%；普及率＝60/100＝60%。

题目 1. 你参加过学校组织的公益活动吗？

响应率和普及率汇总表格			
选项	响应		普及率（$n = 1422$）
	n	响应率	
A. 福利院、养老院献爱心活动	537	13.81%	37.76%
B. 市图书馆志愿者活动	761	19.57%	53.52%
C. 学雷锋社区志愿者	532	13.68%	37.41%
D. 交通安全宣传员	424	10.91%	29.82%
E. 环保志愿者	658	16.92%	46.27%
F. 99 公益募捐	368	9.47%	25.88%
G. 其他	608	15.64%	42.76%
汇总	3888	100%	273.42%
拟合优度检验：$\chi^2 = 195.949$ $p = 0.000$			

本题目还有一个“没有参加过”的选项与其他的选项互斥，有 603 名学生选择没有参加，另外 1422 名学生参加过学校组织的公益活动。针对多选题各选项选择比例分布是否均匀，使用卡方拟合优度检验进行分析。从上表可知，拟合优度检验呈现出显著性（$chi = 195.949$，$p = 0.000 < 0.05$），意味着各项的选择比例具有明显差异性，可通过响应率或普及率具体对比差异性。具体来看，“市图书馆志愿者活动和“环保志愿者”2 项的响应率和普及率明显较高。

题目 16. 你认为学校老师最重视你们哪些方面的发展？限选三项，并根据重要程度从高到低排序。

响应率和普及率汇总表格			
选项	响应		普及率（$n = 2025$）
	n	响应率	
A. 学业成绩	1342	22.09%	66.27%
B. 思想品德	1619	26.65%	79.95%
C. 生活知识和技能	427	7.03%	21.09%
D. 身体素质	934	15.37%	46.12%
E. 学习能力	812	13.37%	40.10%
F. 兴趣爱好	134	2.21%	6.62%
G. 心理素质	503	8.28%	24.84%
H. 学校及课堂纪律	304	5.00%	15.01%
汇总	6075	100.00%	300.00%
拟合优度检验：$x^2 = 2484.058$ $p = 0.000$			

针对多选题各选项选择比例分布是否均匀，使用卡方拟合优度检验进行分析。从上表可知，拟合优度检验呈现出显著性（$chi = 2484.058$，$p = 0.000 < 0.05$），意味着各项的选择比例具有明显差异性，可通过响应率或普及率具体对比差异性。具体来看，“学业成绩”“思想品德”“身体素质”3 项的响应率和普及率明显较高。

七、学科分析

对学会对学科的重视、喜欢的程度进行问卷调查，利用排序题的方式对各学科进行排名。另一方面通过对于学科中合作学习占比例多少，任课教师对你关心关注的程度也进行了调查。下面对每个年级的情况进行分析。其中初中一年级不包含物理、化学学科，题目单独设立，在此处进行合并，但计分规则按照原题目选项数量进行计分统计。

题目 11. 请将以下课程按你重视的程度进行排序，只排前三位。

初中一年级		初中二年级		初中三年级		初中四年级	
前五选项	综合得分	前五选项	综合得分	前五选项	综合得分	前五选项	综合得分
B. 数学	12.26	B. 数学	14.48	B. 数学	10.03	B. 数学	14.65
A. 语文	11.99	A. 语文	12.88	A. 语文	7.74	A. 语文	13.67
C. 英语	9.97	C. 英语	11.63	C. 英语	6.48	C. 英语	12
L. 体育	0.89	L. 体育	1.28	J. 历史	5.1	F. 物理	2.07
I. 地理	0.8	J. 历史	1.08	K. 地理	4.24	G. 化学	1.1

从上表可知，在学生重视程度中，比较有显著性的就是数学、语文、英语三个学科。初三年级相对比较分散，初四年级比较集中，因初一年级没有物理、化学学科，缺少两项，因此综合得分相对初二、初四年级低一些。总体来看数学、语文、英语三大学科比较受学生重视。

题目 12. 请将以下课程按你喜欢的程度排序，只排前三位。

初中一年级		初中二年级		初中三年级		初中四年级	
前五选项	综合得分	前五选项	综合得分	前五选项	综合得分	前五选项	综合得分
B. 数学	7.66	B. 数学	9.23	B. 数学	6.97	B. 数学	10.13
C. 英语	6.43	A. 语文	7.11	A. 语文	4.93	A. 语文	8.81
A. 语文	5.87	C. 英语	5.43	J. 历史	3.57	C. 英语	7.61
M. 心理健康	3.74	I. 生物	3.82	L. 体育	3.57	G. 化学	3.87
J. 体育	2.68	L. 体育	3.24	C. 英语	3.24	F. 物理	3.86

从上表可知，在学生喜欢程度中，数学学科仍然高居首位；排在第二的有所变化，初一年级学生比较喜欢英语学科，其他年级排在第二位的是语文学科；排在第三位的初一年级选择的是语文学科，初二、初四年级选择的是英语学科，初三年级则选择的是历史学科。在学科的喜欢程度来看，初一、初二、初四年级，数学、语文、英语仍然排在前三位，只有初三年级历史学科排在了第三位，而英语学科排在了第五位。

题目23. 日常教学中，请按照采取合作学习占比例多少，对各学科进行排序。

初中一年级		初中二年级		初中三年级		初中四年级	
前五选项	综合得分	前五选项	综合得分	前五选项	综合得分	前五选项	综合得分
B. 数学	12.23	B. 数学	14.66	B. 数学	11.91	B. 数学	14.33
C. 英语	11.09	A. 语文	13.97	K. 地理	10.79	A. 语文	14.11
A. 语文	11.05	C. 英语	11.88	A. 语文	10.69	C. 英语	12.6
D. 道德与法治	6.53	D. 道德与法治	7.05	C. 英语	9.95	G. 化学	7.42
I. 地理	6.41	K. 地理	6.19	F. 物理	8.81	F. 物理	7.17

从上表可以分析出每个年级采取合作学习占比多的学科排名前五位的学科。初一、初二、初四年级数学、语文、英语仍然排在前三；初一年级英语排在第二位，初二、初四年级语文排在第二位；初三年级数学排在第一位，地理超越了语文、英语学科排在了第二位，排在第三位的是语文学科。

题目24. 按照任课教师对你关心关注的程度对各学科进行排序。

初中一年级		初中二年级		初中三年级		初中四年级	
前五选项	综合得分	前五选项	综合得分	前五选项	综合得分	前五选项	综合得分
B. 数学	12.11	B. 数学	14.11	A. 语文	11.8	B. 数学	14.07
C. 英语	11.63	A. 语文	13.52	B. 数学	11.67	A. 语文	13.84
A. 语文	10.84	C. 英语	12.5	C. 英语	10.46	C. 英语	13.29
D. 道德与法治	6.68	D. 道德与法治	6.97	J. 历史	8.56	F. 物理	7.38
I. 地理	5.19	I. 生物	6.82	I. 生物	8.31	G. 化学	6.88

从上表可以看出各学科的任课教师对学生的关心程度，数学、语文、英语学科的教师对学生关心程度排在前三位，排在第四、第五位的学科有道德与法治、历史、物理、地理、生物、化学等学科。初四年级排在前五的是数学、语文、英语、物理、化学学科，教学中的五个学科处在前五位，且平均综合得分也很高。

从以上四个题目可以看出，在每个年级中数学学科受重视程度比较高，其次是语文、英语学科。只有初三年级的情况具有差异性，地理、历史学科分别出现在第二名、第三名的位置上。从平均综合得分来看，初一、初二、初四年级的分值比较集中，初三年级的分值比较分散，说明初三年级各学科受重视度以及学科教师采取合作学习的方式、对学生的关心程度都相对均衡

八、开放题深度分析

本次学生问卷有五道开放题，其中有三道题是部分学生参与，是对前一题的进一步调查，另外两道题是全员参加。由于开放题填写的内容比较丰富，对其分析时先词条提取，之后进行词频统计，通过对排在前十位的数据进行对比分析。

针对“在（学校组织的公益）活动中，你感受到了什么”这一题目，题目1选“没有参加过”的学生没有参与此题目。因此参与该题目的学生人数为1422人。

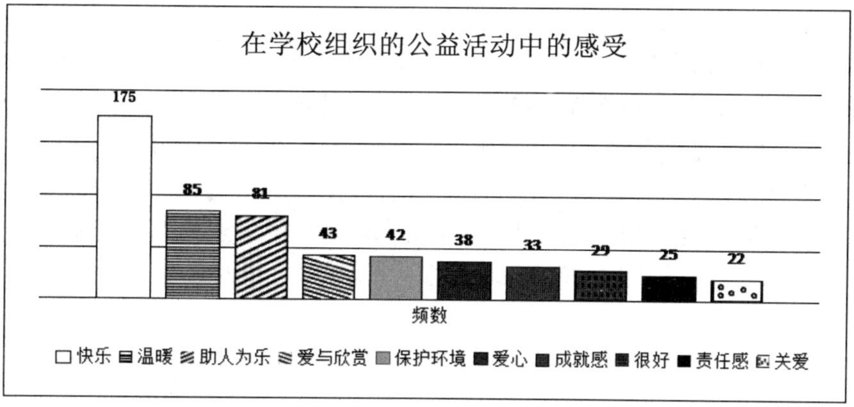

以上是对词频的分析，多数学生都在活动中感受到快乐，其次是温暖和助人为乐。另外学生们从不同的活动中也感受到许多正向的感受，懂得了生活的美好，劳动的价值，学会了爱等，只有极少数学生觉得累，没有意思。由此建议活动应该多开展。

针对“班主任很关心我，体现在哪些方面”这一题目，题目7中选择“不符

合”“很不符合”的学生没有参与该题目，参与人数共1934人。

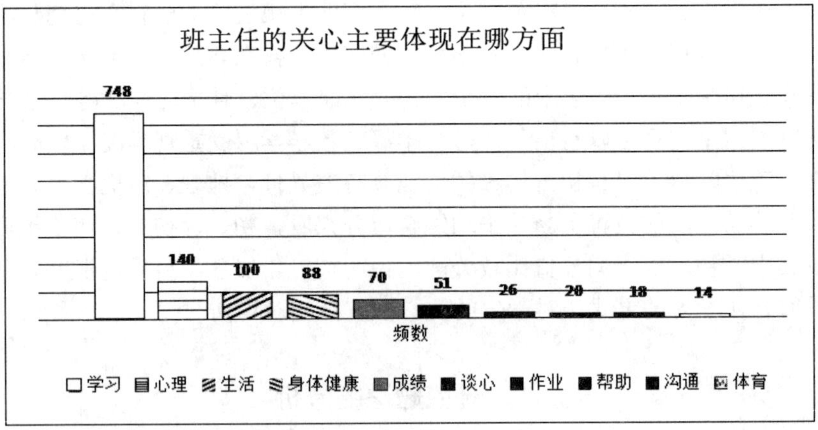

从上图可知，班主任的关心主要体现在学习方面上，其次是心理和生活方面。学生填写的内容也对学习进行了解答，如有帮助学生解决问题的，辅导学习的，给出学习方法的情况。从题目整体来看，班主任还是对学生比较关心的，2025位参与者，只有93人认为班主任不关心自己，比重只有4.49%。通过以上分析发现，班主任对学生的学习关注度较高，重视学习方法指导，但是对学生的心理、生活、身体健康方面的关注还有待进一步提高，在与学生的沟通方面缺乏有效性沟通，需要技巧指导，在今后的教育管理、班主任培训方面学校需要加大此方面的管理和培训力度。

“在课堂小组合作的过程中，你通常是如何与同学分享的”这一题目共808人参与回答。题目21中选择“自主学习”“教师讲解”的学生不参与此题目。部分同学写出了需要表达、相互合作、取长补短等，也有一部分同学写出了具体办法。结合多个学生的填写内容，大概是四人为一组，为每个小组成员编号，号码为1、2、3、4号，设定1号为组长，2、3、4号同学对问题进行解答，由1号同学进行总结，或者设立一名组员进行补充。

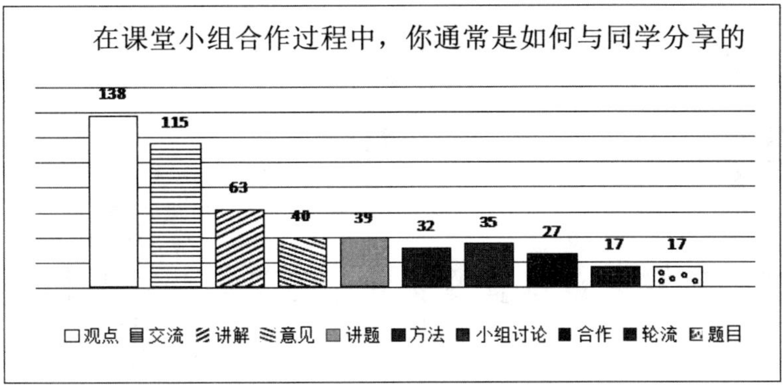

从上图可知，多数同学都是发表自己的观点，然后是交流，之后进行讲解，最后进行总结。小组讨论的形式可以激发学生的观察力、理解力、表达力、归纳总结等，是很好的课堂形式。

题目 26“请用几句话概括归纳出你们学校的主要特点”为全员参加。根据学生回答的内容，分析出两个方面的词汇，一方面是修饰词，另一方面是被修饰的主体，按照词频出现的前 20 名进行对比。

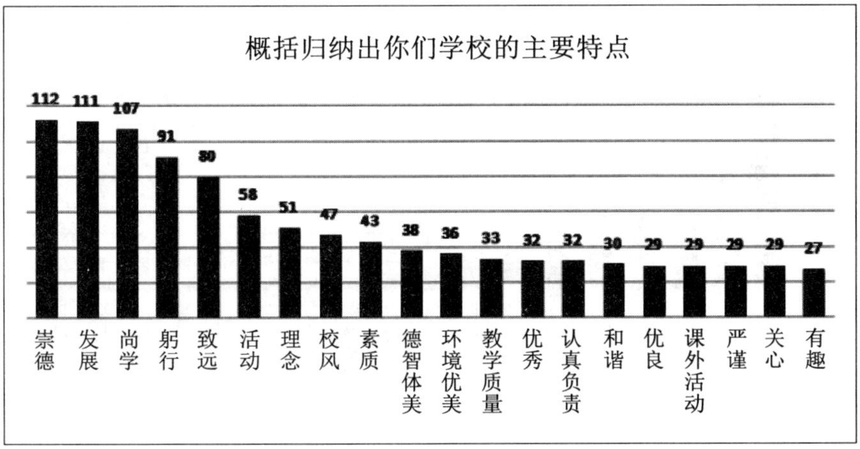

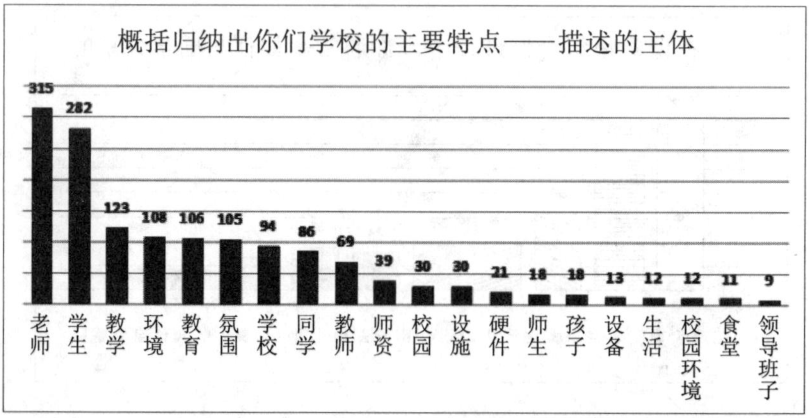

题目27“目前你最需要学校在哪些方面对你的成长提供帮助”为全员参加。根据主要观点进行分类，最后总结为12个观点，出现频数如下图，学习、活动、体育锻炼、心理健康排在前四，说明这四点需要学校提供帮助。

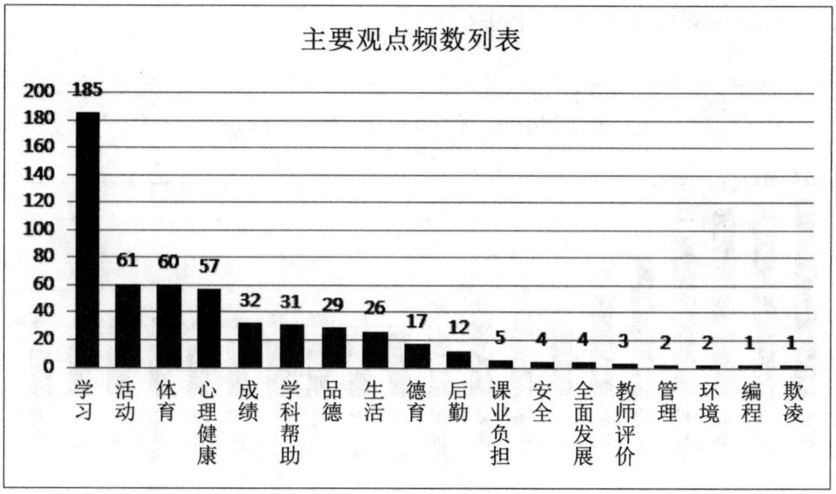

第二节 “爱与欣赏”调查 SPSS 分析报告（教师卷）

一、报告分析说明

SPSSAU 分析方法选择

数据类型是每类分析方法的基石，区分好数据类型，便可以找到合适的分析方法。基本统计名词概念，有助于理解分析结果指标意义。

数据分两类，定量和定类，区别为数字大小是否具有比较意义。

定量：数字有比较意义，比如数字越大代表满意度越高，量表为典型定量数据。

定类：数字无比较意义，比如性别，1 代表男，2 代表女。

1. 对本次问卷题目类型进行区分

教师问卷题目类型

题目	题型	类型	有效参与人数
1. 请用一句话概括学校的办学思想	简答题	—	119
2. 您的直接领导上次与您交流的话题是什么	简答题	—	108
3. 您在教学方面的建议是否被采纳过	单选题	定类	135
3-1. 您在教学方面被采纳的建议具体是什么	简答题	—	80
4. 当您在专业发展方面遇到困难的时候，您通常会	简答题	—	91
5. 学校的人性化管理体现在哪些方面	多选题	—	135
6. 学校是否对您的专业素养做出评价	单选题	定类	135
7. 您如何对自己的教学效果进行评价	简答题	—	73
8. 您上课时的心情是	多选题	—	135
9. 如何解决教学上的疑难问题	单选题	定类	135
10. 您如何对所教学生进行素质评价	简答题	—	68
11. 您对学生的表扬次数为	单选题	定类	135
12. 您对“学困生”的态度是	单选题	定类	135
13. 您认为教师职业幸福感的影响因素有哪些？只排前三位	排序题	—	135
13-1. 您对客观公正是否满意	单选题	定量	73

（续表）

题目	题型	类型	有效参与人数
13-2. 您的自身能力、水平是如何在学校得到发挥和认可的	单选题	定类	59
13-3. 您对现在所承担的工作量的看法是	单选题	定类	10
13-4. 您对学校物理环境的评价	单选题	定类	2
13-5. 您对学校目前的管理制度满意吗	单选题	定量	73
13-6. 您在学校的人际关系怎么样	单选题	定量	23
13-7. 您目前存在哪些方面的压力	单选题	定类	10
14. 您认为爱学生的表现是什么	单选题	定类	135
15. 当学生对您出言不逊时，您会	单选题	定类	135
16. 当学生犯错误时，您会	单选题	定类	135

2. 根据题目类型选用分析方法

SPSSAU 建议：先描述想研究什么，用一句话描述，话里面拆开成 X 和 Y；然后结合 X 与 Y 的数据类型，选择对应的分析方法。

分析方法选择

分析方法	功能介绍	一句话说明	数据类型
信度	可靠性	数据真实吗	定量
效度	有效性	数据有效吗	定量
频数	百分比	男女比例分别多少	定类
相关	相关关系	身高 X 和体重 Y 有没有关系	X（定量）【可选】
			Y（定量）【可选】
回归	影响关系	身高 X 影响体重 Y 吗	Y（定量）
			X（定量 / 定类）
多重响应	百分比	多选题的选择比例情况如何	多选题选项

3. 其他类型的题目分析方法

（1）排序题

排序题记分规则。排序题的选项平均综合得分是由系统根据所有填写者对选项的排序情况自动计算得出的，它反映了选项的综合排名情况，得分越高表示综合排序越靠前。计算方法为：选项平均综合得分＝Σ（频数×权值）/本题填写次数。

权值由选项被排列的位置决定。例如有3个选项参与排序，那排在第一个位置的权值为3，第二个位置权值为2，第三个位置权值为1。

例如一个题目共被填写12次，选项A被选中并排在第一位置2次，第二位置4次，第三位置6次，那么选项A的平均综合得分＝（2×3＋4×2＋6×1）/（2＋4＋6）≈1.67。

注意：这里的分数和选项的个数是有关系的。比如有3个选项来进行排序，排第一位的得分就是3分。有30个选项，排第一位的得分就是30分，且这个分数不受“请选择第×项来排序”的影响。

（2）问答题

对关键字进行分析。

二、频数分析

题目3. 您在教学方面的建议是否被采纳过？

选项	频数	百分比	累计百分比
A. 是	80	59.26%	59.26%
B. 否	55	40.74%	100.00%
合计	135	100.00%	

从上表可知，样本中59.26%会选择“是”，可以看出被采纳过的情况比较多，但也有40.74%的人选择“否”，教学方面的建议也是需要全方面考虑的，因为没有被采纳也是实际情况，具体原因还需要进一步了解分析。

题目6. 学校是否对您的专业素养做出评价？

选项	频数	百分比	累计百分比
A. 是	124	91.85%	91.85%
B. 否	11	8.15%	100.00%
合计	135	100.00%	

从上表可知，对于“学校是否对您（教师）的专业素养做出评价”来讲，“是”占比最高，为91.85%。

题目9. 如何解决教学上的疑难问题？

选项	频数	百分比	累计百分比
A. 集体研究	95	70.37%	70.37%
B. 个人钻研	3	2.22%	72.59%
C. 向有经验的老师请教	37	27.41%	100.00%
D. 顺其自然	0	0.00%	100.00%
合计	135	100.00%	

从上表可知，“如何解决教学上的疑难问题”中有七成样本选择“集体研究”，排在第二位的是“向有经验的老师请教”，比例是27.41%，“顺其自然”的占比为0.00%。

题目 11. 您对学生的表扬次数为：

选项	频数	百分比	累计百分比
A. 每天都表扬	86	63.70%	63.70%
B. 一周表扬几次	46	34.07%	97.78%
C. 不太表扬	3	2.22%	100.00%
D. 从不表扬	0	0.00%	100.00%
合计	135	100.00%	

从上表可知，对于“您对学生的表扬次数”来讲，“每天都表扬”的样本占比最高，为 63.70%，“一周表扬几次”的样本占比为 34.07%，“从不表扬”的占比为 0.00%。

题目 12. 您对“学困生”的态度是：

选项	频数	百分比	累计百分比
A. 听从学校管理要求	15	11.11%	11.11%
B. 只要不犯错、不扰乱课堂纪律，干啥都行	2	1.48%	12.59%
C. 寻找其闪光点，多鼓励，培养其自信心	118	87.41%	100.00%
合计	135	100.00%	

从上表可知，“您对‘学困生’的态度是”的样本分布中，大部分样本为“寻找其闪光点，多鼓励，培养其自信心”，比例是 87.41%。

题目 14. 您认为爱学生的表现是什么？

选项	频数	百分比	累计百分比
A. 严格要求学生，坚决不允许犯错	3	2.22%	2.22%
B. 学业最重要，要让学生多做题，不管多晚，都得完成当天任务	0	0.00%	2.22%
C. 没有学不好的学生，只有不努力的学生	0	0.00%	2.22%
D. 多关心学生的生活和心理变化，与学生交心	48	35.56%	37.78%
E. 多从学生的角度考虑问题，多一些同理心	32	23.70%	61.48%
F. 不能一味地宠爱学生，要严慈相济	15	11.11%	72.59%
G. 相信每一个学生身上都有闪光点	37	27.41%	100.00%
合计	135	100.00%	

从上表可知，“您认为爱学生的表现是什么”的样本分布中，大部分样本为“多关心学生的生活和心理变化，与学生交心”，占比为35.56%，其次为“相信每一个学生身上都有闪光点”，占比为27.41%。

题目 15. 当学生对您出言不逊时，您会？

选项	频数	百分比	累计百分比
A. 师道尊严不容侵犯，无论什么情况都必须严厉批评	2	1.48%	1.48%
B. 无所谓，不作任何反应	0	0.00%	1.48%
C. 了解学生出言不逊的原因，积极与学生沟通，做好心理疏导，同时也要指出对老师出言不逊是一种不礼貌的行为	133	98.52%	100.00%
合计	135	100.00%	

从上表可知，“当学生对您出言不逊时，您会”的样本分布中，“了解学生出言不逊的原因，积极与学生沟通，做好心理疏导，同时也要指出对老师出言不逊是一种不礼貌的行为”占比最高，比例是98.52%。

题目16. 当学生犯错误时，您会？

选项	频数	百分比	累计百分比
A. 及时与学生沟通，讲道理	133	98.52%	98.52%
B. 学业最重要，要让学生多做题，不管多晚，都得完成当天任务	0	0.00%	98.52%
C. 没有学不好的学生，只有不努力的学生	0	0.00%	98.52%
D. 多关心学生的生活和心理变化，与学生交心	2	1.48%	100.00%
E. 多从学生的角度考虑问题，多一些同理心	0	0.00%	100.00%
合计	135	100.00%	

从上表可知，“当学生犯错误时，您会”的样本分布中，“及时与学生沟通，讲道理”占比最高，为98.52%。

三、多重响应分析

多重响应用于多选题分析，分析多选题各项的选择比例情况等。共涉及两个名词，分别是响应率和普及率，其中响应率用于对比各个选项的相对选择比例情况，普及率用于某项的选择普及情况，二者的区别在于被除数不一样。比如有100个样本，平均每个样本选择3项，则总共100个样本共选择了300个选项。以及对于某个选项共有60个样本选择，则响应率＝60/300＝20%；普及率＝60/100＝60%。

题目 5. 学校的人性化管理体现在哪些方面？

响应率和普及率汇总表格			
选项	响应		普及率（n = 135）
	n	响应率	
A. 后勤	45	11.69%	33.33%
B. 领导班子	78	20.26%	57.78%
C. 队伍建设	49	12.73%	36.30%
D. 教师培养	84	21.82%	62.22%
E. 教育科研	35	9.09%	25.93%
F. 德育工作	27	7.01%	20.00%
G. 课程设置	29	7.53%	21.48%
H. 教学改革	21	5.45%	15.56%
I. 部门协作	12	3.12%	8.89%
J. 行政管理	5	1.30%	3.70%
汇总	385	100.00%	285.19%

从上表可知，各项的选择比例具有明显差异性，可通过响应率或普及率具体对比差异性。具体来看，“教师培养”“领导班子”2 项的响应率和普及率明显较高。

题目 8. 您上课时的心情是：

响应率和普及率汇总表格			
选项	响应		普及率（n = 135）
	n	响应率	
A. 愉快，有成就感	113	62.78%	83.70%
B. 平静，完成工作	60	33.33%	44.44%
C. 无奈，不得不做	5	2.78%	3.70%
D. 不情愿	2	1.11%	1.48%
汇总	180	100.00%	133.33%

从上表可知，各项的选择比例具有明显差异性，可通过响应率或普及率具体对比差异性。具体来看，“愉快，有成就感”“平静，完成工作”2 项的响应率和普及率明显较高。

四、教师职业幸福感的影响因素分析

对教师职业幸福感的影响因素进行问卷调查，利用排序题的方式对各学科进行排名。选择对应的选项后，又对其深入分析。

题目 13. 您认为教师职业幸福感的影响因素有哪些？只排前三位。

选项	平均综合得分
A. 积极的社会价值导向	5.19
B. 公正的职称评定机制	5.53
C. 自己有清晰的专业发展规划和达成路径	4.27
D. 较高的收入	2.41
E. 学生考出好成绩	2
F. 学校内同事间的关系	1.64
G. 获得学生家长的理解	2.47
H. 获得学校领导的认可	0.84
I. 学生因为我而获得成长	4.8
J. 每天工作时间过长，而且强度大	0.71
K. 学校的校园环境	0.15

从上表可知，“教师职业幸福感的影响因素”中，影响比较大的是“公正的职称评定机制”“积极的社会价值导向”“学生因为我而获得成长”三个选项。

问卷又进行深入调查，以下将对深入调查内容进行分析：

选择“公正的职称评定机制”的人数有 73 人，参与了题目 13-1、13-5，该选项在教师职业幸福感的影响因素中排在第一位。

题目 13-1. 您对客观公正是否满意？

选项	频数	百分比	累计百分比
A. 满意	45	61.64%	61.64%
B. 比较满意	23	31.51%	93.15%
C. 不太满意	4	5.48%	98.63%
D. 不满意	1	1.37%	100.00%
合计	73	100.00%	

从上表可知，教师对于“职称评定机制”的公正性来讲，有 93.15% 的人员是满意的，只有少数不满意的情况。

“职称评定机制”的公正性在教师职业幸福感中排在第一位，通过两个题目的调查，本校教师对“职称评定机制”的公正性整体感到满意。

选择“自己有清晰的专业发展规划和达成路径”的人数有 59 人，参与了题目 13-2，该选项在教师职业幸福感的影响因素中排在第四位。

题目 13-2. 您的自身能力、水平是如何在学校得到发挥和认可的？

选项	频数	百分比	累计百分比
A. 没有得到发挥	1	1.69%	1.69%
B. 领导表扬	4	6.78%	8.47%
C. 定期谈话和评价	10	16.95%	25.42%
D. 胜任具有挑战性的教学或管理任务	44	74.58%	100.00%
合计	59	100.00%	

从上表可知，在教师的“自身能力、水平是如何在学校得到发挥和认可的”中，74.58%的教师选择了“胜任具有挑战性的教学或管理任务”，只有1位教师选择“没有得到发挥”，占比为1.69%。

选择“学校内同事间的关系”的人数有23人，参与了题目13-6，该选项在教师职业幸福感的影响因素中排在第八位。

题目13-6. 您在学校的人际关系怎么样？

选项	频数	百分比	累计百分比
A. 融洽和谐，非常满意	19	82.61%	82.61%
B. 相安无事，较满意	4	17.39%	100.00%
C. 有一些小矛盾，小烦恼	0	0.00%	100.00%
D. 关系紧张，比较痛苦	0	0.00%	100.00%
合计	23	100.00%	

从上表可以看出，本校教师对在学校的人际关系都较满意，没有不满意的情况。

选择“每天工作时间过长，而且强度大”的人数有10人，参与了题目13-3、13-7，该选项在教师职业幸福感的影响因素中排在第十位。

题目13-3. 您对现在所承担的工作量的看法是：

选项	频数	百分比	累计百分比
A. 在正常范围	0	0.00%	0.00%
B. 稍大，但能承受	6	60.00%	60.00%
C. 很大，勉强承受	1	10.00%	70.00%

（续表）

选项	频数	百分比	累计百分比
D. 很大，很难承受	3	30.00%	100.00%
合计	10	100.00%	

从上表可以看出，参与此题目的教师均认为现在所承担的工作量不“在正常范围”，有60%的人认为“稍大，但能承受”，有30%的人认为“很大，很难承受”。

对教师工作压力调查中，“教学成绩压力”“个人专业成长压力”有显著性差异，是教师职业中所占比例最大的两方面压力。如下表：

响应率和普及率汇总表格			
选项	响应		普及率（$n=10$）
	n	响应率	
A. 教学成绩压力	9	30.00%	90.00%
B. 班级管理压力	5	16.67%	50.00%
C. 同事间的人际关系压力	1	3.33%	10.00%
D. 与家长相处的压力	4	13.33%	40.00%
E. 与上级领导相处的压力	1	3.33%	10.00%
F. 专业技术职称评聘压力	4	13.33%	40.00%
G. 个人专业成长压力	6	20.00%	60.00%
汇总	30	100.00%	300.00%

选择“学校的校园环境”的人数是2人，参与了题目13-4“您对学校物理环境的评价”，且均选择了“在教学文化上”，参与人数较少，不做分析，如需要进一步分析，需要增加调查的样本数量。

从教师职业的影响因素来看，对学校的“公正的职称评定机制”，教师表示满意；在对自己有清晰的专业发展规划和达成路径上来说，选择“胜任具有挑战性的教学或管理任务”的人数较多；在人际交往上，教师也感到满意；但对于工作量来讲，工作量都超出了正常范围值，而主要的工作压力来自“教学成绩压力”。

五、开放题深度分析

本次教师问卷有六道开放题，其中只有一道题是部分教师参与，是对前一题的进一步调查，其余五道题是全员参加。由于开放题填写的内容比较丰富，对其分析时先进行词条提取，之后进行词频统计，再进行对比分析。

题目1“请用一句话概括学校的办学思想”中，教师所给答案的主导思想是“爱与欣赏”：尊重学生、让学生体会到成功等。本题目共计119人发表观点，具体观点与观点数量如下表。

具体观点	观点数量
爱与欣赏	90
让每一位学生体验成功、让每一位教师走向成功	6
爱与欣赏每一位学生	2
爱与欣赏，体现人文情怀与生本主义思想	1
爱与欣赏，包容，欣赏每一位学生	1
爱与欣赏，关注每位学生的身心健康发展	1
爱与欣赏，教育有家国情、怀责任担当的社会主义建设者与接班人	1
爱与欣赏，学生为本	1
爱与欣赏，用爱感化每一个孩子，用欣赏的眼光照亮每一个角落	1
办让家长放心的教育	1
崇德、尚学、躬行、致远	1
打造实验性，示范性，引领性的学校，用爱与欣赏打造有温度的学校	1
符合现代教育发展趋势	1
关爱学生，欣赏包容	1
坚持“爱与欣赏”的育人理念	1

（续表）

具体观点	观点数量
践行"爱与欣赏"	1
践行"爱与欣赏"的教育理念，崇德、尚学、躬行、致远，让每一位学生体验成功、让每一位教师走向成功	1
教真育爱	1
培养有家国情怀、责任担当的新时代好少年	1
让每一位学生体验成功	1
欣赏学生的优点	1
以温暖情怀，做温度教育	1
用"爱与欣赏"的理念，培养德智体美劳全面发展的学生	1
用"爱与欣赏"陪伴孩子	1
总计	119

针对题目 2"您的直接领导上次与您交流的话题是什么"，共有 108 人参与，有 109 条有效信息，可总结归纳为 17 个主要观点。其中有 5 条内容是关注教师生活的，从社体健康，到家庭组建等。其余内容都是关于工作的，主要是学生教育问题、班级管理问题，之后就是教师的技能、发展等话题。以下对 17 个主观点的出现频数进行展示。

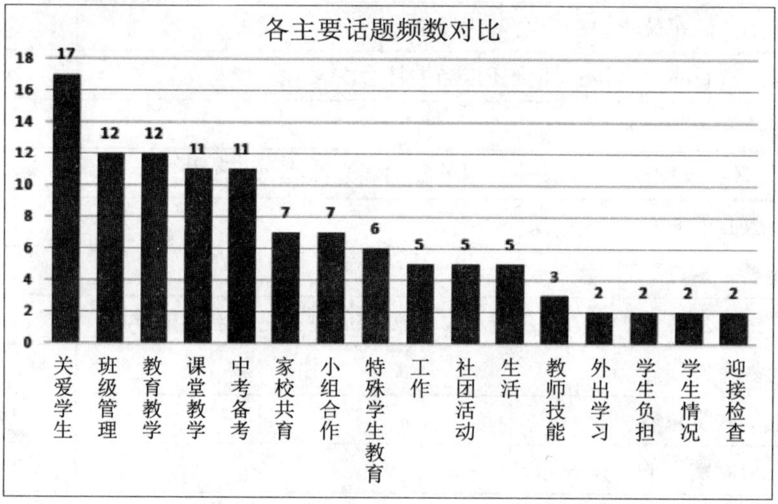

针对题目 3-1“您在教学方面被采纳的建议具体是什么”，共有 81 人参与，有 78 条有效信息，以下对 78 条信息进行归类分析。对教育教学课堂形式、作业布置方式的内容提出的具体意见比较多。

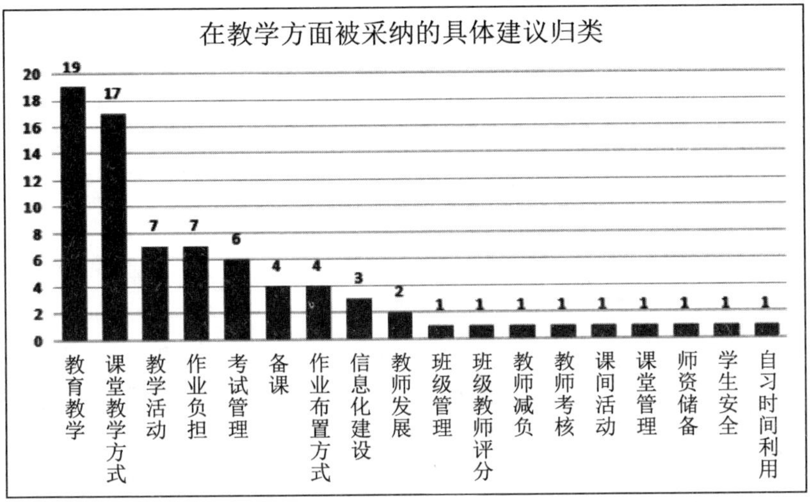

针对题目 4“当您在专业发展方面遇到困难的时候，您通常会”，共有 91 人的回答为有效信息。通过分析内容，可总结归纳为 7 类做法。其中请教他人占比较大，有 57 条，主要是请教专家、有经验的人、优秀教师、领导等；排在第二位的是翻阅资料，有 31 条观点表示会上网查阅资料，看专业书籍、论文、课题等自我学习的办法；排在第三位的是与同事交流，包括同组讨论、相互交流、研讨的形式解决困难；只有一位教师是放任地对待困难，还有一位教师没遇到过。如下图：

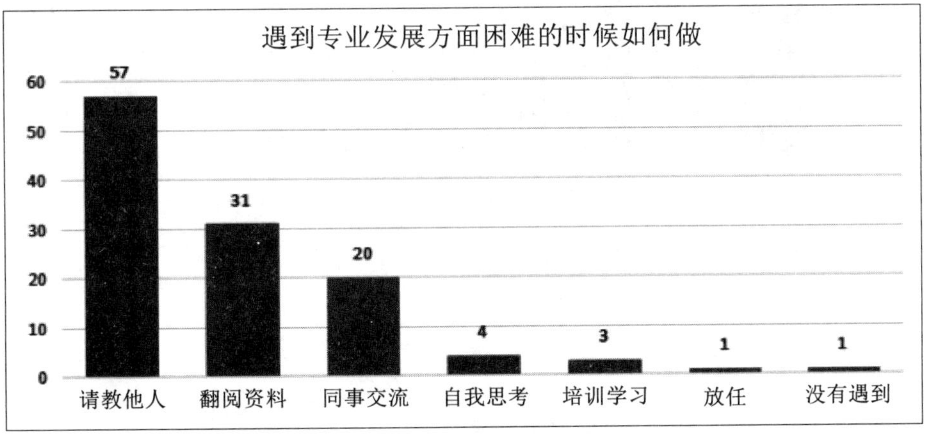

针对题目 7“您如何对自己的教学效果进行评价”，共有 73 人参与，有效信息为 73 条。根据教师回答内容进行分类分析，一部分教师对自己的教学效果进行了评价，另一部分教师填写了评价的方法。从分析结果来看，其中有 28 个观点是对自己的教学效果进行评价的，如满意、一般、良好等；在评价的方法中主要是看学生的成绩、测试结果，其次是课堂表现和学生发展。

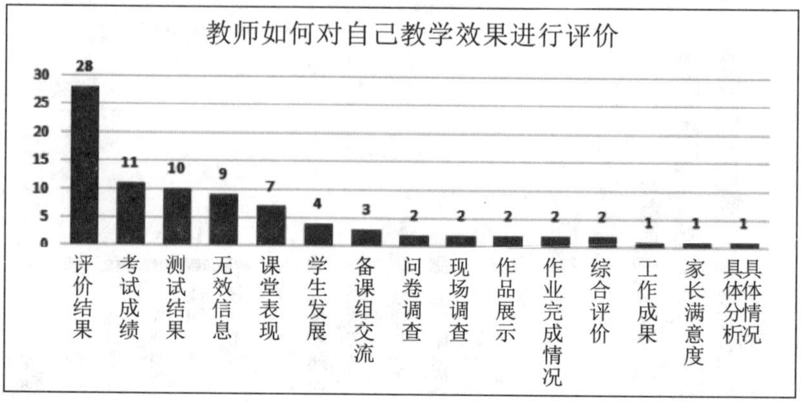

针对题目 10“您如何对所教学生进行素质评价”，共有 68 人参与，有效信息为 68 条。通过对每条信息的分析，可以看出教师对学生进行素质评价时，主要还是看学生的考试成绩，其次是课堂表现、综合表现以及平时的表现。从整体上看，教师还是通过学生的日常表现和考试成绩来对学生进行素质评价的。

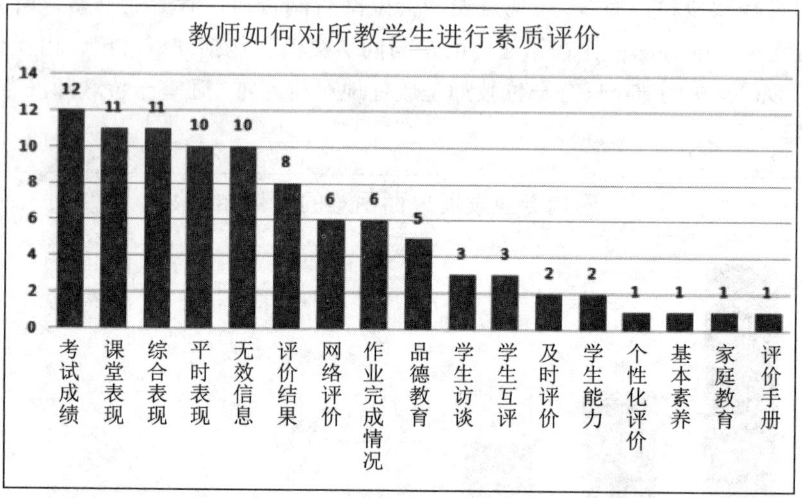